चौथा खम्भा (प्राइवेट) लिमिटेड

चौथा खम्भा (प्राइवेट) लिमिटेड

दिलीप मंडल

राजकमल प्रकाशन

ISBN : 978-81-267-2820-6

मूल्य : ₹ 450

पहला संस्करण : 2016

प्रकाशक : राजकमल प्रकाशन प्रा. लि.
1-बी, नेताजी सुभाष मार्ग, दरियागंज
नई दिल्ली-110 002

शाखाएँ : अशोक राजपथ, साइंस कॉलेज के सामने, पटना-800 006
पहली मंजिल, दरबारी बिल्डिंग, महात्मा गांधी मार्ग, इलाहाबाद-211 001
36 ए, शेक्सपियर सरणी, कोलकाता-700 017

वेबसाइट : www.rajkamalprakashan.com
ई-मेल : info@rajkamalprakashan.com

मुद्रक : बी.के. ऑफसेट
नवीन शाहदरा, दिल्ली-110 032

CHAUTHA KHAMBHA (PRIVATE) LIMITED
by Dilip Mandal

आर. अनुराधा

(1967-2014)

की स्मृति को समर्पित

भूमिका

21वीं सदी के मास मीडिया से देश के ज्यादातर लोगों का वास्ता है लेकिन यह देश के ज्यादातर लोगों के हितों के खिलाफ काम करता है। वर्तमान मुख्यधारा मीडिया का यह केन्द्रीय अन्तर्विरोध है। यह किसी की बदमाशी या साजिश नहीं है। यह पत्रकारिता का पतन भी नहीं है। भारत का मास मीडिया अपनी संरचनात्मक विशिष्टताओं की वजह से जनविरोधी ही हो सकता है।

समाचार-पत्रों और टीवी चैनलों का भारत में जबर्दस्त विस्तार हुआ है। इंटरनेट भी सहम-सहमकर ही सही, लेकिन आगे बढ़ रहा है। मीडिया स्पेस में रही-सही खाली जगह मोबाइल फोन और मोबाइल इंटरनेट ने भर दी है। अब लगभग हर मुट्ठी में मोबाइल है और मोबाइल में सूचनाएँ और संवाद हैं। मोबाइल फोन लोगों को सिर्फ बात करने की सुविधा नहीं दे रहा है, बल्कि उन्हें खबरों की दुनिया से भी जोड़ रहा है। सूचनाओं का देश में अभूतपूर्व विस्फोट हुआ है। लगभग सवा छह करोड़ लोगों के पास ब्रॉडबैंड कनेक्शन पहुँच गया है। टीवी और समाचार-पत्रों का भी लगातार विस्तार हुआ है। लगभग 700 टीवी चैनल हैं। शहरों के समाचार देनेवाले केबल चैनल तो बेशुमार हैं। भारतीय मास मीडिया के लिए यह किसी भी दृष्टि से साधारण समय नहीं है।

लेकिन सूचना तंत्र का बहुत लोगों तक पहुँच जाना और बहुत सारे लोगों का समाचारों का उपभोक्ता बन जाना क्या अपने आप में यह सुनिश्चित करेगा कि देश में सूचनाओं का लोकतंत्र है? मीडिया में प्रच्छन्न सेंसरशिप है और खुलेआम सेल्फ-सेंसरशिप है। मीडिया में जबर्दस्त एकरूपता है। ज्यादातर महत्त्वपूर्ण मुद्दों पर मीडिया में दो या तीन अलग-अलग राय नहीं है। अर्थव्यवस्था से लेकर जातिव्यवस्था तक को लेकर मीडिया में भयानक आम सहमति है। बहुत सारे समाचार-पत्रों, चैनलों, मोबाइल और ब्रॉडबैंड कनेक्शन होने के बावजूद भारत का समाचार तंत्र पूरी तरह इलीट, शहरी, पुरुष और सवर्ण है। यह बात सपाटबयानी प्रतीत हो सकती है। यह भी कहा जा सकता है कि यह फतवेबाजी है और इतनी बड़ी बात को कहने के लिए साक्ष्य और सबूत कहाँ हैं। प्रस्तुत पुस्तक को पढ़ने के बाद मुमकिन है (जरूरी नहीं है कि ऐसा हो) कि इस बारे में आपके दिमाग में कुछ नए सवाल पैदा हों और स्थापित

मान्यताओं में अन्तर्विरोध नजर आने लगें। इस पुस्तक का लक्ष्य मीडिया को लेकर ऐसे ही कुछ असहज सवाल खड़े करना है, जो आमतौर पर नहीं पूछे जाते।

हर फ्रेंड जरूरी हो सकता है, हर पाठक-दर्शक नहीं!

कॉरपोरेट मीडिया की बात करें तो समाचारों और सूचनाओं ही नहीं, मनोरंजन सम्बन्धी कंटेंट का टारगेट ऑडियंश यानी लक्षित पाठक और दर्शक देश-दुनिया के इलीट ही होते हैं। उदारीकृत अर्थव्यवस्थाओं का यह वैश्विक सच है। भारत के बारे में खास यह है कि इस इलीट का आर्थिक के साथ-साथ सामाजिक और एक हद तक भौगोलिक चेहरा भी है। कहने को पाठकों, दर्शकों, श्रोताओं और खबरों के तमाम उपभोक्ताओं में जितनी सामाजिक, लैंगिक और भौगोलिक विविधता है, वह विविधता मीडियाकर्मियों और मीडिया के कंटेंट में नहीं है। भारतीय जनसंचार का यह एक बड़ा द्वन्द्व है। मास मीडिया के विस्तार ने इस द्वन्द्व को घटाने की जगह, बढ़ाया है।

मीडिया व्यवसाय में ऊपर से नजर आनेवाली बहुलता और विविधता एक छल है। जो पाठक और दर्शक, विज्ञापनदाताओं के लिए महत्त्वपूर्ण नहीं है, कॉरपोरेट मीडिया के लिए उस पाठक या दर्शक का होना या न होना मायने नहीं रखता। अगर आप खरीद नहीं सकते, तो विज्ञापन बाजार में आपका अस्तित्व नहीं है और जो विज्ञापन बाजार के लिए लापता है, उसके न होने से मास मीडिया को कोई फर्क नहीं पड़ता। कुल पाठक और दर्शक संख्या से कहीं महत्त्वपूर्ण है—पाठकों और दर्शकों की आर्थिक हैसियत। विज्ञापन और विज्ञापनदाता भारतीय मीडिया के सबसे बड़े सेंसर हैं। उनकी मर्जी के आगे पत्रकारिता हर पल नतमस्तक है। कॉरपोरेट मीडिया मंडी में खड़े उस दलाल की तरह है जो अपने उत्पाद (प्रिंट या ऑडियो-विजुअल या वेब) को विज्ञापनदाताओं की अभिरुचि और आवश्यकता के मुताबिक सजाकर पेश कर देता है। विज्ञापनदाताओं ने जिसे रिजेक्ट कर दिया, उसकी इस बाजार में कोई औकात नहीं है।

वहीं, पूरी दुनिया के साथ भारत में भी मीडिया मोनोपली यानी संकेन्द्रण भी बढ़ रहा है। मुख्यधारा के मीडिया का बड़ा हिस्सा चन्द हाथों और कॉरपोरेट घरानों के पास सिमटता जा रहा है। इसका सबसे बड़ा कारण यह है कि भारतीय मीडिया में कहने को तो लगभग एक लाख पत्र-पत्रिकाएँ और 700 से ज्यादा चैनल हैं, जिनमें आधे से ज्यादा समाचार चैनल हैं, लेकिन वास्तविकता यह है कि चन्द कॉरपोरेट घरानों का पूरे कारोबार में जबर्दस्त वर्चस्व है। देश के स्तर पर देखें या शहर के स्तर पर, तीन समाचार-पत्र हर बाजार में 70 फीसदी से ज्यादा पाठकों को अपने अन्दर समेट लेते हैं। कई जगहों पर तो दो मीडिया समूह 90 फीसदी तक मीडिया बाजार को नियंत्रित करते हैं। बिहार का समाचार-पत्र बाजार इसका सटीक उदाहरण है जहाँ हिन्दुस्तान और जागरण मीडिया समूह की जबर्दस्त मोनोपली है। टॉप 10 समाचार-पत्रों की कुल पाठक संख्या का लगभग 90 फीसदी इन दो मीडिया समूहों का पाठक है।

इस बारे में पुस्तक में आपको एक आलेख मिलेगा, जिसे इंडियन रीडरशिप सर्वे के आधार पर लिखा गया है।

इसके अलावा कॉरपोरेट मीडिया में विचारों के स्तर पर भी बहुलता या विविधता नहीं है। ज्यादातर महत्त्वपूर्ण आर्थिक-सामाजिक सवालों पर कॉरपोरेट मीडिया समूह में एकरूपता होती है और यह एकरूपता हमेशा इलीट के पक्ष में होती है। समाचार-पत्रों और चैनलों में विचारों की विविधता का जो छद्म कई बार नजर आता है और विचारों को लेकर जो लड़ाई दिखती है, वह अक्सर इलीट के दो अलग-अलग हिस्सों के बीच की लड़ाई होती है, जिससे विचारों की विविधता का भ्रम पैदा होता है। आर्थिक नीति, विदेश नीति, आन्तरिक सुरक्षा नीति, विदेश व्यापार नीति और सामाजिक यथास्थिति को बनाए रखने सम्बन्धी नीतियों को लेकर मीडिया समूहों के बीच कोई विवाद नहीं है। भारतीय इलीट जिस तरह से इन सवालों पर सोचता है और उनके जैसे हित होते हैं, मीडिया भी उसी तरह से व्यवहार करता है। इसलिए इन सवालों पर आम राय बनाने के लिए मीडिया समूहों को आपस में बैठक या विचार-विमर्श भी नहीं करना पड़ता। मिसाल के तौर पर, जाति आधारित आरक्षण से जुड़ा कोई भी मसला आते ही पूरा मीडिया वंचित जाति समूहों के खिलाफ टूट पड़ता है। यह मीडिया घरानों की व्यापक आम सहमति से जुड़ा मामला है और इसमें कोई अपवाद नहीं होता। समाचार कक्ष में दलितों, आदिवासियों और पिछड़ी जातियों की बेहद कमजोर उपस्थिति और फैसला लेनेवाले पदों पर इन समूहों की अनुपस्थिति भी मीडिया का ऐसा पहलू है, जिसका विस्तार पूरे भारतीय मीडिया में है। दक्षिण भारत की तुलना में उत्तर, पश्चिम और पूर्वी भारत में न्यूज रूम में सामाजिक विविधता कम है। इस मामले में भारतीय मीडिया में वक्त लगभग ठहरा हुआ है। नई मशीनें आ गईं, मीडिया की टेक्नोलॉजी बदल गई, कारोबारी ढाँचा बदला, कंटेंट भी काफी बदल गया, लेकिन न्यूज रूम की जातिवादी संरचना में, पहले अखबार के प्रकाशन से लेकर अब तक कोई बड़ा बदलाव नहीं आया।

मौजूदा दौर में एक नई बात यह हुई है कि मीडिया की विश्वसनीयता पर दाग-धब्बे दिखने लगे हैं। 2009 अगर चुनावी पेड न्यूज का साल साबित हुआ तो 2010 को नीरा राडिया कांड के कारण और 2011 के शुरुआती महीनों को अमर सिंह टेप में पत्रकारों से बातचीत के सार्वजनिक होने के कारण भी याद किया जाएगा। खबरें बेचने का चलन अब पुराना पड़ चुका है। कई मीडिया समूह बाकायदा रसीद काटकर कवरेज बेचते हैं। इसे लेकर मीडिया के शुभचिन्तकों में गहरी चिन्ताएँ है। फिर से मीडिया को कैसे विश्सनीयता दिलाई जाए, इसे लेकर विचार-विमर्श किया जा रहा है और तमाम तरह के उपाय सुझाए जा रहे हैं। कोशिश इस बात की है कि दागदार चेहरे को मेकअप से प्रेजेंटेबल बनाया जाए।

यह चिन्ता दरअसल इस बात को लेकर नहीं है कि मीडिया का बुनियादी स्वभाव बदला जाए। चिन्ता सिर्फ इस बात को लेकर है कि अगर मीडिया की विश्वसनीयता नहीं रहेगी तो वह न तो धन्धा कर पाएगा और न ही दलाली। मास मीडिया का असर इसलिए है क्योंकि भोले-भाले लोग उस पर भरोसा करते हैं। चुनावी पेड न्यूज और राडिया कांड से यह भरोसा कमजोर हुआ है। आरक्षण के सवाल पर मीडिया के एकतरफा सवर्ण रुख की वजह से भी लोगों के बड़े हिस्से में मीडिया की विश्वसनीयता खंडित हुई है। अगर भरोसे में क्षरण ज्यादा हुआ तो ऐसा मीडिया इलीट के किस काम का? इसलिए अपनी खोई हुई विश्वसनीयता को फिर से अर्जित करना मीडिया का इस समय का सबसे बड़ा और महत्त्वपूर्ण कार्यभार है, ताकि फिर से वह धन्धा कर सके, लॉबिंग कर सके और पैसा कमा सके।

ऐसे ही दौर में 2010-11 के बीच भारतीय मीडिया से सम्बन्धित ये लेख और टिप्पणियाँ लिखी गई हैं। लेखों में कुछ स्थानों पर दुहराव है, जिनसे बच पाना सम्भव नहीं हो पाया। तथ्यों और आँकड़ों को यथावत रखने और अद्यतन न करने का सचेत फैसला मैंने किया है। इनमें से कई सामग्री ऐसी है जो 'कथादेश' के कॉलम 'अखबारनामा' के लिए 2010-2011 में लिखी गईं। यह कॉलम लिखने के लिए मुझे प्रेरित करनेवाले 'कथादेश' के सम्पादक हरिनारायण और 'मोहल्ला लाइव' के सम्पादक अविनाश का मैं आभारी हूँ। हरिनारायण जी अगर साहूकार वाले अन्दाज में हर महीने लेख की वसूली न करते, तो शायद मैं इतनी निरन्तरता से नहीं लिख पाता। इसके अलावा 'सोशल ब्रेनवॉश' के सम्पादक कौशलेंद्र यादव, 'फारवर्ड प्रेस' के मुख्य सम्पादक आईवन कोस्का और प्रमोद रंजन, 'पाखी' के सम्पादक प्रेम भारद्वाज और सहायक सम्पादक प्रतिभा कुशवाहा, 'समयांतर' के सम्पादक पंकज बिष्ट, 'समयांतर' के मीडिया अंक के अतिथि सम्पादक और आईआईएमसी में मेरे सहकर्मी भूपेन, 'सबलोग' के सम्पादक किशन कालजयी, 'मीडिया खबर' के सम्पादक पुष्कर पुष्प और 'सहारा हस्तक्षेप' के दिलीप चौबे ने भी मुझे मीडिया पर लिखने का मौका दिया। इस पूरे दौर में भारतीय जनसंचार संस्थान, दिल्ली के शिक्षक और मीडिया विश्लेषक आनन्द प्रधान के अलावा संस्थान के पुस्तकालय के कर्मियों और विद्यार्थियों का भी सहयोग मुझे मिला।

यह पुस्तक या मेरा बाकी लेखन भी शायद न हो पाता अगर मेरी पत्नी आर. अनुराधा लगातार मेरा हौसला न बढ़ातीं। वे मेरे लेखन की पहली पाठक होती थीं और सम्पादक भी।

–दिलीप मंडल

नई दिल्ली

अनुक्रम

मीडिया : हम चोर, हम कोतवाल और मुंसिफ भी हम

कुछ दशक बाद मास मीडिया का कोई शोधार्थी या विद्यार्थी अगर प्रेस कौंसिल, एडीटर्स गिल्ड, न्यूज ब्रॉडकास्टर्स एसोसिएशन या इंडियन न्यूजपेपर सोसाइटी जैसी किसी संस्था की रिपोर्ट आदि को पढ़ेगा, तो उसे यह पता नहीं चल पाएगा कि 2010 में भारत में नीरा राडिया कांड जैसी कोई चीज हुई थी, जिसने भारतीय सत्ता के साथ ही न्यूज मीडिया को भी झकझोरकर रख दिया था। राडिया कांड में खासतौर पर पत्रकारों और मीडिया समूहों की भूमिका के बारे में मुख्यधारा के मीडिया में एक भयानक खामोशी देखी गई। अप्रैल, 2010 के बाद से ही मीडियाकर्मियों को इस टेप के बारे में मालूम था लेकिन टीवी न्यूज चैनलों और समाचार-पत्रों-पत्रिकाओं में इसे कई महीनों तक रिपोर्ट नहीं किया गया। 'ओपन' और 'आउटलुक' पत्रिकाओं में छपने के बाद भी समाचार-पत्रों और चैनलों में इसे लेकर खामोशी बनी रही, जिसे दिखाने के लिए 'ओपन' पत्रिका ने अपने दो पन्ने सफेद छोड़ दिए थे। मीडिया संगठनों ने इस मसले पर चुप्पी साधे रखी, जो स्वाभाविक भी है।

लेकिन इस दौरान मीडिया रेगुलेटर भी खामोश रहे। समाचार-पत्रों के रेगुलेटर प्रेस कौंसिल ने राडिया टेप के खुलासे के कई हफ्तों बाद तक यह स्पष्ट नहीं किया कि वह इसे समस्या के तौर पर देखता भी है या नहीं। निजी तौर पर न्यूज चैनलों के नियमन का दावा करनेवाली संस्था न्यूज ब्रॉडकास्टर्स एसोसिएशन ने चुप्पी नहीं तोड़ी। एडीटर्स गिल्ड अपनी चिन्ता जताकर खामोश हो गया। इंडियन न्यूजपेपर सोसाइटी और ऐसी ही तमाम संस्थाओं ने इस मामले में प्रतिक्रिया देने से भी परहेज किया। सरकार ने भी राडिया कांड में मीडिया की भूमिका की जाँच कराने की जरूरत महसूस नहीं की।

मीडिया उद्योग जोरदार तरीके से यह कहता है कि मीडिया को रेगुलेट न किया जाए या कम से कम रेगुलेट किया जाए। मीडिया इसे विचार और अभिव्यक्ति की स्वतंत्रता से जोड़कर पेश करता है। मीडिया के कंटेंट रेगुलेशन के खिलाफ तर्क देते हुए अक्सर इमरजेंसी के दिनों की याद दिलाई जाती है, जब इंदिरा गांधी सरकार ने मीडिया पर कई तरह की बेड़ियाँ लगा दी थीं और उसे घुटनों पर चलने के लिए

मजबूर कर दिया था। चन्द अपवादों को छोड़कर लगभग पूरा मीडिया इमरजेंसी की शर्तों को मानने के लिए तैयार भी हो गया था। किसी भी तरह के रेगुलेशन को मीडिया की आजादी के लिए खतरा बताने वाले यह कहते हैं कि रेगुलेशन का अधिकार मिलने पर सरकार अपनी मर्जी चलाएगी।

फ्री प्रेस या स्वतंत्र-अनियंत्रित-अनियमित मीडिया की अवधारणा को सेंसरशिप के प्रतिरोध में एक लोकतांत्रिक संस्था के रूप में बताने की कोशिश की जाती है। इस वजह से मीडिया को नियमित करने की सरकार की हर कोशिश को बहस के बगैर खारिज कर दिया जाता है। लेकिन मीडिया के विस्तार के मौजूदा दौर में मीडिया के अनियमित और अनियंत्रित तरीके से संचालित होने की आजादी बड़े कॉरपोरेट समूहों और मीडिया कॉरपोरेशन की आजादी का रूप ले चुकी है। मीडिया समूह खुद बड़े कॉरपोरेट में तब्दील हो चुके हैं और मुनाफे की फिलॉसफी के तहत काम करते हैं। साथ ही, अपने रेवेन्यू के लिए वे बड़ी कम्पनियों से मिलनेवाले विज्ञापनों पर बुरी तरह निर्भर हैं। स्वामित्व की संरचना और आमदनी के तौर-तरीकों की वजह से मीडिया हर तरह से कॉरपोरेट के नियंत्रण में है।

प्रमुख मीडिया विश्लेषक रॉबर्ट मैकचेस्नी इस बहस को आगे ले जाते हुए कहते हैं, ''यह सोचना गलत है कि निजी हाथों में होने की वजह से मीडिया स्वतंत्र और लोककल्याणकारी होगा। व्यायसायिक स्वरूप की वजह से अमेरिकी मीडिया लोकतंत्र के लिए एक नकारात्मक संस्था है। यह लोगों में अराजनीतिकरण की प्रक्रिया को बढ़ावा देता है और इस वजह से मीडिया कंटेंट पर कारोबारी और व्यावसायिक हित हावी रहते हैं।''[1] मैकचेस्नी अमेरिकी सन्दर्भ में जो बात कह रहे हैं, वह भारत के लिए भी काफी हद तक सही है।

अलोकतांत्रिक समाज में बेलगाम मीडिया

भारत में एक खास बात यह है कि यहाँ का समाज अपनी अन्तर्वस्तु में अलोकतांत्रिक है और यहाँ समाज के कुछ समूह न सिर्फ सामजिक रूप से पिछड़े हैं बल्कि आर्थिक और शैक्षणिक रूप से भी वंचित हैं। निजी मीडिया पर हमेशा समाज के प्रभावशाली लोगों का नियंत्रण होता है और कंटेंट पर इसका असर होता है। किसी भी तरह का रेगुलेशन न होने से कंटेंट पर धार्मिक और जातीय रूप से प्रभावशाली समूहों के दबदबे को चुनौती नहीं मिलती है।

नियमन की संस्थाओं के कमजोर और बेअसर होने की वजह से राममन्दिर आन्दोलन के दौरान मीडिया को साम्प्रदायिक होने का मौका मिला। उस दौरान दंगे भड़काने में मीडिया ने प्रमुख भूमिका निभाई थी। मुकुल और चारु ने अपनी पुस्तिका 'समाचार-पत्र और समाचार-पत्र' में उस दौरान अखबारों की सामग्री का विश्लेषण

किया है। उसी तरह 1990-91 और 2006 में आरक्षण के सवाल पर पूरा कॉरपोरेट मीडिया जातिवादी नजरिये के साथ सवर्ण जातियों के समर्थन में अभियान में उतर गया। जातिवार जनगणना के सवाल पर कॉरपोरेट मीडिया ने पूरी तरह से जातिवादी रुख अख्तियार कर लिया था और सभी अखबारों ने जातिवार जनगणना के खिलाफ सम्पादकीय लिखे (मानक प्रकाशन से छपी इसी लेखक की पुस्तक 'जातिवार जनगणनाः संसद, समाज और मीडिया' में प्रमुख अखबारों के 15 सम्पादकीय संकलित हैं और सभी जातिवार जनगणना के विरुद्ध हैं)। दंगों की रिपोर्टिंग में भी मीडिया आमतौर पर अल्पसंख्यकों के खिलाफ खड़ा होता है। इसी तरह मौका मिलते ही मीडिया गाँव और किसानों के खिलाफ खड़ा हो जाता है। जब कभी किसान दिल्ली में अपनी माँगों को लेकर प्रदर्शन करते हैं तो मीडिया इसे उत्पात करनेवालों की हरकत के रूप में रिपोर्ट करता है।[2]

रेगुलेशन के विरोध में एक तर्क यह भी आता है कि मीडिया कंटेंट को बाजार के हवाले छोड़ दिया जाए ताकि दर्शक या पाठक जिसे चाहें उसे पसन्द करें और जिसे न चाहें उसे खारिज कर दें। बाजार के बाकी उत्पादों पर लागू होनेवाले कई नियम मीडिया पर ठीक उसी तरह लागू नहीं किए जा सकते। कई चैनल होने का यह मतलब नहीं है कि ग्राहक चुनने की स्वतंत्रता का इस्तेमाल कर सकता है। अक्सर कई चैनल एक ही रूझान की खबरें देते हैं। सभी चैनलों का कारोबारी ढाँचा और रेवेन्यू मॉडल एक जैसा होने की वजह से भी चुनने के लिए दर्शकों के पास वास्तविक अर्थों में विकल्प नहीं होते। सभी चैनल उदारीकरण के समर्थक हैं, राजकीय हिंसा को लेकर उनकी राय एक जैसी है, सभी इलीट के पक्ष में झुके हुए हैं, ऐसे में आप क्या चुनेंगे और किसे खारिज करेंगे?

वैसे, बाजार के तर्कों से चलें तो चैनलों को सरकारी सुविधाओं का इस्तेमाल नहीं करना चाहिए क्योंकि बाजारवाद का मतलब है–सरकार की भूमिका का कम होना। कारोबार के मामले में तो बाजारवाद, सरकार की न्यूनतम भूमिका देखता है। ऐसे में चैनलों को सरकार से न तो सस्ती जमीन लेनी चाहिए और न ही उपकरण इम्पोर्ट करते समय ड्यूटी में छूट माँगनी चाहिए। चैनलों को सरकारी विज्ञापनों और पीएसयू के कॉरपोरेट फिल्मों के प्रसारण से भी परहेज करना चाहिए क्योंकि न्यूज ब्रॉडकास्टर्स एसोसिएशन (एनबीए) का खुद ही कहना है कि 'चैनलों को ज्यादातर समय सरकार के खिलाफ खबर देनी होती है।'

समाचार माध्यमों के लिए आत्मनियम के मॉडल इस देश में असफल हो चुके हैं। प्रेस कौंसिल की हैसियत उपदेश देने भर की रह गई है। वैसे उसके पास कार्रवाई करने का अधिकार भी नहीं है। वहीं टीवी समाचारों के क्षेत्र में तो प्रेस कौंसिल जैसी कोई संस्था भी नहीं है और पूरी तरह अराजकता की स्थिति है।

नियमन से डरता कौन है?

हर उद्योग या क्षेत्र के लिए नियमन यानी रेगुलेशन की कोई न कोई (असरदार या कमजोर) व्यवस्था होती है। पुल बनाने वाले यह नहीं कहते कि पुल टूटेगा तो जाँच ठेकेदारों की संस्था करेगी। डॉक्टर यह नहीं कहते कि चिकित्सकीय लापरवाही की जाँच हमारी बिरादरी के लोग करेंगे। वकील अगर अपने प्रोफेशनल कोड्स का उल्लंघन करे तो बार कौंसिल उसकी निगरानी करती है। टेलीकॉम सेक्टर और डीटीएच की निगरानी के लिए टेलीकॉम रेगुलेटरी अथॉरिटी यानी ट्राई जैसी संस्था है। बीमा क्षेत्र की निगरानी आईआरडीए करती है। शेयर बाजार का नियमन सेबी और कमोडिटी बाजार का नियमन फॉरवर्ड मार्केट कमीशन यानी एफएमसी करती है। वित्तीय क्षेत्र का नियमन रिजर्व बैंक के जिम्मे है तो शिक्षा क्षेत्र के नियमन के लिए यूजीसी और एआईसीटीई जैसी संस्थाएँ हैं। दवा निर्माण की निगरानी के लिए ड्रग कंट्रोलर होते हैं। फिल्म मीडिया की निगरानी के लिए सेंसर बोर्ड जैसी संस्था काम करती है।

आरोप सही पाए जाने पर डॉक्टर, वकील, शेयर दलाल, वायदा कारोबारी आदि का लाइसेंस रद्द हो सकता है। फिल्मों का प्रदर्शन रोका जा सकता है, दवा के निर्माण पर रोक लग सकती है, ठेकेदार ब्लैकलिस्ट हो सकते हैं। कम तौलने, मिलावट करने, पैकेट पर लिखी जानकारी के मुताबिक माल न देने पर कार्रवाई करने के लिए कानून हैं। लेकिन समाचारों में मिलावट करने, गलत जानकारी देने, जानकारी छिपाने, खबर के नाम पर दलाली करने, दंगे भड़काने आदि को रोकने के लिए किसी भी तरह की व्यवस्था नहीं है। इन्हें अपराध नहीं माना जाता, इसलिए कोई सजा भी नहीं दी जा सकती।

ऐसी कोई व्यवस्था नहीं है जिससे गलत, फर्जी, धोखाधड़ी, ब्लैकमेलिंग, दलाली आदि करने पर किसी पत्रकार को पत्रकारिता करने से रोका जा सकता है। मिसाल के तौर पर, राडिया टेप में नाम आनेवाले पत्रकारों बरखा दत्त, प्रभु चावला, वीर सांघवी, नवीका कुमार आदि के साथ उनका संस्थान चाहे जो भी करे, लेकिन आरोपों की जाँच होने तक उन्हें पत्रकारिता करने से रोका नहीं जा सकता। किसी भी कोड या नियम के तहत यह माँग भी नहीं की जा सकती कि उन्हें पत्रकारिता न करने दी जाए। आर.के. आनन्द जैसे बड़े वकील का वकालत करने का लाइसेंस थोड़े समय के लिए ही सही, लेकिन सस्पेंड हो सकता है लेकिन किसी पत्रकार को पत्रकारिता करने से रोका नहीं गया है। किसी अखबार को गलत खबर देने के आरोप में बन्द नहीं किया जा सकता है, न ही किसी न्यूज चैनल का प्रसारण रोका जा सकता है। तकनीकी तौर पर देखा जाए तो चैनल का प्रसारण स्थगित करने के लिए केबल

टेलीविजन रेगुलेशन एक्ट, 1995 (Ref) जरूर है लेकिन इसका इस्तेमाल न्यूज चैनलों के लिए नहीं होता। न्यूज मीडिया, कंज्यूमर प्रोटेक्शन एक्ट के दायरे में भी नहीं आता। कुल मिलाकर जिस तरह की स्वच्छन्दता मीडिया को हासिल है, उसकी तुलना किसी भी और क्षेत्र से नहीं की जा सकती।

कॉरपोरेट न्यूज मीडिया पूरी तरह से कारोबारी तरीके से चलना चाहता है। वह कोई सामाजिक जवाबदेही लेना नहीं चाहता। हर कारोबारी की तरह पैसा कमाना और कारोबार बढ़ाना ही उसका लक्ष्य है। लेकिन जब कभी इस कारोबार के नियमन की बात आती है, वह विचार और अभिव्यक्ति की स्वतंत्रता, चौथा खम्भा, लोकतंत्र का पहरेदार जैसी बातों की आड़ लेकर छिपना चाहता है। समाचार के धन्धे में मीडिया मालिकों की स्वतंत्रता और दर्शकों और पाठकों की जानने की स्वतंत्रता के बीच टकराव है। यह कुछ ऐसा ही टकराव है जैसा ठग और ठगे जानेवाले के हितों के बीच होता है। ठग को ठगने की स्वतंत्रता नहीं होनी चाहिए। लोकतंत्र में तो ऐसा कतई नहीं होना चाहिए।

यहाँ यह बात भी गौर करने लायक है कि दो या अधिक मीडिया हाउस जब एक-दूसरे के खिलाफ खबर छापते हैं तो इसकी शिकायत वे आत्मनियंत्रण करनेवाली संस्थाओं में नहीं करते। इसके लिए वे सीधे अदालत की ओर चल पड़ते हैं। मिसाल के तौर पर, राडिया कांड में जब 'ओपन' और 'आउटलुक' ने बरखा दत्त का नाम लेकर खबरें छापीं तो एनडीटीवी ने इसकी शिकायत प्रेस कौंसिल में नहीं की। इसके बदले अपनी ही साइट पर एक चेतावनी दे दी कि इस बारे में हम कार्रवाई कर सकते हैं।[3] इसी तरह 'संडे गार्डियन' में एनडीटीवी के आर्थिक मामलों और आईसीआईसीआई से मिले लोन के बारे में छपी खबर के बाद भी एनडीटीवी ने इसकी शिकायत किसी भी मीडिया संगठन में करने की जगह कानूनी नोटिस भेजने का रास्ता चुना।[4] एनडीटीवी ने कानूनी नोटिस भेजकर 'संडे गार्डियन' से दो दिन के अन्दर 100 करोड़ रुपए देने की धमकी दी। जाहिर है, मीडिया संगठन अपने खिलाफ छपी खबरों के लिए आत्मनियमन की संस्थाओं की शरण में नहीं जाते, लेकिन यह चाहते हैं कि पाठक और दर्शक आत्मनियमन का फॉर्मूला मान लें।

सरकार और मीडिया रेगुलेशन

यहाँ सवाल उठता है कि सत्ता और सरकार ने मीडिया को इतना आजाद क्यों रहने दिया? क्या मीडिया की स्वच्छन्दता सरकार और सत्ता के लिए खतरा नहीं है? मीडिया का मनमानापन कई बार सरकार के लिए सिरदर्द बनता है लेकिन सरकार के पास उसे काबू में रखने के अपने तरीके हैं। हाल के दिनों में कई बार सूचना और प्रसारण मंत्री

या मंत्रालय के अधिकारी ने न्यूज मीडिया के संचालकों को बुलाकर उन्हें निर्देश दिए हैं। गुर्जर आरक्षण के विवाद और तेलंगाना अलग राज्य आन्दोलन के कवरेज में उग्र भीड़ को न दिखाने के मौखिक निर्देश दिए गए और मीडिया ने उनका पालन किया। सरकार का निर्देश न मानने वाले चैनलों के खिलाफ सरकार ने काफी सख्ती की।

तेलंगाना अलग राज्य आन्दोलन के दौरान एक चैनल 'राज टीवी' को पुलिस ने नोटिस जारी किया और थोड़े समय के लिए उसका प्रसारण भी बन्द रखा गया। इस आन्दोलन के प्रसारण के लिए न्यूज ब्रॉडकास्टर्स एसोसिएशन के दिशा-निर्देश को ही आधार बनाया गया, जबकि एसोसिएशन के दिशा-निर्देशों का न्यूज चैनल हर दिन अपने स्क्रीन पर मखौल उड़ाते रहते हैं। लेकिन जब सरकार को उचित लगा तो उन दिशा-निर्देशों के उल्लंघन की बात करके एक चैनल के खिलाफ कार्रवाई कर दी गई। कॉमनवेल्थ गेम्स में भ्रष्टाचार के आरोपों की जब बौछार लग गई थी तब सरकार की तरफ से इसे राष्ट्रगौरव के आयोजन के तौर पर पेश किया गया और उसके बाद मीडिया के तेवर ढीले पड़ गए।

सरकार मीडिया को कई और तरीकों से नियंत्रित करती है। इसमें प्रलोभन से लेकर चेतावनी और धमकी तक सारे उपकरण इस्तेमाल में लाए जाते हैं। मिसाल के तौर पर, डाउनलिंकिंग गाइडलाइंस के तहत केन्द्र सरकार लोक हित या राष्ट्र की सुरक्षा के हित में किसी कम्पनी या रजिस्टर्ड चैनल से डाउनलिंकिंग का अधिकार छीन सकती है। जाहिर है कि देश की सरकार अपनी सुविधा से लोकहित या राष्ट्रीय सुरक्षा की व्याख्या कर सकती है। सरकार की राय में अगर कोई चैनल ऐसा आपत्तिजनक अनधिकृत सामग्री या सन्देश का प्रसारण करता है, जो लोकहित या राष्ट्रीय सुरक्षा हितों के खिलाफ हो या अगर कोई चैनल सूचना और प्रसारण मंत्रालय के निर्देशों का उल्लंघन करे तो उस कम्पनी या चैनल से डाउनलिंकिंग सुविधा छीन ली जाएगी और पाँच साल तक उसे इस सुविधा से वंचित कर दिया जाएगा। साथ ही, उस चैनल का रजिस्ट्रेशन भी रद्द कर दिया जाएगा और अगले पाँच साल तक वह रजिस्ट्रेशन के लिए आवेदन भी नहीं कर पाएगा।[5]

इन प्रावधानों के इस्तेमाल की जरूरत आमतौर पर नहीं पड़ती है क्योंकि कोई भी चैनल स.कार के निर्देशों के खिलाफ नहीं जाता। सच तो यह है कि मीडिया सरकार और सत्ता के भामले में सेल्फ सेंसरशिप बरतता है। उदारीकरण के बाद से मीडिया भारत की आर्थिक नीति को लेकर आलोचनात्मक रुख को छोड़ चुका है। नई आर्थिक नीति लागू होने के बाद से सरकार और मीडिया के रिश्ते निर्णायक रूप से बदल चुके हैं। मीडिया अब पूरी तरह से कॉरपोरेट नियंत्रण में है बल्कि यह कहें कि मीडिया अब कॉरपोरेट बन चुका है। मीडिया के कारोबारी हित उसे सरकार के साथ टकराव के रास्ते पर नहीं चलने देते। सरकार खुद ही देश में कारोबारी हितों

का संरक्षण करनेवाली सबसे महत्त्वपूर्ण संस्था के रूप में विकसित हो चुकी है। सरकार और मीडिया के बीच टकराव के कारण अब खत्म हो चुके हैं। ऐसे में सरकार के लिए ऐसे मौके कम ही आते हैं जब उसे मीडिया को नियंत्रित करने की जरूरत महसूस होती है।

राजीव गांधी के बाद किसी भी प्रधानमंत्री ने मीडिया को नियंत्रित करने के लिए सख्त कानून जैसे उपायों का इस्तेमाल नहीं किया। विदेश और रक्षा नीति के सवालों पर भी मीडिया कमोबेश सरकारी नीतियों के साथ ही चलता है। कश्मीर, पूर्वोत्तर, नक्सल आन्दोलन समेत आन्तरिक सुरक्षा के सवालों पर सरकार और कॉरपोरेट न्यूज मीडिया के रुख में कोई अन्तर नहीं है।

बहरहाल, वर्तमान स्थितियों में सरकार, कॉरपोरेट और मीडिया–तीनों का ही काम रेगुलेशन के बिना बढ़िया चल रहा है। समाज की प्रभुत्वशाली शक्तियों (आर्थिक, धार्मिक और जातीय) को मीडिया की मनमानी परेशान नहीं करती, बल्कि कमजोर समुदायों को दबाने के लिए मिली बेलगाम आजादी उन्हें रास आती है। मीडिया बिना नियमन के मनमाने तरीके से काम कर रहा है और अपने कॉरपोरेट तया अन्य लक्ष्यों के लिए बेलगाम होकर चल रहा है। वहीं सरकार जब चाहती है, तब किसी भी अखबार या चैनल के कान उमेठ देती है, लेकिन रेगुलेशन न होने की बात कहकर इस मायने में अपनी जवाबदेही नहीं मानती। कुल मिलाकर यह स्थिति दर्शकों और पाठकों के हित में नहीं है।

सन्दर्भ

1. कॉरपोरेट मीडिया एंड द थ्रेट टू डेमोक्रेसी, रॉबर्ट मैकचेस्नी, ओपन मीडिया पॉम्प्लेट सिरिज
2. मीडिया का अंडरवर्ल्ड, राधाकृष्ण प्रकाशन, दिल्ली में गन्ना किसानों के आन्दोलन का मीडिया कवरेज
3. http://www-ndtv-com/article/indiandtv-on-defamatory-remarks-against-barkha&dutt-67210 18 नवम्बर, 2010 की पोस्ट
4. http://www-sunday-guardian-com/a/1470 'संडे गार्डियन' की वेबसाइट से, 19 दिसम्बर, 2010
5. टीवी चैनलों की डाउनलिंकिंग के लिए पॉलिसी गाइडलाइंस, 11 नवम्बर, 2005

खबर खरीदनेवाले को सजा, बेचनेवाले को उपदेश

पेड न्यूज के मामले में भारत में पहली बार कार्रवाई 2011 में हुई। उत्तर प्रदेश की एक एमएलए को अपनी सदस्यता गँवानी पड़ी है, लेकिन जिन दो अखबारों–'दैनिक जागरण' और 'अमर उजाला' पर पेड न्यूज के खिलाफ प्रेस परिषद और चुनाव आयोग में आरोप सिद्ध हुए, उनके खिलाफ कोई कार्रवाई नहीं हुई। पेड न्यूज मीडिया की आन्तरिक संरचना का अंग है क्योंकि कॉरपोरेट मीडिया अब पूरी तरह चौथा खम्भा प्राइवेट लिमिटेड है जहाँ सिर्फ लाभ ही शुभ है। 'अमर उजाला' के इंटरनेट संस्करण में 21 अक्टूबर, 2011 को एजेंसी के हवाले से यह खबर छपी है। खबर का शीर्षक है–'पेड न्यूज पर उमलेश यादव अयोग्य करार।' खबर का पहला पैरा इस तरह है–

> 'पेड न्यूज' के मामले में किसी राजनेता के खिलाफ पहली बार कार्रवाई करते हुए चुनाव आयोग ने गुरुवार को उत्तर प्रदेश के बिसौली (बदायूँ) की विधायक उमलेश यादव को तीन साल के लिए अयोग्य करार दिया है। अखबारों में न्यूज आइटम पर हुए चुनावी खर्च के मामले में गलत ब्योरा देने के लिए यह कार्रवाई की गई है।[1]

गूगल सर्च में यह समाचार 'दैनिक जागरण' की वेबसाइट पर नहीं मिलता (प्रिंट संस्करण में यह खबर हो सकता है, छपी हो)। 'दैनिक जागरण' की वेबसाइट में बदायूँ जिले की खबरों के बीच यह खबर नहीं है। यह खबर हमें कुछ बात तो बताती है और कुछ छिपाती है। इस खबर को पढ़ने से यह पता नहीं चलता कि जिस पेड न्यूज की वजह से उमलेश यादव को विधानसभा की सदस्यता गँवानी पड़ी थी, उस पेड न्यूज को किन अखबारों ने छापा था। इस बारे में जानकारी कुछ अंग्रेजी अखबारों जैसे 'द हिन्दू' और 'इंडियन एक्सप्रेस' में मिलती है। विस्तार से सूचना (पूरा फैसला) चुनाव आयोग की साइट पर उपलब्ध है। चुनाव आयोग ने अपने फैसले के पहले अनुच्छेद में इस केस की पृष्ठभूमि बताई है[2]–

'यह मामला भारतीय प्रेस परिषद के 31 मार्च, 2010 के फैसले No-14/58-59/07-08-PCI की वजह से सामने आया। उत्तर प्रदेश में 2007 में हुए विधानसभा

चुनाव में बिसौली विधानसभा क्षेत्र से उम्मीदवार योगेंद्र कुमार ने 'दैनिक जागरण' और 'अमर उजाला' पर आरोप लगाया कि इन अखबारों ने चुनाव से एक दिन पहले 17 अप्रैल, 2007 को प्रतिद्वन्द्वी उम्मीदवार उमलेश यादव के पक्ष में पेड न्यूज छापे।'

भारतीय प्रेस परिषद ने आरोप की जाँच के बाद 31 मार्च, 2010 को फैसला सुनाया कि–''दैनिक जागरण' और 'अमर उजाला' नैतिक तौर पर दोषी हैं। जाँच कमेटी की टिप्पणी के आधार पर प्रेस परिषद मीडिया को चेतावनी देती है कि वह खबर को विज्ञापन और विज्ञापन को खबर की तरह छापने से बाज आए। परिषद ने यह भी तय किया है कि यह फैसला और सम्बन्धित दस्तावेज चुनाव आयोग के पास समुचित कार्रवाई हेतु भेज दिए जाएँ।'

इसी पृष्ठभूमि में चुनाव आयोग ने जाँच-पड़ताल के बाद पाया कि उमलेश यादव ने चुनावी खर्च का ब्यौरा देने सम्बन्धी जनप्रतिनिधित्व कानून की धारा 10 (ए) का उल्लंघन किया है। इस आधार पर 20 अक्टूबर, 2011 को सुनाए गए फैसले के तहत उनकी सदस्यता रद्द कर दी गई और उनके तीन साल तक चुनाव लड़ने पर रोक लगा दी गई। इस फैसले को चुनाव आयोग के तीनों सदस्यों ने मिलकर लिखा है और इसके खिलाफ अपील हाईकोर्ट में ही हो सकती है। चुनाव खर्च के मामलों में कार्रवाई करने के चुनाव आयोग के अधिकार को महाराष्ट्र के पूर्व मुख्यमंत्री अशोक चह्वाण ने दिल्ली हाईकोर्ट में चुनौती दी थी (रिट याचिका (सी) 2511, 2011)। लेकिन 30 सितम्बर, 2011 को हाईकोर्ट ने इस याचिका को खारिज कर दिया। उसके बाद ही चुनाव आयोग ने उमलेश यादव के केस में फैसला दिया है।

महाराष्ट्र विधानसभा चुनाव के दौरान अशोक चह्वाण के पक्ष में 'लोकमत' समेत कई अखबारों ने अशोक पर्व नाम से कई पेज के स्पेशल सप्लिमेंट छापे। अशोक चह्वाण की तारीफ करता एक ही आलेख वहाँ अलग-अलग नाम से टाइम्स ऑफ इंडिया समूह के अखबार 'महाराष्ट्र टाइम्स' (रिपोर्टर का नाम नहीं), 'लोकमत' (विशेष संवाददाता के नाम से) और 'पुढारी' (पत्रकार के नाम के साथ) में छपा।[3] वहीं मधु कोड़ा पर आरोप है कि उन्होंने एक टीवी चैनल को पक्ष में खबर दिखाने के लिए सवा करोड़ रुपए दिए। इसके अलावा तीन और मीडिया संगठनों को 25.76 लाख रुपए दिए गए।[4] हालाँकि जाँच के दायरे को बढ़ाया जाए, तो हिन्दुस्तान समूह भी लपेटे में आएगा। हिन्दुस्तान अखबार के वाराणसी संस्करण में कांग्रेस के समर्थन में छापी गई एक खबर बहुचर्चित रही है। इसमें एक नेता का विज्ञापन प्रमुख रूप से छापा था। अक्षरों के आकार और फॉन्ट को इस तरह से रखा गया था कि वह खबर की तरह दिखे। 30 अप्रैल, 2009 को, जिस दिन चुनाव हुए, हिन्दुस्तान के वाराणसी संस्करण में पहले पन्ने पर सबसे ऊपर एक ऐसी सामग्री छपी जो दिखने में खबर जैसी थी और जिसका शीर्षक था, 'कांग्रेस के पक्ष में लहर'। अगले ही दिन

अखबार ने अपनी गलती स्वीकारी और अपने पाठकों से माफी माँगते हुए कहा कि वह खबरों और विज्ञापनों में फर्क करता है।[5]

यह फैसला भारतीय मीडिया और राजनीति के साथ-साथ पाठकों और नागरिकों की दृष्टि से भी बेहद महत्त्वपूर्ण है। पेड न्यूज भारतीय मीडिया की पुरानी बीमारी है। लेकिन इसका सर्वाधिक विकृत रूप 2007 के विधानसभा चुनावों और 2009 के लोकसभा चुनाव और उसके बाद देखा गया। पहले भी चोरी-छिपे रुपए देकर खबरें छपवाई जाती थीं, लेकिन इन चुनावों में मीडिया समूह के लोग बाकायदा रेट कार्ड लेकर नेताओं और दलों के साथ कवरेज का सौदा कर रहे थे। इसके अलावा घोषित तौर पर मीडिया को बड़ी मात्रा में चुनावी विज्ञापन दिए गए। 2010 की फिक्की-केपीएमजी इंडियन मीडिया एंड एंटरटेनमेंट इंडस्ट्री रिपोर्ट में इस परिघटना को इस तरह दर्ज किया गया–

> 2009 के लोकसभा और विधानसभा चुनाव ने विज्ञापन कारोबार में आई मन्दी से निबटने में मदद की। चुनाव के विज्ञापन प्रिंट, टेलीविजन, रेडियो, इंटरनेट और आउटडोर माध्यमों पर आए। चुनावी विज्ञापनों का 40 से 50 फीसदी हिस्सा प्रिंट की झोली में गिरा, जबकि 150 टेलीविजन चैनलों पर कुल 1,76,001 चुनावी विज्ञापन दिखाए गए। टीवी पर कुल मिलाकर 1439 घंटों के चुनावी विज्ञापनों का प्रसारण हुआ। ये विज्ञापन 52 दलों की ओर से आए।...भारत में 2008-2009 में विज्ञापन का कुल बाजार 22,000 करोड़ रुपए का था। इसमें से 2 फीसदी यानी 440 करोड़ रुपए चुनावी विज्ञापन के थे।[6]

केन्द्रीय सूचना और प्रसारण मंत्री अंबिका सोनी ने 1 मार्च, 2011 को लोकसभा में एक प्रश्न के उत्तर में बताया कि 2009-2010 में प्रेस परिषद के पास पेड न्यूज से सम्बन्धित 19 शिकायतें आईं। उनमें से सिर्फ 3 मामलों में ही किसी तरह की जाँच या कार्यवाही या कार्यवाही की तैयारी चल रही है।[7] बाकी मामले बन्द किए जा चुके हैं। लोकसभा चुनाव का साल होने के बावजूद प्रेस परिषद के पास इतनी कम शिकायतों का आना इस बात का भी संकेत हो सकता है कि प्रेस परिषद की अधिकारहीनता की वजह से लोग शिकायत लेकर उसके पास जाना नहीं चाहते। उमलेश यादव के मामले में भी प्रेस परिषद अखबारों पर कार्रवाई करने के मामले में अक्षम साबित हुआ है। प्रेस परिषद की स्थिति दरअसल बिना नाखून और दाँत वाले शेर की तरह है, जिसे सजाकर तो रखा जा सकता है, लेकिन जिसके सहारे किसी बुराई से लड़ा नहीं जा सकता। इसी सवाल के जवाब में अंबिका सोनी ने बताया कि प्रेस परिषद ने अधिकारों से लैस होने की इच्छा जताई है, जिस पर मंत्रियों का एक समूह विचार कर रहा है और इस समूह के लिए रिपोर्ट देने की कोई समय सीमा तय नहीं की गई है।

पेड न्यूज एक जटिल मसला है। चुनावी विज्ञापनों का तो फिर भी लेखा-जोखा होता है लेकिन पेड न्यूज के साथ सुविधा यह है कि कवरेज खरीदनेवाले यानी नेता और बेचनेवाले यानी अखबार या टीवी चैनल, दोनों ही इस काम के लिए लेन-देन चुपचाप करना चाहते हैं। चैनल और अखबार अगर पैसे लेकर किसी के पक्ष में या पैसे न मिलने पर किसी के खिलाफ खबरें छापते-दिखाते हैं तो पैसे का लेन-देन साबित किए बगैर यह नहीं कहा जा सकता कि कोई खबर न्यूज पेड न्यूज है। मीडिया किसी के पक्ष या खिलाफ में लिखने के लिए कानूनी तौर पर स्वतंत्र है और इसके लिए वह नकद पैसा, विज्ञापन, शेयर, कम्पनी में हिस्सेदारी, राज्यसभा की सीट, मंत्री के सलाहकार का पद, पद्मश्री या पद्मभूषण जैसे सम्मान, प्रेस के लिए सस्ती जमीन, टैक्स छूट, सरकारी कमेटी की सदस्यता आदि सैकड़ों रूपों में प्रतिदान ले सकता है। मौजूदा मामले में भी प्रेस परिषद ने पेड न्यूज को कानूनी से कहीं ज्यादा नैतिक प्रश्न माना। यह सच भी है कि अगर कोई मीडिया संगठन पैसे लेकर खबर छापता है और तो वह ऐसा करके देश के किसी कानून को नहीं तोड़ता। बेशक अगर इस लेन-देन को वह अपने खाते में नहीं दिखाता तो ऐसी हालत में आयकर कानून के उल्लंघन के लिए उसे दोषी ठहराया जा सकता है।[8]

उमलेश यादव के मामले में भी प्रेस परिषद पेड न्यूज की जड़ तक पहुँच नहीं पाया है। इन दोनों अखबारों ने जो खबर/विज्ञापन 17 अप्रैल, 2007 को छापा था, वह विज्ञापन और समाचार के बीच की चीज है। मीडिया की भाषा में इसे एडवर्टोरियल (खबर की तरह दिखने वाले विज्ञापन) कहते हैं। अपनी सफाई में दोनों अखबारों ने यही कहा कि उन्होंने जो छापा वह तो विज्ञापन था, क्योंकि सामग्री के अन्त में ADVT लिखा गया था। हालाँकि चुनाव आयोग ने इस स्पष्टीकरण को खारिज कर दिया और फैसले में लिखा कि—चुनाव आयोग प्रेस परिषद की इस बात से सहमत है कि 'अमर उजाला' में 17 अप्रैल, 2007 को छपी सामग्री 'चारों ओर पतंग ही पतंग' और 'दैनिक जागरण' में इसी दिन छपी सामग्री 'बिसौली के चुनावी आसमान पर पतंग ही पतंग' पेड न्यूज हैं।

क्या यह आश्चर्यजनक नहीं है कि मूल शिकायत अखबारों के खिलाफ थी और प्रेस परिषद तथा चुनाव आयोग द्वारा इस मामले में पेड न्यूज का आरोप सिद्ध पाए जाने के बावजूद 'अमर उजाला' और 'दैनिक जागरण' के खिलाफ कोई कार्रवाई नहीं की गई। कार्रवाई के नाम पर प्रेस परिषद ने मीडिया को सदाचार का उपदेश भर दिया।

पेड न्यूज को लेकर कानूनी स्थिति साफ न होने की वजह से पेज-थ्री में खबर की तरह दिखने वाली सामग्री काफी समय से बेची जा रही है। यह काम छिपकर नहीं बल्कि रसीद काटकर किया जा रहा है। 'टाइम्स ऑफ इंडिया' ने इसके लिए

मीडियानेट नाम का विभाग बनाया है। कई अखबार और चैनल यह काम खुलकर करते हैं। सप्लिमेंट में सम्पादकीय सामग्री के स्थान पर प्रायोजित सामग्री को समाचार की तरह पेश करने का चलन वर्षों से चला आ रहा है। टेलीविजन चैनल काफी समय से कॉरपोरेट फिल्में समाचार की तरह दिखाते हैं। कॉरपोरेट समूह मीडिया में प्रायोजित सामग्री खबर की तरह छपवाते रहते हैं और बिजनेस के पन्ने ऐसी खबरों से भरे रहते हैं। भारत में लगभग 30,000 से 40,000 पब्लिक रिलेशन कर्मी[9] इस काम को संगठित तौर पर करते हैं। फिल्म उद्योग भी ऐसी सामग्री पैसे देकर छपवाता है, जिसे बिकी हुई खबर के तौर पर पहचान पाना लगभग नामुमकिन है। इस बारे में पहली बार गम्भीर चर्चा राजनीति के क्षेत्र में पेड न्यूज को लेकर ही शुरू हुई है। दूसरी तरह के सारे पेड न्यूज धड़ल्ले से जारी हैं और बहस और विवाद के दायरे में भी नहीं हैं।

पेड न्यूज में खबर छापनेवाला और छपवानेवाला–दोनों ही पक्ष फायदे में रहते हैं। जिसे इसका नुकसान है वह है पाठक या दर्शक। अगर मीडिया उद्योग की ही शब्दावली को लें तो अखबार और चैनल प्रोडक्ट यानी उत्पाद हैं। दर्शक और पाठक इनके उपभोक्ता हैं। ऐसी स्थिति में इस बात पर विचार होना चाहिए कि जिस तरह मिलावटी या खराब सामान बेचने या कम वजन तौलने या खराब बटखरा रखने पर किसी दुकानदार या कम्पनी के खिलाफ उपभोक्ता संरक्षण अधिनियम या माप-तौल अधिनियम के तहत कार्रवाई होती है, उसी तरह की कार्रवाई पेड न्यूज करनेवाले मीडिया समूहों के खिलाफ क्यों न की जाए। मिलावटी समाचार से लोगों की विचार प्रक्रिया प्रदूषित होती है और लोकतंत्र का सही तरीके से काम करना मुश्किल हो जाता है। सही सूचनाओं के अभाव में चुनाव प्रक्रिया प्रभावित होती है और यह पूरा खेल ज्यादा पैसे वाले के पक्ष में झुका हुआ होता है।

खबरों के बिक जाने के सन्दर्भ में मीडिया की संरचना और उसकी भूमिका बहस के दायरे में हैं। जनमत निर्माण में मास मीडिया की भूमिका को देखते हुए इसे किसी भी और उत्पाद की तरह मानकर पूरी तरह से बाजार के हवाले कर देना खतरनाक होगा। इस बहस के कुछ बिन्दु उप-राष्ट्रपति हामिद अंसारी ने दिए हैं।[10]

- क्या आम नागरिक की चिन्ता के विषयों पर मीडिया में सार्वजनिक बहस होती है?
- क्या हाशिए के लोगों, वंचितों और समाज के कमजोर तबके के लोगों के सरोकार के लिए मीडिया में पर्याप्त स्थान है?
- संविधान के सामाजिक और राजनीतिक लक्ष्यों को पूरा करने की दिशा में हमारे मीडिया ने क्या योगदान किया है?

भारतीय मीडिया के शोधार्थियों के साथ ही मीडिया उत्पादों को उपभोक्ता के

नाते (मीडिया इंडस्ट्री पाठकों और दर्शकों को यही मानती है) तमाम नागरिकों को इन सवालों पर विचार करना चाहिए और उस स्थापना पर पुनर्विचार करना चाहिए जिसमें मीडिया को लोकतंत्र का चौथा खम्भा या ऐसा ही कुछ कहा जाता है। अब निर्णायक तौर पर कहा जा सकता है कि खबरों में हो रही मिलावट भारतीय नागरिकों की चुनने और विचार करने की आजादी को सीमित और बाधित कर रही है।

सन्दर्भ

1. http://www-amarujala-com/National/Paid-news-Umlesh-Yadav-disqualified-on-17593-html
2. http://eci-nic-in/eci_main/recent CDisqualification_case_Umkesh_Yadav.pdf
3. पी. साईनाथ, 'द हिन्दू', 30 नवम्बर, 2009
4. 'द हिन्दू', वेब संस्करण, 22 अक्टूबर
5. पेड न्यूज पर प्रेस परिषद की उप समिति की रिपोर्ट, समयांतर, मीडिया विशेषांक, 2011 में हिन्दी में प्रकाशित
6. फिक्की केपीएमजी मीडिया एंटरटेनमेंट रिपोर्ट, 2010 (पेज150, 152, 154)
7. तारांकित प्रश्न संख्या 97
8. राज्यसभा में ध्यानाकर्षण प्रस्ताव पर विपक्ष के नेता अरुण जेटली का वक्तव्य, 5 मार्च, 2009
9. उद्योग संगठन ऐसोचैम का अनुमान
10. उप-राष्ट्रपति हामिद अंसारी का 28 जनवरी, 2010 का भाषण, (पीआईबी)

नए की नो एंट्री, बड़े का बोलबाला

हर तीन महीने पर देश में अखबारों-पत्रिकाओं की पाठक संख्या बताने के लिए इंडियन रीडरशिप सर्वे आता है। भारत में प्रिंट माध्यम यानी अखबारों और पत्रिकाओं को सालाना मिलनेवाले 12,600 करोड़ रुपए के विज्ञापन (फिक्की-केपीएमजी मीडिया रिपोर्ट, 2011) का वारा-न्यारा इस सर्वे की रिपोर्ट के आधार पर ही होता है। विज्ञापनदाता और विज्ञापन एजेंसियाँ इस सर्वे के आधार पर तय करती हैं कि किस प्रकाशन को कितना विज्ञापन देना है। यह रिपोर्ट आमतौर पर मीडिया और विज्ञापन जगत में ही पढ़ी जाती है और वही लोग आमतौर पर इसे खरीदते हैं। सर्वे के नतीजे तिमाही आते हैं।

भारतीय प्रिंट मीडिया परिदृश्य को समझने के लिए इस रिपोर्ट से कई सूत्र मिलते हैं। अगर आप मीडिया के अबोध उपभोक्ता नहीं हैं तो मीडिया नाम के धन्धे के मिजाज को समझना जरूरी है। अगर यह कोई और उत्पाद होता, तो बात और होती। मीडिया उत्पाद बाकी प्रोडक्ट से इस मायने में भिन्न हैं कि इससे आपके सोचने और विचार करने का ढंग प्रभावित होता है। इस अर्थ में अखबार या टीवी चैनल साबुन या टोस्टर या फ्रिज से अलग हैं। इस सन्दर्भ को ध्यान में रखकर ही यहाँ इंडियन रीडरशिप सर्वे (2011, दूसरी तिमाही) के नतीजों को परखने की कोशिश की गई है।

निष्कर्ष 1 – भारतीय मीडिया मोनोपली

भारत में अखबार या पत्रिकाएँ शुरू करना बेहद आसान है। 15 अगस्त, 2011 तक के आँकड़ों के मुताबिक, देश में 84 हजार, 277 पत्र-पत्रिकाएँ रजिस्टर्ड हैं (लोकसभा प्रश्नोत्तर 5313, तारीख 6 सितम्बर, 2011)। संख्या की दृष्टि से देखें तो ऐसा लग सकता है कि भारतीय समाचार-पत्र की दुनिया में जबर्दस्त विविधता है और पाठकों

के लिए अलग-अलग तरह के अखबारों के बीच चुनने के बेशुमार मौके होंगे। पहली नजर में ऐसा भ्रम हो सकता है कि भारतीय समाचार-पत्र कारोबार में एकाधिकार यानी मोनोपली जैसी कोई स्थिति नहीं है और सूचनाओं और समाचारों का लोकतंत्र है। लेकिन हकीकत क्या है?

इसके लिए हम इंडियन रीडरशिप सर्वे की ताजा रिपोर्ट से पाँच हिन्दीभाषी राज्यों–राजस्थान, बिहार, उत्तर प्रदेश, मध्य प्रदेश तथा दिल्ली के आँकड़ों को देखते हैं।

राजस्थान में समाचार-पत्र बाजार

स्थान	*अखबार*	*दैनिक पाठक संख्या (लाख में)*
1.	राजस्थान पत्रिका	68.05
2.	दैनिक भास्कर	64.25
3.	दैनिक नवज्योति	5.54
4.	पंजाब केसरी	2.20
5.	टाइम्स ऑफ इंडिया	2.08
6.	न्यूज टुडे	1.50
7.	डेली न्यूज	1.44
8.	राष्ट्रदूत	1.04
9.	हिन्दुस्तान टाइम्स	0.64
10.	डीएनए	0.32

राजस्थान में अखबारों की पाठक संख्या का यह आँकड़ा क्या बताता है? राजस्थान के टॉप 10 अखबारों को मिलाकर 146.85 लाख पाठक हैं। इनमें से 132.30 लाख यानी 90% पाठक सिर्फ दो अखबारों–'राजस्थान पत्रिका' और 'दैनिक भास्कर' के हैं। इसके अलावा टॉप 10 लिस्ट में 'न्यूज टुडे' और 'डेली न्यूज' 'राजस्थान पत्रिका' समूह के ही उत्पाद हैं और 'डीएनए' अखबार 'दैनिक भास्कर' समूह का है। कुल मिलाकर राजस्थान के समाचार-पत्र परिदृश्य पर राजस्थान पत्रिका और दैनिक भास्कर समूह का जबर्दस्त दबदबा है। यह विचारणीय है कि जब देश में अखबार खोलने और चलाने पर कोई बाधा नहीं है, तब राजस्थान में कई अखबार आपस में स्वस्थ प्रतियोगिता क्यों नहीं कर पा रहे हैं?

बिहार में समाचार-पत्र बाजार

स्थान	अखबार	दैनिक पाठक संख्या (लाख में)
1.	दैनिक हिन्दुस्तान	48.42
2.	दैनिक जागरण	27.27
3.	प्रभात खबर	4.26
4.	आज	2.86
5.	टाइम्स ऑफ इंडिया	1.62
6.	राष्ट्रीय सहारा	1.19
7.	आईनेक्स्ट	0.92
8.	हिन्दुस्तान टाइम्स	0.88
9.	हिन्दू	0.30
10.	इकॉनोमिक टाइम्स	0.19

बिहार के टॉप 10 अखबारों की सम्मिलित पाठक संख्या 87.91 लाख है। इनमें से सिर्फ दो अखबार–'दैनिक हिन्दुस्तान' और 'दैनिक जागरण' की सम्मिलित पाठक संख्या 75.69 लाख है जो टॉप 10 अखबारों की पाठक संख्या का 86% है। इसमें अगर हिन्दुस्तान समूह के अखबार 'हिन्दुस्तान टाइम्स' और जागरण समूह के अखबार 'आईनेक्स्ट' के पाठकों को जोड़ दें, तो अन्दाजा लगाया जा सकता है कि बिहार में इन दो मीडिया समूहों की कैसी जबर्दस्त मोनोपली है। बिहार में स्थिति यह है कि 'दैनिक हिन्दुस्तान' की पाठक संख्या उसके बाद के नौ अखबारों की सम्मिलित पाठक संख्या से ज्यादा है। किसी एक अखबार का इतना शक्तिशाली होना सूचना और समाचारों के लोकतंत्र की दृष्टि से अच्छा नहीं है।

उत्तर प्रदेश में समाचार-पत्र बाजार

स्थान	अखबार	दैनिक पाठक संख्या (लाख में)
1.	दैनिक जागरण	90.07
2.	अमर उजाला	70.55
3.	दैनिक हिन्दुस्तान	38.06
4.	अमर उजाला कम्पेक्ट	10.05
5.	आज	7.68
6.	राष्ट्रीय सहारा	6.92 →

7.	टाइम्स ऑफ इंडिया	5.52
8.	आईनेक्स्ट	5.06
9.	डीएलए	3.17
10.	हिन्दुस्तान टाइम्स	2.98

उत्तर प्रदेश में शिखर के 10 अखबारों की सम्मिलित पाठक संख्या 240.06 लाख है। इनमें से ऊपर के तीन समूहों के अखबारों ('दैनिक जागरण', 'अमर उजाला', 'हिन्दुस्तान', 'अमर उजाला कम्पेक्ट', 'आईनेक्स्ट' और 'हिन्दुस्तान टाइम्स') की मिली-जुली पाठक संख्या 216.77 लाख है। यह टॉप 10 अखबारों की पाठक संख्या का 90% है। स्पष्ट है कि उत्तर प्रदेश के अखबार बाजार में 'दैनिक जागरण', 'अमर उजाला' और अब कुछ हद तक 'दैनिक हिन्दुस्तान' की मोनोपली है।

हिन्दी पट्टी के एक और राज्य मध्य प्रदेश में कुछ साल पहले तक सिर्फ 'दैनिक भास्कर' और 'नई दुनिया' का बोलबाला था। अब वहाँ तीन अखबारों का दबदबा है क्योंकि हाल के वर्षों में राजस्थान पत्रिका समूह के अखबार 'पत्रिका' की पकड़ वहाँ मजबूत हुई है।

मध्य प्रदेश में समाचार-पत्र बाजार

स्थान	*अखबार*	*दैनिक पाठक संख्या (लाख में)*
1.	दैनिक भास्कर	38.06
2.	नई दुनिया + नव दुनिया	15.75
3.	पत्रिका	12.51
4.	राज एक्सप्रेस	4.92
5.	दैनिक जागरण	3.96
6.	दैनिक अग्निबाण	3.23
7.	हरिभूमि	2.59
8.	दैनिक नवभारत	1.52
9.	दैनिक प्रभात किरण	0.77
10.	टाइम्स ऑफ इंडिया	0.72

मध्य प्रदेश के शिखर के 10 अखबारों की सम्मिलित पाठक संख्या 84.03 लाख है। जबकि चोटी के दो अखबारों–'दैनिक भास्कर' और 'नई दुनिया' की पाठक संख्या 53.81 लाख है। तीसरे नम्बर के अखबार 'पत्रिका' को जोड़ लें तो आँकड़ा 66.32 लाख हो जाता है। 10 अखबारों की सम्मिलित पाठक संख्या का यह 78.92% है।

दिल्ली में समाचार-पत्र बाजार

स्थान	*अखबार*	*दैनिक पाठक संख्या (लाख में)*
1.	हिन्दुस्तान टाइम्स	19.48
2.	टाइम्स ऑफ इडिया	19.01
3.	नवभारत टाइम्स	19.00
4.	दैनिक हिन्दुस्तान	11.24
5.	पंजाब केसरी	7.44
6.	दैनिक जागरण	6.66
7.	मेल टुडे (इंडिया टुडे समूह)	2.09
8.	इकॉनोमिक टाइम्स	1.92
9.	नई दुनिया	1.26
10.	द हिन्दू	1.13

दिल्ली के अखबार बाजार में टॉप के 10 अखबारों में तो ऊपर के चार अखबार–टाइम्स ऑफ इंडिया और हिन्दुस्तान टाइम्स समूह के हैं। इसके अलावा दिल्ली का सबसे बड़ा आर्थिक अखबार 'इकॉनोमिक टाइम्स' भी टाइम्स ऑफ इंडिया समूह का है। पाठक संख्या के लिहाज से दिल्ली में 'हिन्दुस्तान टाइम्स' 19.48 लाख, 'टाइम्स ऑफ इंडिया' 19.1 लाख, 'नवभारत टाइम्स' 19 लाख और 'दैनिक हिन्दुस्तान' 11.24 लाख पर हैं। इसके बाद 'पंजाब केसरी' के 7.44 लाख, 'दैनिक जागरण' के 6.66 लाख और इंडिया टुडे समूह के 'मेल टुडे' के 2.09 लाख पाठक हैं। आठवें स्थान पर मौजूद इकॉनोमिक टाइम्स की पाठक संख्या 1.92 लाख है। नवें और दसवें स्थान पर 'नई दुनिया' और 'द हिन्दू' हैं जिनकी पाठक संख्या क्रमशः 1.26 लाख और 1.13 लाख है। आप स्पष्ट तौर पर देख सकते हैं कि दिल्ली के अखबार बाजार पर 'टाइम्स ऑफ इंडिया' और 'हिन्दुस्तान टाइम्स' का जबर्दस्त दबदबा है।

मुम्बई में टाइम्स ऑफ इंडिया और कोलकाता में आनन्द बाजार समूह की तूती बोलती है। ऐसी ही स्थिति बाकी जगहों में भी है। क्या ऐसे में एक पाठक के तौर पर आपको सही और सन्तुलित सूचनाएँ मिल रही हैं? क्या आपके पास अखबार बदलने के समुचित विकल्प हैं? खासकर ऐसी स्थिति में जबकि नम्बर एक और नम्बर दो के अखबार एक-दूसरे को कॉपी करने में जुटे हों और बिल्कुल एक जैसे बन गए हों। मिसाल के तौर पर, दिल्ली में 'टाइम्स ऑफ इंडिया' और 'हिन्दुस्तान टाइम्स' लगभग एक जैसे अखबार हैं। वैसे भी कॉरपोरेट मीडिया में ज्यादातर बड़े और महत्त्वपूर्ण मुद्दों, खासकर आर्थिक मुद्दों पर आम राय होती है और यह वही राय होती है, जो देश के उद्योग जगत और आर्थिक तथा सामाजिक इलीट की राय होती है। ऐसी स्थिति में

पाठकों के लिए कहने को तो सैकड़ों और हजारों विकल्प हैं, पर वास्तव में वह एक या दो अखबारों के बीच ही किसी एक को चुन लेता है। बेन बेग्डिकियान ने अपनी बहुचर्चित किताब 'मीडिया मोनोपली' में इस स्थिति का विस्तार से वर्णन किया है। उन्होंने बताया है कि साल-दर-साल अमेरिकी मीडिया बाजार पर चन्द कॉरपोरेट समूहों की पकड़ लगातार मजबूत होती जा रही है और कमजोर खिलाड़ियों को मैदान से बाहर होना पड़ रहा है। भारत में भी यही स्थिति और रुझान है।

दरअसल इन पाँच राज्यों में अखबारों की जो स्थिति है, वह पूरे देश की कहानी है।

बड़े का बोलबाला और प्राइस वार

कई और उद्योगों की तरह मीडिया में भी बड़े पैमाने पर उत्पादन और वितरण करनेवाला कई तरह से फायदे में रहता है। कच्चा माल खरीदने से लेकर वितरण नेटवर्क बनाने और विज्ञापन जुटाने तक में बड़े स्तर पर काम करनेवाला मीडिया हाउस बेहतर स्थिति में होता है। एक मीडिया हाउस अगर कई अखबार चला रहा है तो उसके सामान्य प्रबन्धन, जैसे एचआर से लेकर एकाउंटिंग और सुरक्षा से लेकर ट्रांसपोर्ट तक के खर्च में बचत होती है। समाचार संकलन की दृष्टि से देखें तो किसी समूह के एक संवाददाता की खबर समूह के कई अखबारों में छप सकती है। फोटोग्राफ से लेकर एजेंसी सर्विस और लाइब्रेरी तक में संसाधनों के साझे इस्तेमाल का फायदा ऐसे मीडिया समूह को मिलता है। विज्ञापनदाताओं को भी ऐसे समूह ज्यादा तरह के विकल्प दे पाते हैं।

साथ ही, बड़ा मीडिया समूह प्राइस वार होने पर कमजोर समूह को पछाड़ने के लिए मजबूत हालत में होता है। अखबारों का प्राइस वार वह परिघटना है जब किसी खास बाजार (सर्कुलेशन एरिया) में दो या अधिक अखबार अपनी बिक्री बढ़ाने के लिए अपनी कीमत कुछ समय के लिए घटा लेते हैं। ऐसी स्थिति में मजबूरी में अक्सर प्रतिद्वन्द्वी भी कीमत गिरा लेता है। इस लड़ाई में जीतने के लिए बेहतर स्थिति में वही होता है, जो सर्कुलेशन से होनेवाली आमदनी में गिरावट को लम्बे समय तक झेल सकता है। किसी बाजार में जगह बनाने के लिए नया अखबार कई बार प्राइस वार का सहारा लेता है। उसी तरह किसी नए अखबार के आने पर जमे हुए अखबार अपनी कीमत गिराकर नए अखबार के लिए रास्ता मुश्किल बना देते हैं। इसी तरह कई अखबार प्रमोशन स्कीम और गिफ्ट देकर भी सर्कुलेशन बढ़ाने की कोशिश करते हैं। इस खेल में भी खर्चा है और बड़े समूह के लिए यह बोझ उठा पाना आसान होता है।

निष्कर्ष 2 - नए की नो एंट्री

आईआरएस 2011 की दूसरी तिमाही के नतीजे देखें या इससे पहले के सर्वे के नतीजे, एक बात स्पष्ट रूप से सामने आती है कि भारतीय समाचार-पत्र बाजार में किसी नए खिलाड़ी के लिए जगह पाना बहुत ही मुश्किल और काफी हद तक असम्भव काम है। यह स्थिति अंग्रेजी, हिन्दी और अन्य भारतीय भाषाओं के अखबारों में देखी जा सकती है। अंग्रेजी के टॉप 10 अखबारों के सर्कुलेशन और उनकी स्थापना के वर्ष को देखें।

स्थान	*अखबार का नाम*	*औसत दैनिक पाठक संख्या (लाख में)*	*समूह की स्थापना*
1.	टाइम्स ऑफ इंडिया	74.71	1838
2.	हिन्दुस्तान टाइम्स	37.37	1924
3.	द हिन्दू	20.77	1878
4.	द टेलीग्राफ	12.09	1922
5.	डेक्कन क्रोनिकल	10.88	1938
6.	डीएनए (भास्कर)	8.24	1958
7.	इकॉनोमिक टाइम्स	7.85	1838
8.	मुम्बई मिरर	7.58	1838
9.	द ट्रिब्यून	5.67	1881
10.	द न्यू इंडियन एक्सप्रेस	5.59	1931

ऐसी ही स्थिति हिन्दी अखबारों की भी है।

स्थान	*अखबार का नाम*	*औसत दैनिक पाठक संख्या (लाख में)*	*समूह की स्थापना*
1.	दैनिक जागरण	163.93	1942
2.	दैनिक भास्कर	141.74	1958
3.	हिन्दुस्तान	119.85	1924
4.	अमर उजाला	88.91	1948
5.	राजस्थान पत्रिका	69.41	1956
6.	पंजाब केसरी	34.14	1948
7.	नवभारत टाइम्स	26.50	1838
8.	प्रभात खबर	18.93	1984
9.	नई दुनिया	17.14	1947
10.	हरिभूमि	14.37	1996

हिन्दी के अलावा अन्य भारतीय भाषाओं के सर्वाधिक बिकने वाले अखबारों को देखें तो पहले नम्बर पर मौजूद 'मलयालम मनोरमा' (मलयालम) 1888 से, 'लोकमत' (मराठी) 1918 से, 'डेली तंती' (तमिल) 1942 से, मलयालम का ही 'मातृभूमि' 1923 से, 'आनन्दबाजार पत्रिका' 1922 से छप रही है। तेलुगु अखबार 'ईनाडू' 37 साल से और 'गुजरात समाचार' लगभग 70 साल पुराना है। 'मराठी सकाल' 1932 का अखबार है।

जाहिर है कि कागज पर यह कहा जा सकता है कि भारत में अखबार कोई भी खोल सकता है लेकिन इसे सफलतापूर्वक चलाना और उसे एक बड़े कारोबार का रूप देना किसी भी नए खिलाड़ी के लिए आसान नहीं है। दो-चार नए खिलाड़ी इस बीच में मीडिया बाजार में बड़े होकर सामने आए हैं (जैसे तेलुगु का 'साक्षी' या हिन्दी का 'प्रभात खबर') लेकिन एक तो ऐसे समूह कम हैं और उनके ग्रोथ के विशिष्ट कारण हैं। जैसे 'साक्षी' को आन्ध्र प्रदेश के पूर्व मुख्यमंत्री दिवंगत वाईएसआर रेड्डी परिवार का अखबार माना जाता है वहीं 'प्रभात खबर' के पीछे उषा मार्टिन जैसी बड़ी कम्पनी का हाथ है, जिसके झारखंड में माइनिंग इंटरेस्ट हैं। कम्पनियों के अखबार, कई बार अखबार से नहीं, उसके असर से पैसा कमाते हैं।

हाल में उभरे इन अपवादों को छोड़ दें, तो मीडिया बाजार के पुराने खिलाड़ी किसी नए खिलाड़ी को आसानी से स्थापित नहीं होने देते। इसे इस तरह भी देखा जा सकता है कि कॉरपोरेट मीडिया में स्थितियाँ नए और कमजोर खिलाड़ियों के हित में काम नहीं करतीं। पाठक के तौर पर इसका आपके लिए मतलब यह है कि चुनने की आपकी आजादी सीमित और बाधित है। आपके पास इतने विकल्प ही नहीं होते कि आप सही अखबार का चयन कर सकें।

निष्कर्ष 3 – समृद्ध इलाकों में अखबार अब ढलान पर?

पढ़े-लिखे और अपेक्षाकृत समृद्ध इलाकों में क्या अखबारों की बिक्री गिरने लगी है? अब तक के आईआरएस के आँकड़ों के आधार पर निर्णायक तौर पर यह बात नहीं कही जा सकती लेकिन इसके छिटपुट संकेत नजर आने लगे हैं। मिसाल के तौर पर, ग्रेटर मुम्बई यानी मुम्बई सिटी, वेस्टर्न और ईस्टर्न सबर्ब और नवी मुम्बई में 2011 की पहली और दूसरी तिमाही के बीच सभी अखबारों ने कुल मिलाकर अपने पाठक गँवाए हैं। हिन्दी अखबारों ने 71,000, मराठी अखबारों ने 15,000, अंग्रेजी अखबारों ने 13,000 और गुजराती अखबारों ने 21,000 पाठक खोए हैं। पूरे साल का हिसाब देखें तो मराठी और हिन्दी के अखबारों ने क्रमशः डेढ़ लाख और ढाई लाख पाठक खोए हैं। (afaqs.com की रिपोर्ट, 4 अक्टूबर, 2011) हालाँकि इस मामले में किसी

नतीजे तक पहुँचने के लिए और शहरों के आँकड़ों का अध्ययन करना होगा। आगे इस पर नजर रखने और रुझानों का विशलेषण करने की आवश्यकता होगी।

यूरोपीय और अमेरिकी देशों में कई वर्षों से अखबारों की पाठक संख्या और बिक्री लगातार गिर रही है। भारत और चीन दुनिया के उन चन्द बड़े देशों में हैं जहाँ अखबारों की बिक्री बढ़ रही है। लेकिन देश के समृद्ध शहरों में अगर अखबारों की बिक्री गिर रही है या उनमें ठहराव है तो इसे मीडिया बाजार के वैश्विक (पश्चिमी) रुझान के अनुरूप ही माना जाएगा। अमेरिका समेत कई पश्चिमी देशों में इंटरनेट ने सूचना और समाचार माध्यम के रूप में टेलीविजन और प्रिंट माध्यमों को पीछे छोड़ दिया है। क्या भारत के महानगरों और समृद्ध इलाकों में भी यही होनेवाला है? आईआरएस के आनेवाले सर्वेक्षणों पर नजर रखें।

(परिभाषाएँ : 1. इंडियन रीडरशिप सर्वे यानी आईआरएस को दुनिया के सबसे बड़े सर्वेक्षणों में से एक माना जाता है। यह सर्वे 1997 से लगातार किया जा रहा है। सर्वे करनेवालों का दावा है कि इसके तहत देश-भर के 2,50,000 घरों से आँकड़े जुटाए जाते हैं। यह सर्वे मीडिया सर्विस यूजर्स कौंसिल (एमआरयूसी) और मार्केट रिसर्च एजेंसी 'हंसा रिसर्च' मिलकर करती है। एमआरयूसी को विज्ञापनदाता, विज्ञापन एजेंसियाँ और मीडिया मालिक मिलकर चलाते हैं। आईआरएस के नतीजे हर तीन महीने पर जारी किए जाते हैं। इसमें पाठक संख्या के साथ ही पाठकों की आर्थिक स्थिति, घर में इस्तेमाल किए जानेवाले उत्पादों, खरीदारी के पैटर्न आदि का भी ब्योरा होता है। साथ ही, सिनेमा और टीवी व्युअरशिप के बारे में भी जानकारियाँ जुटाता है। भारतीय विज्ञापन जगत इस सर्वे के आधार पर ही एक हद तक यह तय करता है कि किस अखबार या पत्रिका में विज्ञापन दिए जाएँ।

2. अंक की औसत पाठक संख्या (एआईआर)—पाठक संख्या के लिए अब इसी मानक का इस्तेमाल होता है। अखबारों के लिए यह दैनिक, साप्ताहिक के लिए पिछले सात दिन और मासिक के लिए पिछला महीना है। विज्ञापनदाता अब कुल पाठक संख्या की जगह एवरेज इश्यू रीडरशिप को ज्यादा महत्त्व देते हैं।)

जन्तर-मन्तर का रिएलिटी शो और मीडिया

'फैशन' के लिए ही सही लेकिन भ्रष्टाचार के खिलाफ उमड़े जन समर्थन ने सरकार को झुकने पर मजबूर कर दिया। सरकार को झुकाने में एक बड़ी वजह जहाँ अन्ना के समर्थन में बढ़ती भीड़ का ग्राफ था, वहीं लोगों को खींचने में बड़ा योगदान अनवरत मीडिया कवरेज का था। ...एक चीज जो इस अनशन में हर पल साथ नजर आई वो था—कैमरा। कैमरे के आगे आने को हर कोई बेताब था। ...कैमरों की भीड़ भी छोटी-मोटी नहीं, दर्जनों कैमरे और दर्जनों ओबी वैन के साथ समाचार चैनलों की कई टीमें। लेंस के आगे चल रहे इस रिएलिटी शो में हर कोई अपनी मौजूदगी दर्ज कराना चाहता था। (दैनिक जागरण, दिल्ली संस्करण, 9 अप्रैल 2011, पेज 4, शीर्षक—'जन्तर-मन्तर पर दिखा खुद आई और जुटाई गई भीड़ का फर्क' खबर के अंश)

'दैनिक जागरण' के संवाददाता ने जन्तर-मन्तर में जो देखा और उस पर जो खबर लिखी, वह बेहद रोचक है। जाने-अनजाने में इस संवाददाता ने अन्ना के आन्दोलन की कामयाबी का श्रेय मीडिया को दे दिया है। अन्ना ने भी अनशन तोड़ते समय मीडिया को अलग से, और खासतौर पर धन्यवाद दिया था। तो क्या यह आन्दोलन मीडिया की वजह से ही इतना बड़ा बन गया? हो सकता है कि किसी हद तक ऐसा हो। यह तो तय है कि पिछले दो दशक में राम-जन्मभूमि आन्दोलन और 1990 और 2006 के आरक्षण विरोधी आन्दोलनों के बाद यह तीसरा मौका था, जब मीडिया ने किसी आन्दोलन को इतना जबर्दस्त और सकारात्मक यानी पॉजिटिव कवरेज दिया।

राम-जन्मभूमि आन्दोलन और 1990 के आरक्षण विरोधी आन्दोलन का विस्तार लगभग देशव्यापी था और उसका असर जनजीवन के तमाम पहलुओं पर पड़ा था, इसलिए उनके कवरेज का कारण समझा जा सकता है (हालाँकि उन दोनों कवरेज का पक्षपातपूर्ण रवैया भारतीय मीडिया के काले अध्यायों में गिना जाता है)। लेकिन अन्ना हजारे का आन्दोलन, पब्लिक रिलेशन की भाषा में कहें तो, एक छद्म घटना या स्यूडो इवेंट था।

अन्ना के आन्दोलन की तुलना 2006 के आरक्षण विरोधी आन्दोलन से की जा सकती है। दोनों ही आन्दोलन मीडिया की वजह से ही इतने महत्त्वपूर्ण माने गए। इन दोनों आन्दोलनों को एक हद तक मीडिया ही चला रहा था। घटनाएँ मीडिया के

लिए आयोजित की जा रही थीं और जिस तरह प्रेस कॉन्फ्रेंस में मीडिया के न आने से प्रेस कॉन्फ्रेंस फेल हो जाती है, वैसे ही अगर मीडिया ने अन्ना के आन्दोलन की अनदेखी कर दी होती तो इस आन्दोलन का कोई असर नहीं होता। दिल्ली में होनेवाले बड़े आन्दोलनों या बड़ी रैलियों से नई दिल्ली और सेंट्रल दिल्ली के जनजीवन पर असर पड़ता है। सड़कों पर ट्रैफिक जाम हो जाता है। वहीं अन्ना का जन्तर-मन्तर आन्दोलन एक ऐसी सड़क के एक कोने पर चला जिस सड़क की पूरी लम्बाई आधा किलोमीटर है। लेकिन प्रभावोत्पादकता यानी असर पैदा करने की बात करें, तो यह एक बड़े आन्दोलन की तरह दिखा।

मीडिया कवरेज की दृष्टि से यहाँ देश के हिन्दी और अंग्रेजी के सबसे बड़े अखबारों–'दैनिक जागरण' और 'टाइम्स ऑफ इंडिया' का आकलन करने की कोशिश की जाएगी, ताकि ठोस तथ्यों के आधार पर इस घटना का आकलन करने के उपकरण मिल सकें।

'दैनिक जागरण' में 4 अप्रैल, 2011 तक अन्ना हजारे को बिल्कुल महत्त्व नहीं दिया गया, जबकि इससे पहले वे आमरण अनशन की घोषणा कर चुके थे। 4 अप्रैल के अखबार में अन्ना के बारे में एक मात्र खबर पेज 7 पर सिंगल कॉलम की है, जिसमें राजनाथ सिंह का यह बयान छपा है कि–'अन्ना हजारे और बाबा रामदेव से बात करे सरकार'। लेकिन 5 अप्रैल को अन्ना की खबर उछलकर सीधे जागरण के पहले पन्ने पर आ जाती है, जहाँ इसे दूसरी हेडलाइन बनाया गया है। तीन कॉलम की इस खबर का शीर्षक है–'भ्रष्टाचार पर लाखों ने दिखाई एकजुटता।' 'लाखों लोगों' के इस आन्दोलन के साथ होने की बात अरविंद केजरीवाल बोल रहे हैं। लेकिन अखबार का शीर्षक पढ़कर नहीं लगता कि यह किसी का दावा है। खबर के पहले अनुच्छेद को पढ़ने तक यह पता नहीं चलता कि ये सब बातें किसी का बयान हैं।

'जागरण' की इस खबर के साथ दो कॉलम का एक फोटो है, जिसमें अन्ना अपने साथियों के साथ हैं। खबर के साथ एक बॉक्स है, जिसका शीर्षक है–'भ्रष्टाचार से जंग'। इसी दिन 'भ्रष्टाचार के खिलाफ मुहिम' नाम से अखबार ने सम्पादकीय लिखा है और इसके अलावा सम्पादकीय पेज पर भरत झुनझुनवाला का एक सम्बन्धित आलेख है 'शासन तंत्र की ईमानदारी।' इतना ही नहीं, इसी दिन पेज नौ पर भी काफी कवरेज है। चार कॉलम में एक बड़ा बॉक्स है–'अन्ना का अनशन'। इसमें अन्ना का प्रोफाइल है, जन लोकपाल बिल का परिचय है और रालेगण (जिसे रालेगाँव लिखा गया है) सिद्धी का प्रोफाइल है। पेज में अन्ना की तस्वीर है। साथ ही, 3 कॉलम की एक खबर है–'अन्ना को मनाने की पुरजोर कोशिश' तथा एक बॉक्स है–'अन्ना से करें बात–राजनाथ'।

कुल मिलाकर जबर्दस्त कवरेज। एक दिन के अन्दर में ऐसा क्या बदल गया?

दरअसल कहानी देश के सबसे बड़े अंग्रेजी अखबार में भी दोहराई जाई तो सवाल और भी महत्त्वपूर्ण हो जाता है। 'टाइम्स ऑफ इंडिया' में 4 अप्रैल को अन्ना से जुड़ी एक भी खबर नहीं है लेकिन यही अखबार 5 अप्रैल को पेज 12 पर तीन कॉलम में यह खबर महत्त्वूपर्ण तरीके से छापता है कि अन्ना ने दबाव बढ़ा दिया है और उन्होंने आमरण अनशन पर बैठने की धमकी दी है। इस खबर की भाषा भी इस तरह लिखी गई है मानो प्रधानमंत्री के लिए कोई बड़ी समस्या खड़ी होनेवाली है। अखबार जानकारी देता है कि साढ़े सात करोड़ लोगों ने अन्ना के आन्दोलन का समर्थन किया है, लेकिन न तो इस बात का कोई स्रोत है न यह कोई कह रहा है। यह बात अखबार अपनी ओर से कह रहा है। लेकिन सात करोड़ लोगों ने कहाँ और किस तरह से आन्दोलन का समर्थन किया, यह नहीं बताया गया है। 6 अप्रैल से तो टाइम्स ऑफ इंडिया अन्ना के आन्दोलन की खबरों से रँग जाता है।

4 और 5 अप्रैल के कवरेज में फर्क शायद इसलिए भी है क्योंकि 4 अप्रैल को (4 की खबर 5 को छपती है) प्रधानमंत्री कार्यालय ने एक प्रेस विज्ञप्ति जारी करके अन्ना से अनशन का फैसला टालने की अपील की थी। इस अपील में अन्ना के आन्दोलन को काफी महत्त्व दिया गया है और बताया गया है कि प्रधानमंत्री इस सिलसिले में अन्ना से मिल चुके हैं और अन्ना के प्रति उनके मन में गहरा आदर है। प्रधानमंत्री कार्यालय द्वारा इस कदर महत्त्व दिया जाना एक तरह से मीडिया के लिए संकेत होगा कि यह एक गम्भीर मामला है। वरना अन्ना के आन्दोलन में जितने लोग आ रहे थे, वैसी भीड़ जन्तर-मन्तर पर हर हफ्ते नहीं भी तो हर पखवाड़े तो जरूर आ जाती है।

6 अप्रैल को तो 'जागरण' और 'टाइम्स ऑफ इंडिया' में अन्ना का आन्दोलन छा जाता है। 'जागरण' में पहले पेज पर छह कॉलम की हेडलाइन है–अन्ना अनशन पर, नेता रहें दूर। साथ में अनशन पर बैठे अन्ना की तस्वीर है। अखबार ने 12 नम्बर का पूरा पेज अन्ना के आन्दोलन को दे दिया है। इसमें पाँच खबरें हैं जिसमें से एक खबर का शीर्षक है–'हजारे की मुहिम को देशभर से समर्थन।' 'टाइम्स ऑफ इंडिया' ने 6 अप्रैल को इसे पहली हेडलाइन बनाया है। इसके साथ अन्ना की तस्वीर है और एक बॉक्स है जिसमें बताया गया है कि अन्ना क्या चाहते हैं। इसके अलावा पेज-4 और 16 पर 4 खबरें हैं और एक बॉक्स है जिसमें किरण बेदी, अरविंद केजरीवाल, मेनका गांधी और अग्निवेश समेत कई लोगों के बयान हैं। इन बयानों का एक साझा शीर्षक है–'ह्यूज सपोर्ट'। इन पेजों पर सात फोटो हैं।

सात और आठ अप्रैल को अन्ना ही अन्ना

सात अप्रैल के 'टाइम्स ऑफ इंडिया' में अन्ना छा जाते हैं। पहले पेज पर पाँच कॉलम की हेडलाइन लगाई गई है। इस खबर के साथ डेढ़-डेढ़ कॉलम की दो तस्वीरें हैं।

एक तस्वीर अन्ना की देखभाल करते डॉक्टर की है। दूसरी तस्वीर में इंडिया गेट के सामने मोमबत्तियाँ थामे हुए लोग हैं। पहले पेज पर ही दो बॉक्स आइटम हैं। एक में लिखा है कि दुनिया-भर से इंटरनेट पर अन्ना को समर्थन मिल रहा है। जबकि दूसरा बॉक्स यह कहता है कि हजारे तो फिट हैं लेकिन साथ अनशन पर बैठे दूसरे लोग शायद यह झेल न पाएँ।

इसके बाद अखबार ने अपना पेज-4 और पेज-14 पूरी तरह से अन्ना के आन्दोलन को समर्पित कर दिया है। इन पेजों का शीर्षक है–'करप्शन क्लिन अप'। चौथे पेज पर छह खबरें हैं और 10 फोटो। इस पेज पर बैनर यानी आठ कॉलम की हेडलाइन है। साथ में बॉक्स पॉप यानी लोगों की राय भी ली गई है। पेज 14 पर सात खबरें हैं और चार तस्वीरें। एक सम्बन्धित कार्टून स्ट्रिप भी है। इस पेज पर अन्ना का प्रोफाइल भी छपा है जिसका शीर्षक है–'द मैन, हू कांट बी इग्नोर्ड'। इस दिन 'टाइम्स ऑफ इंडिया' ने 'अ लिटमस टेस्ट' शीर्षक से सम्पादकीय भी लिखा है।

इसी तरह 'टाइम्स ऑफ इंडिया' में आठ अप्रैल को भी अन्ना छाए रहे। पहले पेज की पहली हेडलाइन अन्ना हैं। पहले पेज पर अन्ना की स्कूली बच्चों के साथ तस्वीर भी छपी है। एक बार फिर पेज 4 और 14 को अन्ना हजारे के आन्दोलन के नाम समर्पित कर दिया गया। पेज 4 पर सात खबरें हैं और 15 फोटो। इसके अलावा दो कॉलम में जन्तर-मन्तर की झलकियाँ हैं। पेज 14 में अन्ना के आन्दोलन से जुड़ी 10 खबरें हैं। कुल नौ तस्वीरें हैं। इस रोज अखबार ने 'सत्याग्रह बाई एसएमएस' शीर्षक से सम्पादकीय लिखा है। जग सुरैया का कॉलम इसी आन्दोलन के बारे में है और वायस कॉलम में अन्ना की कोटेशन है। सम्पादक के नाम पत्र में भी अन्ना हैं।

'दैनिक जागरण' की बात करें तो सात अप्रैल को अखबार ने पहले पेज पर छह कॉलम की हेडलाइन लगाई है–'मनमोहन जी, यह मेरा अपमान है'। इस खबर के साथ एक बॉक्स है जिसमें सरकार के आरोप और अन्ना के जवाब का ब्योरा है। दूसरे पेज में पाँच फोटो हैं। पेज 3 और पेज 12 पर भी अन्ना से जुड़ी खबरें हैं। पेज तीन में तो पहली खबर–'अन्ना हजारे के समर्थन में उतरी दिल्ली' छह कॉलम में है। दो फोटो हैं जिसमें एक में अन्ना की पृष्ठभूमि में गांधी, विवेकानंद और लक्ष्मीबाई की तस्वीरें हैं। पेज 12 में विशेष कवरेज के तहत अनशन के अस्त्र शीर्षक से एक बॉक्स है, जिसमें बताया गया है कि विरोध किन-किन तरीकों से होता है।

'दैनिक जागरण' का आठ अप्रैल का अंक भी अन्ना की खबरों से भरा हुआ है। पहले पेज पर पहली हेडलाइन सात कॉलम में है–'केन्द्र का अधूरा प्रस्ताव अन्ना ने ठुकराया।' पहले पेज पर एक खबर है कि 'अन्ना की सेहत पर असर।' इसके अलावा दो कॉलम की एक कमेंट्री है जिसका शीर्षक है–'यह लड़ाई है दीये और

तूफान की'। 'भ्रष्टाचार के खिलाफ जंग' नाम से अखबार ने पेज-7 और पेज-11 को इन्हीं खबरों से भरा है। 'असाधारण लड़ाई' शीर्षक से सम्पादकीय लिखा गया है और सम्पादकीय पेज पर इसी विषय से सम्बन्धित हृदय नारायण दीक्षित का लेख है–'लोक और तंत्र की टक्कर'।

अखबारों के कुछ शीर्षक बेहद रोचक हैं। जैसे :

– भ्रष्टाचार पर लाखों ने दिखाई एकजुटता
– अन्ना की मुहिम को देश भर में समर्थन
– चित्रों-कार्टूनों में दिखा देश का गुस्सा
– भ्रष्टाचार के विरोध में उठे सैकड़ों हाथ
– डीयू, एम्स और आईपीयू के विद्यार्थी भी अन्ना के साथ
– आन्दोलन में बुजुर्गों की कमी नहीं
– अन्ना हजारे के समर्थन में उतरी दिल्ली
– अन्ना के समर्थन में आया पूरा एनसीआर
– जन्तर-मन्तर पर जनता का गुस्सा
– पूरे देश में अन्ना के अनशन का समर्थन
– शहीद अब्दुल हमीद के साथी हैं अन्ना
– बधाई, जीत गए आप (माँग पूरी होने के दिन की पहली हेडलाइन)
– हर वर्ग का मिल रहा समर्थन
– जन्तर-मन्तर पर दिखा खुद आई और जुटाई गई भीड़ का अन्तर
– जन्तर-मन्तर पर उमड़ रहा जन सैलाब
– समर्थन में अमेरिका में आज उपवास
– हर एक ने मनाई खुशी
– जय हुई तो नाच उठा जन्तर-मन्तर
– 97 घंटे में 44 लाख लोगों का समर्थन (ऑनलाइन की मुहिम पर खबर, कोई स्रोत नहीं)

'टाइम्स ऑफ इंडिया' में भी हेडलाइन में ऐसा ही रुझान दिखता है। 'ग्राउंडस्वेल ऑफ सपोर्ट फॉर अन्ना', 'दिस इज आवर सेकेंड फ्रीडम स्ट्रगल, ओल्ड एंड यंग ब्रिगेड ब्रिज जेनरेशन गैप', 'गवर्नमेंट गोज टू जन्तरा मन्तरा, एट ग्राऊंड जीरो', 'प्रोटेस्ट्स मशरूम'।

अन्ना के आन्दोलन को लेकर खबरों की भाषा बेहद रोचक है। मिसाल के तौर पर, आठ अप्रैल को 'जागरण' के पेज 7 पर एक खबर है–'अब तो जनसंदेश को समझे सरकार।' इस खबर में लिखा है–'जिसे जहाँ सूचना मिली, वहीं से दिल्ली की ओर चल पड़ा।' 'उम्मीद सबकी एक है, कि अब देश भ्रष्टाचार से मुक्त हो जाएगा।'

इसी तरह नौ अप्रैल की एक खबर है–छोटी सी बात नहीं समझती सरकार।' इसे इस तरह लिखा गया है–'कौन कहता आसमां में सुराख नहीं हो सकता/एक पत्थर तबियत से उछालो यारो।' आज भ्रष्टाचार के दानव के आगे हर कोई लाचार नजर आता है। ऐसे समय में अन्ना हजारे के अनशन स्थल पर जुट रही भीड़ को देखकर दुष्यन्त कुमार का यह शे'र बरबस होंठों पर आ जाता है।...युवाओं से लेकर बुजुर्ग, गरीब से लेकर अमीर, पढ़े-लिखे से लेकर अनपढ़ तक–'लगता है, हर कोई बस यहीं चला आ रहा है।'

निष्कर्ष

इन दो सबसे बड़े अखबारों के कवरेज से साफ है कि इस घटना के सम्बन्ध में अखबार निष्पक्ष नहीं थे। वे अन्ना का खुलकर समर्थन कर रहे थे। नैतिक रूप से यह गलत है या सही, यह एक और सवाल है। लेकिन पत्रकारीय नैतिकता वस्तुनिष्ठता यानी ऑब्जैक्टिविटी की कीमत पर आगे नहीं बढ़ती। मीडिया ने इस मामले को तूल दिया। इसमें उसका क्या स्वार्थ था या यह निस्वार्थ होकर किया गया, यह पड़ताल का विषय है। अखबार आमतौर पर आन्दोलनों को लेकर नकारात्मक रुख रखते हैं। जन्तर-मन्तर से कई गुना बड़ी जगह, संसद मार्ग पर पिछले महीने जब आदिवासियों का एक बड़ा प्रदर्शन हुआ था। ये लोग दिल्ली में आदिवासी कोटा खत्म किए जाने का विरोध कर रहे थे। उस रैली में अन्ना के प्रदर्शन से कई गुना ज्यादा लोग थे। लेकिन मीडिया ने इसे बिल्कुल कवर नहीं किया। दिल्ली में होनेवाली किसानों और मजदूरों की रैलियों को ट्रैफिक जाम के नजरिये से कवर किया जाता है। उन्हें उत्पात करनेवालों के जमावड़े के तौर पर देखा जाता है। इस मामले में अन्ना भाग्यशाली रहे।

कॉरपोरेट मीडिया का एजेंडा और अन्ना का एजेंडा–इन दोनों के बीच कोई सूत्र जुड़ गया था। उद्देश्यों में समानता के कुछ बिन्दु जरूर रहे होंगे, वरना मीडिया ने अन्ना को इस तरह सिर पर न बिठाया होता। और मीडिया ने न बताया होता तो आपको कैसे पता चलता कि देश में 'इतना बड़ा' कुछ हो रहा है। मीडिया की एजेंडा सेटिंग थ्योरी का यह सटीक उदाहरण है। जनता के लिए मुद्दा अक्सर वही होता है, जो मीडिया बताता है। इस मामले में मीडिया कवरेज किसी वास्तविक घटना के लिए नहीं था। यह घटना मीडिया के लिए रची गई थी। यह मीडिया इवेंट था। ऐसे इवेंट में मीडिया और मीडिया कवरेज न हो तो वह इवेंट फेल हो जाता है। मीडिया ने अन्ना को आगे रखकर चलाए जा रहे इलीट सिविल सोसाइटी के इवेंट को फेल नहीं होने दिया।

अन्ना का आन्दोलन, छद्म इवेंट और मीडिया चालन

"सच में बड़ा चमत्कारी है अन्ना का तथाकथित आन्दोलन। टी.वी. बन्द करते ही गायब हो जाता है, फिर कहीं नजर नहीं आता...टी.वी. खोलते ही प्रकट हो जाता है।" –फेसबुक पर रितु रंजन कुमार का कमेंट।

चेतावनी के दो शब्द : जो मीडिया की वजह से जीते हैं, वे मीडिया की वजह से ही मर जाते हैं। अन्ना के आन्दोलन को मीडिया के ऑक्सीजन के आगे जीना सीखना होगा। –राजदीप सरदेसाई, ट्विटर पर।

अन्ना हजारे के आन्दोलन की वजह से भारतीय समाज और राजनीति में मीडिया की भूमिका को लेकर नई बहस छिड़ गई है। यह आन्दोलन लोकपाल बिल के एक खास ड्राफ्ट को कानून बनवाने की माँग को लेकर है। इस आन्दोलन को मीडिया का जबर्दस्त प्यार-दुलार मिला और यहाँ तक कहा जा रहा है कि मीडिया की वजह से ही यह आन्दोलन इतनी प्रमुखता हासिल कर पाया, वरना यह चन्द शहरी इलीट का आन्दोलन है।

15 अगस्त, 2011 की घटना को इस मामले में उदाहरण के तौर पर पेश किया जा सकता है। इस दिन शाम को अन्ना लगभग 30 समर्थकों के साथ राजघाट पर आए और समाधि के सामने अकेले बैठ गए। उन्हें तीन ओर से घेरकर उनके समर्थक भी बैठ गए। टेलीविजन चैनलों को इसकी सूचना पहले से थी। वहाँ लगभग 70 कैमरे और लगभग 200 मीडियाकर्मी मौजूद थे। उनकी वजह से उत्पन्न कौतूहल की वजह से भीड़ बढ़ती गई और लाइव कवरेज का असर यह हुआ कि आसपास से लगभग 2000 लोग इकट्ठा हो गए। पूरे देश ने टीवी के परदे पर इस इवेंट को देखा, जो दरअसल कोई इवेंट था ही नहीं, और अगर टीवी इसे न दिखाता तो राजघाट आनेवाले चार-पाँच सौ लोगों के अलावा इसकी जानकारी किसी को भी नहीं हो पाती। यह मीडिया मैनेजमेंट है। यह पब्लिक रिलेशन का चमत्कार है।

आन्दोलन या छद्म घटना (यानी स्यूडो इवेंट)

पब्लिक रिलेशन के तहत कई तरह के छद्म आयोजन यानी स्यूडो इवेंट आयोजित किए जाते हैं। ये घटनाएँ या आयोजन सिर्फ मीडिया को लक्ष्य करके आयोजित किए

जाते हैं। प्रेस कॉन्फ्रेंस, ब्रीफिंग, मीडिया इंटरेक्शन, मीडिया टूर, प्रोडक्ट लॉन्च, फिल्म प्रमोशन, इंटरव्यू ऐसे ही स्यूडो इवेंट हैं। इन्हें आयोजित किया जाता है। मास मीडिया के लिए सूचनाओं और समाचारों के लिए ये आयोजन प्रमुख स्रोत हैं। डेनियल बूस्टीन ने 1961 में अपनी किताब 'द इमेज' में पहली बार स्यूडो इवेंट जुमले का इस्तेमाल किया था।[1] पीआर एजेंसियाँ और कॉरपोरेट कम्युनिकेशन एक्जिक्यूटिव बिजनेस चैनलों के लिए कम्पनियों के अधिकारियों का लाइव इंटरव्यू आयोजित करते हैं। एक्सक्लूसिव कवरेज भी इसी मकसद से आयोजित किया जाता है। मीडिया कवरेज के लिहाज से छद्‌म इवेंट काफी असरदार हो सकते हैं। वास्तविक घटनाओं से भी ज्यादा कवरेज इन छद्‌म घटनाओं को मिल सकता है।

अन्ना ने जब अपना धरना प्रदर्शन शुरू नहीं किया था, तब इन्हीं स्यूडो इवेंट के जरिये उनकी बात मीडिया ने लोगों तक पहुँचाई थी। इसे एक उदाहरण के जरिये समझा जा सकता है। एक छद्‌म घटना 13 मई, 2006 को मुम्बई में हुई थी, जब उच्च शिक्षा संस्थानों में ओबीसी आरक्षण लागू किए जाने के खिलाफ मेडिकल छात्रों ने राजभवन के सामने प्रदर्शन किया था। इस आन्दोलन के दौरान लाठीचार्ज की तस्वीरें पूरे देश में देखी गईं और आन्दोलन को तेज करने में ये काफी कारगर साबित हुईं। यह एक मीडिया इवेंट था, जिसे आयोजित किया गया था। रॉक शो आयोजित करनेवाली एक कम्पनी के दो एक्जिक्यूटिव ने इसे ऑर्गनाइज किया था। इसके लिए कैमरापर्सन और पत्रकारों को पहले से ही जानकारी दे दी गई थी। 18 मई, 2006 को 'टाइम्स ऑफ इंडिया' में छपी खबर के मुताबिक, सम्भावित गिरफ्तारी से बचने के लिए इन दोनों इवेंट मैनेजरों ने जमानत के लिए अदालत में अर्जी डाली थी।

ऐसे छद्‌म आयोजन कई शक्ल में होते हैं। उनका काफी असर मीडिया कंटेंट पर पड़ता है। कुल मिलाकर यह स्थिति है कि किसी भी समाचार संगठन में जब सुबह न्यूज लिस्ट बनती है तो लगभग सभी रिपोर्टर किसी प्रेस कॉन्फ्रेंस, मीडिया ब्रीफिंग(ऑन रिकॉर्ड या ऑफ रिकॉर्ड), किसी मीडिया इवेंट या मीडिया स्टेटमेंट या प्रेस रिलीज पर काम कर रहे होते हैं। इन सब स्थानों पर पब्लिक रिलेशन किसी न किसी रूप में सक्रिय होता है। पत्रकारों के लिए ज्यादातर इंटरव्यू भी पब्लिक रिलेशन के जरिये ही ऑर्गनाइज होते हैं। कोई अधिकारी किसी विषय पर बोलेगा या नहीं, यह अक्सर पब्लिक रिलेशन एक्सपर्ट ही तय करते हैं।

मीडियाचालन की ओर बढ़ती राजनीति और अन्ना

मीडिया को जब लोकतंत्र का चौथा स्तम्भ कहते थे तो इसका आधार यही है कि मीडिया की लोकतंत्र में महत्त्वपूर्ण भूमिका है लेकिन लोकतंत्र की बाकी संस्थाओं से यह कमतर है। इसलिए इसका पायदान 'चौथा' यानी सबसे नीचे माना गया है। लोकतंत्र और मीडिया

के सम्बन्धों के इस स्तर पर मीडिया की जनमत निर्माण में महत्त्वपूर्ण भूमिका होती है। यह राजनीति का मीडियाकरण है। यह मीडिएटेड पॉलिटिक्स है। ऐसी राजनीति में लोगों के बीच और लोगों तथा सत्ता के बीच संवाद और सूचनाओं के आदान-प्रदान का आधार मीडिया होता है। शासकों को लोगों की राय के बारे में सूचनाएँ मीडिया के जरिये मिलती हैं और इसी तरह शासक भी अपनी बात मीडिया के ज़रिये लोगों तक पहुँचाते हैं।[2] पब्लिक ओपिनियन यानी जनमत निर्माण में मीडिया की भूमिका के बारे में वॉल्टर लिपमैन (पब्लिक ओपिनियन, न्यूयॉर्क, मैकमिलन, 1922) ने लगभग एक सदी पहले लिखा था। वहाँ से वक्त आगे बढ़ गया है।

मीडिया और राजनीति के अन्तर्सम्बन्धों की दृष्टि से भारत में 1991 को कट ऑफ वर्ष माना जा सकता है, जिसके बाद से उदारीकरण और वैश्वीकरण की प्रक्रिया तेज होती है। इस दौर में मीडिया पर लगी कई तरह की पाबन्दियाँ खत्म होती हैं। मीडिया में विदेशी निवेश का रास्ता खुलता है। उदारीकरण के साथ ही निजी कम्पनियों के लिए विज्ञापन और मार्केटिंग की जरूरत बढ़ जाती है और बाजार में बढ़ती होड़ के साथ विज्ञापनों की संख्या और विज्ञापन की दर–दोनों में तेजी से बढ़ोतरी होती है। अखबार रंगीन हो जाते हैं क्योंकि रंगीन विज्ञापन छापने की सम्भावना सामने होती है। ज्यादा विज्ञापन छापने के लिए अखबारों और पत्रिकाओं में पन्ने बढ़ाए जाते हैं। आमदनी का मुख्य स्रोत विज्ञापन होने के कारण अखबारों को लागत मूल्य से काफी कम पर बेचना मुमकिन हो जाता है। टेलीविजन पर निजी समाचार चैनलों के आने के साथ ही समाचार का पूरा परिदृश्य बदल चुका है। समाचारों की दुनिया 21वीं सदी के पहले दशक में तेजी से बदली है और इसके साथ ही मीडिया और राजनीति के रिश्तों का धरातल भी बदल गया है।

यानी अब देश की बहुत बड़ी आबादी मीडिया कवरेज के दायरे में है। मीडिया अब पहले की तरह निरीह और लाचार नहीं रहा, जब नेता उसका मजाक उड़ाया करते थे। अब वह देश की सबसे ताकतवर संस्थाओं में से एक बन गया है। मीडिया के ताकतवर होने का भय राजनेताओं को इस कदर सताने लगता है कि मीडिया स्वामित्व को लेकर नियमन की जरूरत महसूस होने लगती है और मीडिया मोनोपली को रोकने के तरीके सुझाने के लिए केन्द्र सरकार टेलीकॉम रेगुलेटर–ट्राई–को रिपोर्ट देने को कहती है। 2008 में यह रिपोर्ट आ जाती है, लेकिन सरकार इसमें दिए सुझावों की दिशा में एक कदम भी आगे नहीं बढ़ाती है। सुप्रीम कोर्ट के पूर्व न्यायाधीश और भारतीय प्रेस कौंसिल के पूर्व चेयरमैन जस्टिस पी.बी. सावंत के मुताबिक, न्यायपालिका के बाद सम्भवतः यह समाज की सबसे ताकतवर संस्था है।[3] जस्टिस सावंत की राय में मीडिया ताक़तवर तो हो गया है लेकिन इसका संचालन पैसे वालों के हाथों में होने के कारण इसमें कई गड़बड़ियाँ भी हैं और इसकी कई सीमाएँ भी हैं। उनका मानना

है कि मीडिया के स्वामित्व की संरचना को देखते हुए इस बात पर आश्चर्य नहीं होना चाहिए कि नीचे से लेकर ऊपर तक प्रशासन हमेशा आर्थिक रूप से ताकतवर के पक्ष में झुका होता है।

21वीं सदी के पहले दशक के अन्त में मीडिया का राजनीति पर असर बढ़ा है। बड़े देशों और बड़े समाजों में वैसे भी लोक-विमर्श का माध्यम मास मीडिया ही है। यहाँ एक व्यक्ति के बाकी लोगों के साथ मिलने की सीमाएँ स्पष्ट हैं। भारत में, खासकर राष्ट्रीय राजधानी के स्तर की राजनीति में मीडिया अब उपकरण से कहीं ज्यादा बड़ी भूमिका निभाने लगा है।

टेलीविजन स्टूडियो अब राजनीतिक विमर्श के सबसे महत्त्वपूर्ण ठिकाने हैं। राजनीतिक दलों के अपने मीडिया विभाग हैं और चैनल, विषय और वक्ताओं का पैनल देखकर यह तय किया जाता है कि किस कार्यक्रम में गेस्ट के तौर पर किस नेता को भेजना है। राजनीतिक दलों के बड़े नेता अमूमन हर रोज शाम और रात का अपना खासा समय टीवी स्टूडियो या कैमरे के सामने बैठकर बात करते हुए बिताते हैं।

टीवी पर होनेवाली इन चर्चाओं में राजनीतिक दलों का प्रतिनिधित्व अक्सर वकील और पत्रकार से नेता बने लोग करते हैं। टीवी पर एक मजमा जुटाया जाता है और नेताओं के परफॉर्मेंस होते हैं। इसलिए इनमें हिस्सा लेने की योग्यता राजनीतिक गुणों से नहीं बल्कि टीवी कैमरे के सामने परफॉर्म करने की क्षमता से तय होती है। टीवी के लिए बने नेताओं की लिस्ट में अरुण जेटली, रविशंकर प्रसाद, अभिषेक मनु सिंघवी, मनीष तिवारी, आनन्द शर्मा, सीताराम येचुरी, अमर सिंह आदि प्रमुख हैं। राजनीति में इनके महत्त्वपूर्ण होने की बड़ी वजह टीवी पर इनकी उपस्थिति भी है। नेता मीडिया के माध्यम से लोगों से संवाद करने लगे हैं। प्रमुख राजनीतिक दल हर दिन नियमित प्रेस कॉन्फ्रेंस करते हैं और अपनी बात मीडिया के जरिये लोगों तक पहुँचाते हैं।

मीडिया की बढ़ती ताकत या कहें राजनीतिक स्पेस में मीडिया तर्क या मीडिया लॉजिक (डी एल एल्थीड, सेज, 1979) का प्रभावी होना कई स्तरों पर तनाव को भी बढ़ाता है। मीडिया तर्क और राजनीतिक तर्क के बीच वर्चस्व के लिए लगातार खींचतान चलती है। मीडिया की बढ़ती ताकत राजनीतिक सत्ता को चुभने लगती है। तब मीडिया को नियंत्रित करने की कोशिशें तेज होती हैं। भारत में मीडिया नियमन को लेकर सरकार और मीडिया के बीच चल रही रस्साकशी को इसी सन्दर्भ में देखा जा सकता है। पेड न्यूज के चलन को रोकने के उपाय सुझाने के लिए प्रेस कौंसिल की पहल और उसकी रिपोर्ट पर विचार करने के लिए केन्द्र सरकार द्वारा मंत्रियों के समूह का गठन इसी रस्साकशी का एक हिस्सा है। टीवी के कंटेंट रेगुलेशन के लिए सरकार की ओर से लगातार प्रयास किए जा रहे हैं। मीडिया मोनोपली राजनीतिक सत्ता के लिए चिन्ता का कारण है।

मीडियाचालित राजनीति

यूरोपीय देशों में लगभग 100 फीसदी आबादी मीडिया के दायरे में है और वहाँ मीडिया के वर्तमान दौर की शिनाख्त मीडियाचालन या मिडियाटाइजेशन के रूप में की जा रही है। राजनीति का मीडियाटाइजेशन (मुजोलिनी और शुल्ज, पॉलिटिकल कम्युनिकेशन, रॉटलेज, 1997) विकसित देशों में हकीकत है। इस प्रक्रिया के बारे में भूपेन सिंह लिखते हैं–

> "...मीडिया तर्क इतना ताकतवर हो जाता है कि मीडिया अपने फायदे के लिए नैतिकता की हर हद तोड़ने लगता है। ऐसे हालात में कई बार राजनीतिक-सामाजिक किरदार मीडिया तर्क और राजनीतिक तर्क का फर्क भी भूल जाते हैं। इस तरह यहाँ एक तरह से राजनीति, मीडिया लॉजिक का उपनिवेश बन जाती है। राजनीतिक किरदार पूरी तरह मीडिया तर्क के सामने समर्पण कर देते हैं। मीडिया का इस्तेमाल राजनीति को मन मुताबिक ढालने में होने लगता है।"[4]

अन्ना हजारे के सन्दर्भ में देखें तो भारत में भी मीडियाचालित राजनीति के कुछ लक्षण दिखने लगे हैं। दरअसल, राजनीति के परम्परागत उपकरण पिछले दो दशक में कमजोर पड़े हैं। इस दौर में एक ओर राजनीतिक गोलबन्दी के परम्परागत उपकरणों को भोथरा बनाया गया है वहीं दूसरी ओर राजनीतिक गोलबन्दी के साधन के रूप में मीडिया एक प्रभावशाली विकल्प के रूप में सामने आया है। टी.एन. शेषन के चुनाव सुधारों का घोषित मकसद बेशक चुनावी राजनीति में सफाई लाना रहा होगा, लेकिन इसका नतीजा यह हुआ कि राजनीतिक इच्छा के प्रदर्शन के परम्परागत तरीके कमजोर पड़ गए।[5]

अन्ना का 2011 का आन्दोलन मीडिया और राजनीति के रिश्तों को नए ढंग से परिभाषित कर गया। राजनीति के तौर-तरीके हो सकता है कि इसके बाद निर्णायक रूप से बदल जाएँ। इस आन्दोलन को इस नजरिये से भी देखने की जरूरत है।

सन्दर्भ

1. मीडिया एथिक्स, परंजय गुहा ठाकुरता, ऑक्सफोर्ड, 2009
2. सिंह, भूपेन, कथादेश, अप्रैल, 2011
3. प्रेस डे, 2009 पर भारतीय प्रेस कौंसिल की स्मारिका
4. सिंह, भूपेन, कथादेश, अप्रैल, 2011
5. मंडल, दिलीप, मीडिया का अंडरवर्ल्ड, राधाकृष्ण, 2011

अन्ना का आन्दोलन और कॉरपोरेट मीडिया का प्यार

दिल्ली में बोट क्लब पर अब सत्तर या अस्सी के दशक की तरह आन्दोलनकारी नहीं जुटते। दिल्ली के भद्रजन के लिए यह राहत की बात है। कॉरपोरेट मीडिया आमतौर पर आन्दोलनों को पसन्द नहीं करता। दिल्ली में होनेवाले आन्दोलनों को समाचार-पत्र और टीवी चैनल अक्सर ट्रैफिक समस्या और सिविल सोसाइटी के लिए मुसीबत के रूप में देखते हैं। आन्दोलन चाहे किसानो के हों, मजदूरों-कर्मचारियों के, विस्थापितों के या फिर किसी समूह के–मीडिया इन्हें अक्सर उत्पाती भीड़ के रूप में देखता है। लेकिन क्या हर आन्दोलन के साथ मीडिया शत्रु के रूप में पेश आता है? नहीं, कुछ आन्दोलन बाकी आन्दोलनों से अलग होते हैं। मीडिया कुछ खास तरह के आन्दोलनों से बेहद लाड़-प्यार करता है और उन्हें पालता-पोसता है। देखते हैं कॉरपोरेट मीडिया के विभिन्न रूप।

19 नवम्बर, 2009

भारत की राजधानी में गन्ना किसानों ने एक बड़ी रैली की। किसान गन्ने की ज्यादा कीमत माँग रहे थे और उनका आरोप था कि केन्द्र सरकार ने कीमत का जो फॉर्मूला बनाया है, उसकी वजह से उन्हें पिछले साल से भी कम कीमत मिलेगी, जबकि इस साल चीनी की कीमत पिछले साल से लगभग दो गुनी है। अगले दिन यानी 20 नवम्बर, 2009 को दिल्ली से प्रकाशित होनेवाले अंग्रेजी के अखबारों में इस रैली का कवरेज बेहद रोचक रहा। हेडलाइंस देखें–

1. KISAN JAM/Farmers Run Riot in Heart of The City–Times Of India
2. BITTER HARVEST/Sweet Heat/Protesting cane farmers clog city streets, unleash chaos–Hindustan Times
3. Nightmare for 250-Year-old Jantar Mantar– Hindustan Times
4. New Delhi under sieze– Hindustan Times
5. Ajit, Tikait heap threat upon threat to teach Delhi lesson–Times of India

6. CANED, CITY UNDER SIEZE–Times Of India
7. Protest shuts CP, Janpath,Palika–Times Of India
8. Flowerpots, signboards damaged–Times Of India
9. Central Delhi feels the heat, traffic thrown out of gear–Times of India
10. Farmers bring traffic to standstill–Asian Age
11. Farmes' protest, Trade Fair turn city roads into parking lots–Indian Express
12. Angry farmers paralyse Delhi–The Hindu
13. Rally disrupts traffic in CP, Rajghat–The Tribune
14. Govt. bows to opp cane/Traffic crawls as agitators clog city roads–The Pioneer

गन्ना किसानों ने अगर अपनी फसल के लिए वाजिब (या ज्यादा) कीमत माँग ली और इस माँग को लेकर अगर वे दिल्ली में प्रदर्शन करने आ गए तो क्या यह इतना बड़ा गुनाह हो गया कि राष्ट्रीय अंग्रेजी मीडिया उनके साथ ऐसा बर्ताव करे? ये अन्दाज लगभग वैसा ही है जैसा मेले में साँड के तांडव मचाने पर या शहर में उपद्रवियों के आने को लेकर होता है। इनमें से लगभग सभी अखबारों ने रैली और फसल की ज्यादा कीमत देने की किसानों की माँग से बड़ी खबर शहर के लोगों को हुई परेशानी को माना। शहर में कुछ घंटों के लिए ट्रैफिक का अस्त-व्यस्त होना बड़ी खबर है और किसानों के आन्दोलन की खबर उसकी तुलना में कम महत्त्वपूर्ण आँकी गई। इस खबर में आन्दोलनकारी गन्ना किसानों को मवालियों की तरह ट्रीट किया गया है, जिनकी वजह से शहर और शहरवासियों की एक सुबह खराब हो गई।

इस खबर के लिए फोटो का चयन भी अखबारों के किसान विरोधी पक्षपात को दिखाता है। मिसाल के तौर पर 'टाइम्स ऑफ इंडिया' के पहले पेज पर चार फोटो का एक मोंटाज है, जिसमें एक तस्वीर में प्रदर्शनकारी तोड़फोड़ मचा रहे हैं। एक तस्वीर शराब की बोतल की है और एक तस्वीर में शहर का एक टूटा साइनबोर्ड है। सन्देश साफ है कि किसान प्रदर्शनकारी शहर में बलवा करके चले गए। इसके साथ ही यह शीर्षक है कि किसान राजधानी के बीचोबीच दंगा मचा गए। इसी अखबार की एक तस्वीर में प्रदर्शनकारियों से ठसाठस भरा एक फ्लाईओवर है जिसके ऊपर हेडर में लिखा है कि युवा प्रदर्शनकारी सिर्फ प्रदर्शन करके खुश नहीं थे, वो उत्पात मचा रहे थे, लेकिन पुलिस खामोश देखती रही। 'टाइम्स ऑफ इंडिया' की एक और तस्वीर में जनपथ की बन्द दुकानों के आगे बैठे पुलिसकर्मियों को दिखाया गया है। तस्वीर का कैप्शन है–जनपथ में छाया सन्नाटा। इसके साथ एक और तस्वीर में रणजीत सिंह फ्लाईओवर पर प्रदर्शनकारियों की भीड़ है और कैप्शन बताता है कि प्रदर्शनकारियों के बोझ से कराहता रणजीत सिंह फ्लाईओवर। इसके अलावा ट्रेफिक

जाम की तस्वीरें, नेताओं के गन्ना चूसने की तस्वीरें भी अखबार में हैं।

'हिन्दुस्तान टाइम्स' ने फोटो का जिस तरह इस्तेमाल किया वो तो और भी आपत्तिजनक था। अखबार ने पहले पन्ने पर एक के नीचे एक चार तस्वीरें लगाईं। पहली तस्वीर में प्रदर्शनकारी किसानों के हाथों में गन्ना है। तस्वीर का शीर्षक है 'उन्होंने विरोध किया...' दूसरी तस्वीर में जन्तर-मन्तर की पृष्ठभूमि में तीन किसानों को शराब पीते दिखाया गया है और इसका शीर्षक है 'उन्होंने पी...' तीसरी तस्वीर में दो किसानों को हाथ में लाठी लिये जाते दिखाया गया है और इसका शीर्षक है 'उन्होंने हंगामा मचाया...' और चौथी तस्वीर में किसानों को जन्तर-मन्तर में पेशाब करते दिखाया गया है और इस तस्वीर का शीर्षक है 'उन्होंने पेशाब किया...'। इन तस्वीरों के कैप्शन की भाषा भी देखिए–गन्ना किसानों ने जन्तर-मन्तर पर गन्ने को लाठी की तरह भांजा और नारे लगाए...शाम हुई और भीड़ छँट गई तो प्रदर्शनकारियों ने शराब पी और दोस्तों के साथ गपशप की...जाते समय वे अपने साथ तोहफे के तौर पर जन्तर-मन्तर की रेलिंग तोड़कर ले गए...उन्होंने 250 साल पुरानी इमारत (जन्तर-मन्तर) को खुला शौचालय बना दिया। इसी अखबार के पेज चार पर एक तस्वीर जन्तर-मन्तर की है और इसका शीर्षक है–'कई किसान जन्तर-मन्तर में घुस गए और वहाँ तांडव मचा दिया।' पेज चार में ही चार तस्वीरों का एक कोलाज है जिसके कैप्शन इस तरह हैं–किसानों ने गुरुवार को जन्तर-मन्तर पर कब्जा कर लिया और अन्दर मल-मूत्र त्याग किया और सार्वजनिक सम्पत्ति को नुकसान पहुँचाया ...उन्होंने सड़क के बीच लगे फूलों के गमले तोड़ डाले...उन्होंने सड़क के साइन बोर्ड को भी नहीं छोड़ा...और जब तोड़ने को कुछ और नहीं बचा तो उन्होंने पेड़ उखाड़ दिए। 'हिन्दुस्तान टाइम्स' के पेज पाँच पर एक तस्वीर जनपथ मार्केट की है, जिसका कैप्शन है–गुरुवार को जो बाजार सबसे पहले बन्द हुआ वो था जनपथ मार्केट। इसके साथ खबर का शीर्षक है–'प्रदर्शन की वजह से कनॉट प्लेस, जनपथ और पालिका बन्द।'

दिल्ली को जानने वालों के लिए यह समझना कठिन नहीं है कि पूरे प्रदर्शन से दिल्ली का बेजगह छोटा इलाका प्रभावित हुआ। दो बजे प्रदर्शनकारियों का जुलूस रामलीला मैदान से चला और सवा तीन बजे तक जन्तर-मन्तर पहुँच गया। यह सफर तीन किलोमीटर का होगा। दिल्ली के एक करोड़ से ज्यादा लोगों में से दो-चार लाख से ज्यादा लोगों की जिन्दगी इस आन्दोलन से प्रभावित नहीं हुई होगी। और प्रभावित भी इतनी कि कुछ लोग कुछ घंटों के लिए जाम में फँसे, कुछ दुकानदारों ने दो से चार घंटे तक दुकानें बन्द रखीं और दो या चार कारों के शीशे आन्दोलनकारियों ने तोड़ दिए।

इतने बड़े प्रदर्शनों में ऐसा कोई पहली बार हुआ, यह भी नहीं है। प्रदर्शनकारी जिस ताकत के साथ दिल्ली की सड़कों पर प्रदर्शन करने आए थे, उससे कई गुना

ज्यादा ताकत के साथ दिल्ली के मीडिया ने उन्हें फटकार लगाई और उन्हें दुत्कार दिया। यह क्रिया के बराबर प्रतिक्रिया नहीं थी। प्रदर्शनकारियों के एक बेहद छोटे से हिस्से की हरकतों की निन्दा करते हुए इस मामले में मीडिया की भूमिका की भी भर्त्सना होनी चाहिए। लेकिन इससे भी जरूरी है कि इस बात की पड़ताल करना कि मीडिया ने आखिर ऐसा क्यों किया। क्या यह कोई अपवाद था, या फिर यही मीडिया का मूल चरित्र है? अगर यह अपवाद है तो देश के लगभग सभी मीडिया हाउस एक साथ किसान प्रदर्शनकारियों के खिलाफ क्यों टूट पड़े?

आरक्षण विरोध : मीडिया का प्यारा आन्दोलन

लेकिन क्या मीडिया हर आन्दोलन के साथ ऐसा ही बुरा बर्ताव करता है? पिछले दो दशक की बात करें तो राम-जन्मभूमि आन्दोलन और 1990 और 2006 के आरक्षण विरोधी आन्दोलन को लेकर मीडिया का रुख बेहद सकारात्मक रहा। मीडिया के ये दुलारे आन्दोलन थे। राम-जन्मभूमि आन्दोलन के समय तो हिन्दी पत्रकारिता को हिन्दू पत्रकारिता भी कहा जाने लगा था। 'इंडियन एक्सप्रेस' जैसे अंग्रेजी अखबार भी इस दौरान हिन्दू आन्दोलनकारी की भूमिका में थे। 1990 के आरक्षण विरोधी आन्दोलन को भी मीडिया का काफी प्यार-दुलार मिला। हाल फिलहाल में 2006 के आरक्षण विरोधी आन्दोलन के दौरान अखबारों के शीर्षक बताते हैं कि इस आन्दोलन को मीडिया का किस कदर समर्थन प्राप्त था। 28 मई, 2006 के कुछ अखबारों के शीर्षक को देखें :

1. आत्मदाह के प्रयास से जाग उठा अतीत/दिल्ली में रहने वाले बिहार के युवक ने लगाई खुद को आग, कटक में एक डॉक्टर ने भी किया आत्मदाह का प्रयास।
2. महारैली में छात्र ने खुद को लगाई आग, आरक्षण विरोधी सरकार पर बरसे—पंजाब केसरी।
3. आरक्षण विरोधियों ने निकाली रैली/अभी जारी रहेगा मेडिकल छात्रों का आन्दोलन—हिन्दुस्तान।
4. आरक्षण : दो ने किया आत्मदाह का प्रयास/गुटखा बेचता है दिल्ली में जलने वाला युवक, उड़ीसा में छात्र को रोक लिया गया।
5. आरक्षण की आगः आत्मदाह पर उतरे आन्दोलनकारी/दिल्ली में युवक और कटक में डॉक्टर ने जान देने का प्रयास किया—अमर उजाला
6. आरक्षण के विरोध में आत्मदाह की कोशिश/प्रधानमंत्री से बातचीत के बाद आन्दोलनकारी दुविधा में—दैनिक भास्कर

यह उस घटना की रिपोर्टिंग है जिसमें गुटखा बेचने वाले एक ओबीसी युवक के जलने की घटना का जिक्र है और इसी दिन अखबारों में अन्दर यह खबर थी कि कटक में किसी छात्र ने आत्महत्या की कोशिश नहीं की थी। जाहिर है, मीडिया ने आरक्षण के खिलाफ माहौल बनाने के लिए खास तरह की रिपोर्टिंग की।

अन्ना का आन्दोलन और मीडिया का प्यार

अन्ना हजारे के आन्दोलन को मीडिया का जिस तरह का समर्थन मिला, उसकी तुलना सहजता से 2006 के आरक्षण विरोधी आन्दोलन से की जा सकती है। इन दोनों आन्दोलनों का विस्तार बेहद सीमित था। लेकिन प्रभावोत्पादकता यानी असर पैदा करने की बात करें, तो यह एक बड़े आन्दोलन की तरह दिखा। यह असर मीडिया ने पैदा किया।

5 से 9 अप्रैल, 2011 के बीच देश के सबसे बड़े अखबार दैनिक जागरण के कुछ शीर्षक देखें :

- अन्ना के समर्थन में आया पूरा एनसीआर
- जन्तर-मन्तर पर जनता का गुस्सा
- पूरे देश में अन्ना के अनशन का समर्थन
- शहीद अब्दुल हमीद के साथी हैं अन्ना
- बधाई, जीत गए आप (माँग पूरी होने के दिन की पहली हेडलाइन)
- हर वर्ग का मिल रहा समर्थन
- जन्तर-मन्तर पर दिखा खुद आई और जुटाई गई भीड़ का अन्तर
- जन्तर-मन्तर पर उमड़ रहा जन-सैलाब
- समर्थन में अमेरिका में आज उपवास
- हर एक ने मनाई खुशी
- जय हुई तो नाच उठा जन्तर-मन्तर
- 97 घंटे में 44 लाख लोगों का समर्थन

यहाँ यह सवाल भी मौजूँ है कि जो मीडिया 2011 आते-आते पूरी तरह धूल-धूसरित हो चुका था और पेड न्यूज से लेकर अमर सिंह टेप से लेकर राडिया कांड ने जब मीडिया को पूरी तरह से काले रंग में रँग दिया था, तब मीडिया क्या अचानक ही भ्रष्टाचार के खिलाफ 'लड़ाई' में कूद पड़ा। मीडिया को अन्ना का आन्दोलन इतना पसन्द क्यों आया? क्या मीडिया जन्तर-मन्तर में पाप की गठरी धो रहा था? मुमकिन है।

अन्ना के आन्दोलन के स्वभाव और चरित्र में भी इस सवाल का जवाब छिपा

है। यह शहरी मध्यवर्ग और इलीट का आन्दोलन था। इस मायने में यह शालीन भी था। इसकी माँग भी सिर्फ इतनी थी कि लोकपाल बिल बनाने में सिविल सोसाइटी के प्रतिनिधियों को भी हिस्सेदारी दी जाए। सरकार को इस आन्दोलन और इसकी माँग से कभी कोई दिक्कत नहीं रही। सामाजिक दृष्टि से देखें तो इस आन्दोलन का नेतृत्व शहरी, पुरुष, हिन्दू और सवर्ण था। भारतीय मीडिया का वर्गीय और सामाजिक चरित्र भी ऐसा ही है। इस मायने में मीडिया के लिए यह अपने लोगों का आन्दोलन था। भूखे-नंगे-गंदे-असभ्य लोगों का यहाँ कोई काम नहीं था। यह आन्दोलन देश में भ्रष्टाचार के सबसे बड़े स्रोत कॉरपोरेट जगत के खिलाफ भी नहीं था बल्कि कॉरपोरेट जगत तो इस आन्दोलन का समर्थन कर रहा था। भ्रष्टाचार के खिलाफ 'जागो रे' आन्दोलन को टाटा टी ने स्पांसर किया था। और अन्ना के आन्दोलन को सबसे बड़ी फंडिंग जिन्दल और आईशर से हुई थी। फिक्की, सीआईआई और एसोचैम जैसी संस्थाएँ इस आन्दोलन का समर्थन कर रही थीं। इसलिए भी कॉरपोरेट मीडिया को यह आन्दोलन अपना आन्दोलन लगा।

सहमति बनाने की अपनी ताकत की वजह से कॉरपोरेट मीडिया ने इसे देश का आन्दोलन बना दिया। आपको भी यह लगा होगा कि जन्तर-मन्तर रोड पर एक सार्वजनिक शौचालय और एक दीवार के बीच चन्द फुट की जगह में देश का कितना बड़ा आन्दोलन हो गया!

मायावती का सैंडल या मीडिया की जाति

(बीएसपी की अध्यक्ष और उत्तर प्रदेश की मुख्यमंत्री मायावती और सवर्ण वर्चस्व वाले भारतीय मीडिया के विशिष्ट रिश्ते हैं। पिछले दिनों मायावती को लेकर विकीलीक्स के कथित खुलासे की 'खबरें' मीडिया में आईं। प्राइवेट जेट से सैंडल मँगाने से लेकर फूड टेस्टर रखने और सड़क धुलवाने तक की बातें छपीं और दिखाई गईं। क्या है इन 'खबरों' का सच?)

लोकसभा चुनाव, 2009 से पहले भारत में अमेरिकी राजदूत मलफोर्ड ने उत्तर प्रदेश का राजनीतिक तापमान जानने के बाद एक रिपोर्ट अमेरिकी विदेश मंत्रालय को भेजी। रिपोर्ट भेजे जाने की तारीख है–23 अक्टूबर, 2008। इस गोपनीय केबल को विकीलीक्स ने 30 अगस्त, 2011 को रिलीज किया। विकीलीक्स दुनिया-भर के अमेरिकी दूतावासों से भेजे गए केबल रिलीज कर रहा है और यह केबल उन्हीं में शामिल है। केबल में मायावती नाम देखते ही भारतीय मीडिया इस खबर पर टूट पड़ा और तमाम रोचक-रोमांचक-सनसनीखेज शीर्षक के साथ खबरें छापी गईं और चैनलों पर दिखाई गईं। प्रिंट मीडिया में जो शीर्षक सबसे ज्यादा दिखे, वे हैं

1. सैंडल मँगवाने मायावती ने मुम्बई भेजा अपना विमान (दैनिक हिन्दुस्तान)
2. Mayawati sent empty jet to Mumbai for sandals: WikiLeaks–Times of India
3. मायावती को जहर दिए जाने का डर : 7 कुकों की निगरानी में बनता है खाना, फिर जाँच–दैनिक भास्कर
4. मायावती ने विमान से मँगाई सैंडल, राजनीति हुई गरम–जोश18 (सीएनबीसी ग्रुप)
5. 'सैंडल लेने को मायावती ने भेजा था मुम्बई को जेट'–NDTV
6. 'चप्पल मँगाने के लिए माया ने भेजा था प्लेन'–नवभारत टाइम्स
7. माया ने सैंडल लाने मुम्बई भेजा खाली विमान–राजस्थान पत्रिका
8. माया ने प्लेन से मँगाए सैंडल–सहारा

टेलीविजन चैनलों में भी खूब चटखारे लेकर इस 'खबर' को दिखाया गया।

कार्टून बनाए गए। शीर्षक में सैंडल मँगाने को फोकस किया गया है। विस्तार में यह बताया गया कि मायावती की जीवन शैली कैसी है और वे किस तरह फिजूलखर्ची करती हैं। यह सब मलफोर्ड के उसी केबल के हवाले से था जिसे विकीलीक्स ने रिलीज किया था।

भारतीय मीडिया में जो खबरें इस बारे में छपीं, उन्हें देखिए–

> "She constructed a private road from her residence to her office, which is cleaned immediately after her multiple vehicle convoy reaches its destination," the cable said in an analysis of her "eccentricities, whims and insecurities" (मायावती की सनक और उनके असुरक्षाबोध का विश्लेषण करते हुए केबल में कहा गया है कि–"उन्होंने अपने घर से ऑफिस तक के लिए प्राइवेट सड़क बनवाई है और जब उनका काफिला गुजर जाता है तो उसकी सफाई होती है।"
>
> "It added an account of Mayawati making a state minister do sit-ups in front of her as punishment for a minor protocol error, and reported it cost $250,000 to run as a BSP parliamentary candidate due to "institutionalized corruption". (इसमें उस वाकये का भी जिक्र है जिसमें प्रोटोकॉल की गलती की वजह से एक मंत्री को उठक-बैठक करने की सजा दी गई। साथ ही संस्थागत भ्रष्टाचार की वजह से संसदीय चुनाव में बीएसपी के उम्मीदवार को 2.5 लाख डॉलर खर्च करने पड़ते हैं।)
>
> 'विकीलीक्स खुलासे में कहा गया है कि मायावती ने खाना चखने के लिए एक कर्मचारी भी रखा हुआ है। यह कर्मचारी उनके खाने से पहले भोजन को टेस्ट करता है कि कहीं उसमें किसी ने जहर तो नहीं मिला दिया।'
>
> 'विकीलीक्स के खुलासे के मुताबिक, मायावती ने अपने घर से कार्यालय तक एक निजी सड़क बनवा रखी है। उनका काफिला जब गुजर जाता है, तब सड़क की सफाई की जाती है।'
>
> 'उत्तर प्रदेश की मुख्यमंत्री मायावती अपनी सुरक्षा को लेकर बहुत चौकन्नी रहती हैं। माया को विरोधियों की ओर से जहर दिए जाने का डर सताता रहता है। इसलिए माया ने खाना बनाने के लिए 9 कुक रखे हैं लेकिन इनमें से दो कुक ही खाना बनाते हैं। बाकी सात कुक खाने पर निगरानी रखते हैं। इसके अलावा मायावती ने खाने की जाँच के लिए दो फूड टेस्टर रखे हैं जो खाना बनने के बाद उसकी जाँच करते हैं।'
>
> 'मायावती को एक बार नए सैंडल्स चाहिए थे और इसके लिए माया ने

अपने फेवरेट ब्रांड के सैंडल्स मँगवाने एक खाली विमान को मुम्बई तक भेज दिया था।' इस अमरीकी केबल पर 23 अक्टूबर, 2008 की तारीख दर्ज है।

अमरीकी केबल्स के अनुसार, 'मायावती किसी भी राज्य की पहली ऐसी सीएम हैं, जिन्होंने अपने घर से दफ्तर के लिए निजी सड़कें बनवाईं। माया की रईसी का आलम यह है कि यहाँ से गुजरने के बाद इस सड़क की सफाई की जाती है।'

क्या है इन खबरों का यथार्थ?

लेकिन क्या यह सब विकीलीक्स बता रहा है? यह किसका खुलासा है? अमेरिकी राजदूत के केबल को मूल रूप में गौर से पढ़ा जाना चाहिए। जो सच है वह स्थापित हो और झूठ का पर्दाफाश। इसमें कुछ हिस्से देखिए।

1. मलफोर्ड इस केबल में अपनी ओर से टिप्पणी नहीं कर रहे हैं बल्कि खासतौर पर लखनऊ के पत्रकारों के हवाले से बातें कह रहे हैं। केबल में यह लिखा है–

> 'According to several journalists, the law and order situation in UP has improved only in that Mayawati has centralized corruption in her own hands. She has become a virtual paranoid dictator replete with food tasters and a security entourage to rival a head of state' (अनुवाद–कई पत्रकारों के मुताबिक, उत्तर प्रदेश में कानून और व्यवस्था की स्थिति सिर्फ इस मायने में बेहतर हुई है कि मायावती ने भ्रष्टाचार को अपने हाथों में केन्द्रीकृत कर लिया है। वे एक सनकी तानाशाह बन गई हैं, जिनके फूड टेस्टर हैं। उनका अपना सुरक्षा तामझाम किसी राष्ट्राध्यक्ष की तरह है।)

आप स्पष्ट तौर पर देख सकते हैं कि अमेरिकी केबल में फूट टेस्टर वाली बात कुछ पत्रकारों के हवाले से कही गई है। अब 2011 में पत्रकार अपनी ही बिरादरी की कही हुई बात को विकीलीक्स के खुलासे के तौर पर सनसनीखेज तरीके से लोगों के सामने पेश कर रहे हैं।

2. एक और बात जिसे पत्रकार विकीलीक्स के खुलासे के तौर पर पेश कर रहे हैं, उसका सच मूल अमेरिकी केबल में इस रूप में है–

> One Lucknow journalist related a story in which a State Minister was forced to do sit-ups in front of her as penance for not first asking permission to call on UP's governor–Mayawati forced a civil servant to resign when she learned his daughter had joined

the Congress Party in Delhi. (लखनऊ के पत्रकार ने एक किस्सा बताया कि किस तरह एक मंत्री ने जब राज्यपाल से मिलने से पहले मायावती की इजाजत नहीं ली तो उसे उठक-बैठक कराई गई। मायावती ने एक सरकारी अफसर को इसलिए इस्तीफा देने को मजबूर कर दिया क्योंकि उस अफसर की बेटी ने दिल्ली में कांग्रेस पार्टी ज्वाइन कर ली थी।)

3. इस केबल में सूचनाओं का आधार क्या है, इसे शुरुआत में स्पष्ट किया गया है। अमेरिकी राजदूत ने ईमानदारी से स्रोत का उल्लेख किया है। भारतीय मीडिया सूचनाओं का स्रोत नहीं बता रहा है क्योंकि मीडिया यह कैसे कहेगा कि यह खुलासा नहीं, मीडियाकर्मियों की सुनी-सुनाई बातें हैं। देखिए केबल में क्या लिखा है–

'Poloff traveled to three cities in Uttar Pradesh (UP) during the week of October 13-17 to gauge the political state of play. A wide range of business, political, academic and media contacts generally agreed that Chief Minister Mayawati and her Bahujan Samaj Party (BSP) have done little to promote development since her May 2007 election.' (पोलऑफ यानी अमेरिकी दूतावास के अधिकारी ने अक्टूबर 13-17 के बीच उत्तर प्रदेश के तीन शहरों का दौरा कर राजनीतिक हालात का जायजा लिया। उद्योग, राजनीति, शिक्षा और मीडिया क्षेत्र से जुड़े व्यापक समुदाय की यह आम राय थी कि मुख्यमंत्री मायावती और बहुजन समाज पार्टी ने मई 2007 में निर्वाचित होने के बाद विकास के लिए खास कुछ नहीं किया।)

4. इन्हीं स्रोत के हवाले से मलफोर्ड लिखते हैं–

Mayawati's full majority victory in May 2007 UP State Assembly elections left her beholden to no one and has allowed her to act on her eccentricities, whims and insecurities. When she needed new sandals, her private jet flew empty to Mumbai to retrieve her preferred brand. According to Lucknow journalists, she employs nine cooks (two to cook) the others to watch over them) and two food tasters. She fears assassination and demanded from the central government the highest level of protection available. In addition to this outsized security apparatus, she constructed a private road from her residence to her office, which is cleaned immediately after her multiple vehicle convoy reaches its destination. (मई 2007 के विधानसभा चुनाव में पूर्ण बहुमत मिलने के बाद उनकी सनक और असुरक्षा से जुड़ी गतिविधियों पर कोई अंकुश नहीं रहा। जब उन्हें नई सैंडिल की जरूरत होती, तो उनके मनपसन्द ब्रांड का सैंडल लाने के लिए निजी जेट मुम्बई जाता है। लखनऊ के पत्रकारों के मुताबिक, उनके घर में नौ

रसोइये हैं (दो खाना बनाने के लिए, बाकी उन पर नजर रखने के लिए) और दो लोग उनका खाना टेस्ट करते हैं। उन्हें अपनी हत्या किए जाने का भय सताता है और उन्होंने केन्द्र से सबसे ऊँचे दर्जे की सुरक्षा माँगी है। आधिकारिक सुरक्षा तंत्र के अलावा, उन्होंने दफ्तर और घर के बीच एक प्राइवेट सड़क का निर्माण कराया है और जब उनका काफिला गुजरता है तो उसके फौरन बाद सड़क की सफाई की जाती है।)

मायावती का कथित प्राइवेट जेट मीडिया में बना 'सरकारी विमान'

विकीलीक्स के केबल में लिखा है–When she needed new sandals, her private jet flew empty to Mumbai to retrieve her preferred brand. According to Lucknow journalists, she employs nine cooks (two to cook, the others to watch over them) and two food tasters. प्राइवेट जेट शब्द पर गौर कीजिए। भारतीय मीडिया में प्राइवेट जेट को 'सरकारी' विमान तक बनाकर छापा गया। ऑरिजनल केबल छापने से मीडिया की पोल खुल जाती।

दैनिक जागरण ने 6 सितम्बर, 2011 को लिखा है–'विकीलीक्स द्वारा मायावती की सैंडिल लेने के लिए 'सरकारी विमान' (शब्दों पर जोर हमारा) को मुम्बई भेजे जाने समेत कई दावे किए जाने के बाद मुख्यमंत्री ने अपना पक्ष रखने के लिए बुलाए गए संवाददाता सम्मेलन में कहा कि इस वेबसाइट के दावे निराधार, झूठे तथा बेहूदा हैं और इन पर सरकार का पक्ष जाने बगैर खबरों का प्रकाशन और प्रसारण भी निन्दनीय है।' (http://in.jagran.yahoo.com/news/national/politics/mayawati-attacks-wikileaks_5_2_8166831.html)

'जागरण' उत्तर प्रदेश का अखबार है और उसे मालूम है कि मायावती का प्राइवेट जेट लिखना सम्भव नहीं है क्योंकि ऐसा कोई प्राइवेट जेट है ही नहीं। इसलिए उसने प्राइवेट जेट को अपने मन से सरकारी विमान बना दिया। ऑरिजनल केबल छापने से यह भी पता चल जाता कि मायावती के बारे में सारी बातें तो 2008 में उत्तर प्रदेश के तीन शहरों के पत्रकारों ने कही थीं। 2011 में इन्हीं बातों को विकीलीक्स के खुलासे के तौर पर पेश कर दिया गया।

जाहिर है कि पत्रकारों ने जो मलफोर्ड को बताया और यह सब सुनी-सुनाई बातें हैं और उनकी दी गई जानकारी के आधार पर मलफोर्ड ने जो बात अमेरिकी विदेश मंत्रालय को बताई, उन्हीं बातों को मीडिया तीन साल बाद बेशर्मी से विकीलीक्स के खुलासे के तौर पर पेश कर रहा है।

जूलियन असांज की साइट 'विकीलीक्स' ने इतना भर किया है कि अमेरिकी दूतावास से आए केबल संदेशों को सार्वजनिक कर दिया है। विकीलीक्स ने सिर्फ

मायावती से जुड़े केबल सार्वजनिक नहीं किए हैं। न ही सिर्फ भारत में अमेरिकी दूतावास के केबल सार्वजनिक किए हैं। वह दुनिया-भर से आए ऐसे केबल को अपनी साइट पर डाल रहा है। ये केबल अलग-अलग तरह के हैं। कुछ केबल में रिपोर्ट है, कुछ में स्थितियों का आकलन तो कुछ में सुनी-सुनाई बातों का ब्योरा और साथ में इस बात का भी जिक्र है कि वे बातें किस तरह के सूत्रों ने बताई हैं।

लेकिन भारतीय मीडिया ने इसका जिस तरह से सनसनीखेज इस्तेमाल किया है और झूठ बोलकर और तथ्य छिपाकर लोगों को भ्रमित करने की कोशिश की, वह शर्मनाक है। मायावती के शासन की निर्मम समीक्षा हो सकती है, होनी चाहिए लेकिन इसके लिए विकीलीक्स की विश्वसनीयता की ढाल का इस्तेमाल नहीं किया जाना चाहिए।

विकीलीक्स का मूल केबल आप इंटरनेट के इस लिंक पर जाकर पढ़ सकते हैं–
http://www.wikileaks.ch/cable/2008/10/08NEWDELHI2783.html

मीडिया की नीति और नैतिकता

पेड न्यूज, राडिया कांड और अन्ना हजारे के आन्दोलन में भारतीय मीडिया अलग-अलग रूपों में नजर आया। न तो यह कुछ पत्रकारों का बेईमान हो जाना है, न ही कोई अपवाद। यह एक भूलभुलैया की सृष्टि है, जिसे डिकोड करने के लिए मीडिया की आन्तरिक संरचना और रेवेन्यू मॉडल की मीमांसा करना आवश्यक है। 2011 में भारतीय मीडिया ने अन्ना हजारे के साथ मिलकर भ्रष्टाचार के खिलाफ धुआँधार आन्दोलन चलाया। 1990 के शुरुआती दौर में राममन्दिर आन्दोलन, इसी दौर में मंडल कमीशन विरोधी आन्दोलन और 2006 के आरक्षण विरोधी आन्दोलन के बाद यह शायद एक और मौका था जब भारतीय मीडिया ने अपनी पूरी ताकत किसी आन्दोलन के पक्ष में झोंक दी हो। अन्ना हजारे के आन्दोलन का मीडिया ने जिस तरह समर्थन किया, उसने कई लोगों को चौंकाया है। फेसबुक पर कमेंट करते हुए सत्यव्रत वर्मा यह जानना चाहते हैं कि जो मीडिया खुद भ्रष्टाचार में इतने गहरे तक डूबा हुआ है, उसने भ्रष्टाचार के खिलाफ अन्ना के आन्दोलन का समर्थन क्यों किया? सत्यव्रत वर्मा का सवाल वाजिब है। क्या अन्ना के असर से भारतीय मीडिया की अन्तरात्मा अचानक जग गई थी?

भारतीय मीडिया जब 'भ्रष्टाचार के खिलाफ आन्दोलन' पर अपने पन्ने रँग रहा था और टीवी स्क्रीन पर पैनल डिस्कशन करते हुए इस आन्दोलन को आजादी की दूसरी लड़ाई बता रहा था, तो क्या वह पेड न्यूज से लेकर राडिया कांड और अमर सिंह कांड से दागदार हुई अपनी छवि की रिब्रांडिंग कर रहा था? क्या अन्ना के आन्दोलन के जरिये सिविल सोसाइटी के इलीट बिना चुनाव लड़े कानून बनाने की प्रक्रिया में घुसपैठ करना चाहते थे और इलीट का पक्षधर होने के कारण मीडिया (नोम चोमस्की और एडवर्ड हरमन ने प्रोपेगेंडा मॉडल में यह स्थापित किया है कि मीडिया हर हाल में इलीट का पक्षधर होगा) इस घुसपैठ का समर्थन कर रहा था।

अक्सर हमारी स्मृति छोटी होती है और छवि निर्माण में लगे एक्सपर्ट इसका फायदा उठाते हैं, इसलिए एक बार मुड़कर देख लेना जरूरी होगा कि 2009 से 2011 के बीच मीडिया ने किस तरह से यू-टर्न लेने की कोशिश की।

2009 : पेड न्यूज का साल

"कानपुर में स्वर्गीय नरेंद्र मोहन ('दैनिक जागरण' के मालिक) के नाम पर पुल का नामांकरण उस समय हुआ जब मैं उत्तर प्रदेश सरकार में मंत्री था। उनके मल्टीप्लैक्स को जमीन हमारे समय में दी गई। 'जागरण' का जो स्कूल चलता है और उनका जहाँ दफ्तर है, उनकी जमीनें हमारे समय में उन्हें मिलीं। लेकिन यह सब मैंने किसी अपेक्षा में नहीं, अपना मित्र धर्म निभाते हुए किया। फिर भी मेरे साथ ऐसा व्यवहार (खबर के लिए पैसे की माँग) हुआ। इतनी निर्लज्जता से चलेंगे तो कैसे चलेंगे रिश्ते?"

—लालजी टंडन, लखनऊ से भाजपा के विजयी लोकसभा प्रत्याशी[1]

"दैनिक जागरण के मालिक को हमने वोट देकर सांसद बनाया था। वे बताएँ वोट के बदले उन्होंने हमें कितना धन दिया था। तब खबर के लिए हम धन क्यों दें।"

—मोहन सिंह, देवरिया से सपा के पराजित लोकसभा प्रत्याशी[2]

"मैंने उषा मार्टिन ('प्रभात खबर' को चलाने वाली कम्पनी) को भी कठोतिया कोल ब्लॉक दिया। 'प्रभात खबर' को यह बताना चाहिए कि उसकी शर्तें क्या थीं? मैंने उनसे कितने पैसे लिए?"

—मधु कोड़ा, झारखंड के पूर्व मुख्यमंत्री, चाईबासा से निर्दलीय सांसद।[3]

ऊपर के तीनों उदाहरण वरिष्ठ पत्रकार प्रमोद रंजन ने पैकेज पत्रकारिता पर अपने आलेख में संकलित किए हैं। तीनों उदाहरण एक ओर तो यह बता रहे हैं कि नेताओं में पैकेज पत्रकारिता को लेकर कितनी नाराजगी है। लेकिन उनकी बातों को एक बार फिर गौर से पढ़िए। आप पाएँगे कि ये नेता सरकार में होने या पॉवरफुल होने के कारण मीडिया को उपकृत करते रहे हैं और बदले में मीडिया से उन्हें अनुकूल कवरेज मिलता रहा है। वे आगे भी इस स्थिति को जारी रखना चाहते हैं।

इसी साल यानी 2009 में 'द वॉल स्ट्रीट जर्नल' में दिल्ली ब्यूरो प्रमुख पॉल बकेट ने अपने समाचार में चंड़ीगढ़ के एक उम्मीदवार के हवाले से जो बताया है, उसने भारतीय पत्रकारिता को बेहद दागदार बना दिया। यह सब चल रहा है, यह तो किसी से छिपा नहीं था, लेकिन पॉल बकेट ने सारा कुछ ज्यादा ही खोलकर लिख दिया। चंडीगढ़ के एक उम्मीदवार ने बकेट को बताया कि कम से कम दस लोग मीडिया में न्यूज कवरेज को लेकर उससे मिल चुके हैं। उनमें से कुछ दलाल थे, कुछ पब्लिक रिलेशन मैनेजर; कोई समाचार-पत्र मालिक था, तो कोई सम्पादक तो कोई रिपोर्टर। सबने यही कहा कि खर्चा करो तो छपेगा। और वे विज्ञापन नहीं, समाचार की बात

कर रहे थे। एक दलाल ने चार अखबारों में तीन हफ्ते के कवरेज के 10 लाख रुपए माँगे तो चंडीगढ़ के एक अखबार के रिपोर्टर और फोटोग्राफर ने डेढ़ लाख रुपए की माँग की। उन्होंने कहा कि तीन लाख रुपए और मिलने पर वे दूसरे रिपोर्टरों को भी मैनेज कर लेंगे। उन्होंने कहा कि वे पाँच अखबारों में दो हफ्ते के कवरेज की गारंटी लेते हैं। पॉल बकेट ने लिखा है कि उस उम्मीदवार तक पहुँचनेवाले सभी लोग भारतीय भाषाओं में छपनेवाले राष्ट्रीय और क्षेत्रीय अखबारों से थे। उस उम्मीदवार ने पैसे देकर एक ऐसी चुनाव सभा की भी खबर छपवा ली, जो हुई ही नहीं थी।

बकेट ने अपनी रिपोर्ट में बताया है कि किस तरह ज्यादातर समाचार-पत्र समाचारों को विज्ञापनदाताओं का गुलाम बना देते हैं। मुम्बई में चल रही पैकेज पत्रकारिता से उन्होंने कुछ पैकेज के उदाहरण दिए हैं। ये सारी बातें सम्पादकों और दलालों ने कही हैं–

> "आपको पहले पेज पर तस्वीर चाहिए और वो भी मुफ्त में। इसके लिए लोग पैसे देते हैं।"
>
> "अगर आपको वहाँ कोई तस्वीर चाहिए या कोई स्टोरी चाहिए तो आपको पैसे देने होंगे।"
>
> "हम आपका इंटरव्यू छाप देंगे, लेकिन आपको हमारे 5,000 अखबार खरीदने होंगे।"
>
> "अगले दो हफ्ते के लिए 1.2 लाख रुपए दीजिए और कवरेज का सब हम सँभाल लेंगे।"*

2010 : राडिया का साल

इस साल कॉरपोरेट दलाल नीरा राडिया के टेप ने मीडिया की आन्तरिक संरचना और कार्यप्रणाली को खोलकर रख दिया। राडिया टेप से यह पता चला कि अखबारों की हेडलाइंस हमेशा सम्पादक और सम्पादकीय विभाग के लोग तय नहीं करते। कोई नीरा राडिया भी है, जो बताती है कि देश की सबसे बड़ी खबर क्या है और उसे किस तरह लिखा जाना चाहिए। राडिया जैसे गेटकीपर कई बार खबरें छपने देते हैं और कई बार खबरें रोक लेते हैं। राडिया टेप सामने न आते तो शायद ही कभी पता चल पाता कि एक न्यूज चैनल–न्यूज एक्स–में काम करनेवाले पत्रकारों और अन्य कर्मियों का वेतन नीरा राडिया देती हैं।[4]

नीरा राडिया सिर्फ पत्रकारों से बात नहीं करती हैं। बातचीत के दौरान वे एनडीटीवी के मालिक प्रणय रॉय का जिक्र करती हैं तो कभी टीवी18 समूह के राघव

* 'वॉल स्ट्रीट जर्नल' में पॉल बैकट की रिपोर्ट–Want Press Coverage? Give Me Some Money

बहल और समीर मनचन्दा का, तो कभी वे टाइम्स ऑफ इंडिया समूह के मालिक विनीत जैन का। एक टेप में राडिया राजदीप सरदेसाई से यह कहती हैं कि वे मुकेश अंबानी समूह के एक प्रमुख व्यक्ति मनोज मोदी के साथ उनकी कम्पनी के मालिक राघव बहल से मिलने नोएडा आ रही हैं। राजदीप भी उन्हें अपनी कम्पनी के मैनेजमेंट से जुड़े एक व्यक्ति समीर मनचन्दा से मिलने को कहते हैं। ('आउटलुक' की साइट पर आप इस बातचीत का ट्रांसस्क्रिप्ट पढ़ सकते हैं)।[5] जाहिर है, कॉरपोरेट दलाल मीडिया समूहों के मालिकों और प्रबन्धन से सीधा संवाद भी रखते हैं। ऐसे में पत्रकारों को काम करने की कितनी स्वतंत्रता होगी, इसकी कल्पना करना मुश्किल नहीं है।

नीरा राडिया के टेप इस बात का प्रमाण हैं कि भारतीय मीडिया अब कॉरपोरेट के हाथों में न सिर्फ खेल रहा है बल्कि उसका हिस्सा बन चुका है। नीरा राडिया और ऐसे ही दलाल खबरों का सौदा कर रहे हैं और बात नहीं मानने वालों को दंडित करने की धौंस दिखा रहे हैं। सम्पादक राडिया को बताते हैं कि किस खबर का कैसा कवरेज किया जा रहा है। राडिया सम्पादकों को बताती हैं कि किस नेता से क्या बात करनी है और सम्पादक ऐसा करने के बाद राडिया को इसकी सूचना देते हैं। वीर सांघवी जैसे बड़े माने-जानेवाले पत्रकार अपने कॉलम में शब्दशः वही लिखते हैं, जो राडिया के साथ बातचीत में तय होता है।[6]

मीडिया के सन्दर्भ में राडिया कांड अपवाद नहीं है। यह कुछ लोगों के बेईमान हो जाने का मामला नहीं है। भारतीय समाचार मीडिया स्वामित्व की संरचना और कारोबारी ढाँचे की वजह से कॉरपोरेट इंडिया का हिस्सा है। कॉरोपोरेट इंडिया के हिस्से के तौर पर यह काम करता है और दलाली भी करता है। मीडिया के काम और दलाल के रूप में इसकी भूमिका में कोई अन्तर्विरोध नहीं है। कॉरपोरेट पत्रकार का दलाल बन जाना अस्वाभाविक नहीं है। सत्ता और कॉरपोरेट के साथ मीडिया के रिश्तों में इस बीच कोई निर्णायक बदलाव नहीं आया है। हुआ सिर्फ यह है कि बात खुल गई है और इस वजह से पर्दादारी कम हो गई है। जो काम छुपकर होता था, वह अब खुलकर होने लगा है। आनेवाले समय में शायद खुलापन और भी बढ़े। वैसे भी इस बहस को राष्ट्रीय एजेंड़े पर लाने की कोशिश हुई है कि लॉबिंग को कानूनी तौर पर मान्यता दे दी जाए। सीएनएन आईबीएन में इस बारे में आयोजित राजदीप सरदेसाई के एक कार्यक्रम में तो फर्जीवाड़ा करके यह बताने की कोशिश की गई कि देश के लोग लॉबिंग को कानूनी रूप दिए जाने के समर्थक हैं। इसके लिए फर्जी ट्विटर एकाउंट से 5 मैसेज भेजे गए और सभी मैसेज लॉबिंग के पक्ष में थे।[7] जब एक ब्लॉगर ने यह चोरी पकड़ ली तो राजदीप सरदेसाई ने सॉरी कहकर मामले को निबटाने की कोशिश की और कहा कि कोशिश की जाएगी कि आगे ऐसी गलती न हो।

यह राजदीप की नीयत या बेईमानी का सवाल नहीं है। यह कोई गलती या चूक भी नहीं है। कॉरपोरेट सेक्टर अगर चाहता है कि लॉबिंग को कानूनी रूप दे दिया जाए तो मीडिया का दायित्व बन जाता है कि वह इसके लिए माहौल बनाए। अगर मीडिया ऐसा न करे, तो उसे अपवाद कहेंगे।

यह छवियों के विखंडन का दौर है। देखते ही देखते ऐसा हुआ कि पत्रकार सम्मानित नहीं रहे। वह बहुत पुरानी बात तो नहीं है जब मीडिया को लोकतंत्र का चौथा स्तम्भ कहा जाता था। लेकिन आज कोई यह बात नहीं कह रहा है। कोई यह बात कह भी रहा है तो उसे पोंगापंथी करार दिया जा सकता है।

मीडिया कवरेज के बदले कम्पनियों से भी पैसे लेता है और नेताओं से भी। जब वह पैसे नहीं लेता है तो विज्ञापन लेता है। 'टाइम्स ऑफ इंडिया' जैसे अखबार विज्ञापन के बदले पैसे नहीं लेते, बल्कि कम्पनियों की हिस्सेदारी ले लेते हैं। इसे प्राइवेट ट्रिटी का नाम दिया गया है। मीडिया कई बार सस्ती जमीन और उपकरणों के आयात में ड्यूटी की छूट भी लेता है। अखबारों और चैनलों के दफ्तर में अब बाकायदा विभाग और काउंटर खुले हैं, जहाँ रसीद कटवाकर आप खबर या फोटो छपवाने का बन्दोबस्त कर सकते हैं। 'मीडियानेट' के साथ जो खेल 'टाइम्स ऑफ इंडिया' ने शुरू किया था, उसे कॉरपोरेट मीडिया का बड़ा हिस्सा अपना चुका है। पेज थ्री के लिए यह सब खुलकर होता है। आप जब न्यूज चैनल पर कोई कार्यक्रम देखते हैं या कोई समाचार पढ़ते हैं तो आपको पता नहीं होता है कि इसके लिए किसने पैसे दिए हैं। आप जिसे समाचार की तरह पवित्र मानते हैं, वह कई बार खरीदा हुआ न्यूज स्पेस होता है। वह समाचार की शक्ल में होता है क्योंकि पैसा खर्च करनेवाला क्लाइंट चाहता है कि आप उसकी बात को समाचार की तरह पढ़े-देखें और भरोसा करें।

अन्ना पर क्यों बरसा मीडिया का प्यार

पेड न्यूज और राडिया कांड करनेवाले मीडिया ने आखिर एक ऐसे आन्दोलन का समर्थन क्यों किया, जिसके बारे में कहा जाता है कि उसका लक्ष्य भ्रष्टाचार मिटाना है? क्या मीडिया की इन भूमिकाओं के बीच गहरा अन्तर्विरोध नहीं है? अन्ना के आन्दोलन की वजह से अगर इस देश में भ्रष्टाचार के खत्म होने का 'खतरा' होता, तो क्या भ्रष्टाचार में आकंठ डूबा मीडिया इसका समर्थन करता? इसकी दो ही व्याख्याएँ हो सकती हैं। या तो मीडिया को चलाने वाले मूर्ख हैं, जो अपने हितों के बारे में नहीं जानते। या फिर अन्ना के आन्दोलन के बारे में यह मान्यता गलत थी कि यह आन्दोलन भ्रष्टाचार खत्म करने के लिए चलाया जा रहा था। हजारों करोड़

रुपए का मीडिया उद्योग चलाने वालों को मूर्ख मानना ज्यादती होगी। किसी भी और बिजनेसमैन की तरह मीडिया के कारोबारी भी अपने हितों और स्वार्थ को लेकर बेहद सचेत लोग हैं। वे गफलत में जीते होंगे, यह मानने का कोई कारण नहीं है।

ऐसे में अन्ना के आन्दोलन की मीमांसा होनी चाहिए कि दरअसल यह किस तरह का आन्दोलन था। अन्ना के आन्दोलन की माँग क्या थी? अन्ना सिर्फ यह माँग रहे थे कि लोकपाल विधेयक की ड्राफ्टिंग में सिविल सोसाइटी के लोगों को भी शामिल किया जाए। यह ऐसी माँग नहीं थी जिससे सरकार या भ्रष्ट लोगों या कम्पनियों को डर लगता। इसलिए अन्ना के आन्दोलन के साथ वे लोग जुटे, जिन्हें इस देश के भ्रष्टाचार का सबसे ज्यादा फायदा मिला और जिन्होंने सबसे ज्यादा धन संचय किया। जिन्दल और आईशर जैसी कम्पनियों ने इस आन्दोलन को सबसे ज्यादा चन्दा दिया। फिक्की, सीआईआई और एसोचैम ने इस आन्दोलन का समर्थन किया। इस आन्दोलन में जन्तर-मन्तर पर कभी भी तीन हजार से ज्यादा लोग नहीं जुटे, क्योंकि इससे ज्यादा लोग वहाँ खड़े नहीं हो सकते। लेकिन सरकार ने बड़ी आसानी से इस आन्दोलन की माँग को मानकर आन्दोलन को निपटा दिया।

मीडिया को इस आन्दोलन के बहाने अपनी शुचिता साबित करने का एक मौका मिलेगा, जिसे पाप धोने की कोशिश कहते हैं। इस आन्दोलन से भयभीत होने का मीडिया के लिए कोई कारण नहीं था। वर्ल्ड कप क्रिकेट और आईपीएल के बीच के एक हफ्ते का यह बेहतरीन मीडिया इवेंट था, जिसमें चमकदार चेहरे थे, एनजीओ थे, सेलिब्रिटीज थीं। सामाजिक दृष्टि से देखें तो यह शहरी हिन्दू सवर्णों का आन्दोलन था। मीडिया की सामाजिक संरचना और इस आन्दोलन में जुटे लोगों की सामाजिक बनावट के बीच तारतम्य था। मीडिया के लिए यह अपने लोगों का आन्दोलन था–*पीपुल लाइक अस* का आन्दोलन। भ्रष्टाचार के खिलाफ लोगों के गुस्से को भ्रमित करने का आन्दोलन। कुल मिलाकर एक मतलबी रंगीन तमाशा था। टीवी के परदे पर और अखबारों के पन्नों पर आपने दरअसल यही तमाशा देखा।

सन्दर्भ

1. लालजी टंडन से रूपेश पांडेय की बातचीत, प्रथम प्रवक्ता, (सम्पादक–रामबहादुर राय) का पैकेज पत्रकारिता पर केन्द्रित अंक, 16 जुलाई, 2009
2. प्रभाष जोशी का लेख 'जिसने भुगता वे बोले', प्रथम प्रवक्ता, 16 जुलाई, 2009
3. 26 जुलाई, 2009 को आयोजित प्रेस कॉन्फ्रेंस में मधु कोड़ा ने कहा–' 'प्रभात खबर' मुझ पर उषा मार्टिन ('प्रभात खबर' को चलानेवाली कम्पनी) का काम नहीं करने के कारण दबाब बना रहा है। दलाली नहीं चली तो कम्पनी ने अपने अखबार का इस्तेमाल कर मुझे बदनाम करना शुरू कर दिया। यह सब तब शुरू हुआ जब कम्पनी के काम की एक फाइल मेरे पास कोर्ट की अवमानना करते

हुए भिजवाई गई...कोई किसी व्यापारी के साथ कहीं जाने से उसका पाटर्नर हो जाता है क्या? अगर ऐसा है तो उषा मार्टिन के मालिक समीर लोहिया, झाबर आदि भी मेरे साथ लन्दन, स्विट्जरलैंड और पेरिस गए थे तो क्या वे मेरे पाटर्नर हो गए? मैंने उषा मार्टिन को भी कठोतिया कोल ब्लॉक दिया। 'प्रभात खबर' को यह बताना चाहिए कि उसकी शर्तें क्या थीं। मैंने उनसे कितने पैसे लिए', 'सहारा समय' बिहार-झारखंड तथा ईटीवी पर 27 जुलाई, 2009 को प्रसारित।

4. न्यूज एक्स के कर्ताधर्ता माने-जानेवाले जहाँगीर पोचा से नीरा राडिया की बातचीत http://www.outlookindia.com/article.aspx?269686
5. http://www.outlookindia.com/article-aspx?268439
6. http://indiatoday-intoday-in/site/Story/120438/India/transcript-radia-and-vir-sanghvi-html
7. 'द हिन्दू', 19 दिसम्बर, 2010 http://www.thehindu.com/news/national/article961539.ece

राडिया कांड और मीडिया : धन्धा है और गन्दा है

यह छवियों के विखंडन का दौर है। एक सिलसिला-सा चल रहा है, इसलिए कोई मूर्ति गिरती है तो अब शोर कम होता है। इसके बावजूद, 2010 में भारतीय मीडिया की छवि जिस तरह खंडित हुई, उसने इतिहास, दुनिया और दुनिया के साथ सब कुछ खत्म होने की भविष्यवाणियाँ करनेवालों को भी चौंकाया होगा। 2010 को भारतीय पत्रकारिता की छवि में आमूल बदलाव के वर्ष के रूप में याद किया जाएगा। देखते ही देखते ऐसा हुआ कि पत्रकार सम्मानित नहीं रहे। वह बहुत पुरानी बात तो नहीं है जब मीडिया को लोकतंत्र का चौथा स्तम्भ कहा जाता था। लेकिन आज कोई यह बात नहीं कह रहा है।

मीडिया का स्वरूप पिछले दो दशक में काफी बदल गया है। मीडिया देखते ही देखते चौथे खम्भे की जगह, कुछ और बन गया। वह बाकी धन्धों की तरह एक और धन्धा बन गया। मीडिया को एंटरटेनमेंट इंडस्ट्री के साथ जोड़ दिया गया और पता चला कि भारत में यह उद्योग 58,700 करोड़ रुपए का है।[1] अखबार और चैनल चलाने वाली कम्पनियों का सालाना कारोबार देखते ही देखते हजारों करोड़ रुपए का हो गया। मुनाफा कमाना और मुनाफा बढ़ाना मीडिया उद्योग का मुख्य लक्ष्य बन गया। मीडिया को विज्ञापनों के तौर पर साल में जितनी रकम मिलने लगी, वह कई राज्यों के सालाना बजट से ज्यादा है।[2]

पर यह सब 2010 में नहीं हुआ। कुछ मीडिया विश्लेषक काफी समय से यह कहते रहे हैं कि भारतीय मीडिया का कॉरपोरेटीकरण हो गया है और अब उसमें यह क्षमता नहीं है कि वह लोककल्याणकारी भूमिका निभाए। भारत में उदारीकरण के साथ मीडिया के कॉरपोरेट बनने की प्रक्रिया तेज हो गई और अब यह प्रक्रिया पूरी हो चुकी है। ट्रस्ट संचालित 'द ट्रिब्यून' के अलावा देश का हर मीडिया समूह कॉरपोरेट नियंत्रण में है। पश्चिम के मीडिया के सन्दर्भ में चोमस्की, मैकचेस्नी, एडवर्ड एस. हरमन, जेम्स करेन, मैक्वेल, पिल्गर और कई अन्य लोग यह बात कहते रहे हैं कि मीडिया अब कॉरपोरेट हो चुका है।

मीडिया का कारोबार बन जाना दर्शकों और पाठकों के लिए चौंकानेवाली बात

हो सकती है, लेकिन जो लोग भी इस कारोबार के अन्दर हैं या इस पर जिनकी नजर है, वे जानते हैं कि मीडिया की आन्तरिक संरचना और उसका वास्तविक चेहरा कैसा है। लोकतंत्र में सकारात्मक भूमिका निभाने की अब मीडिया से उम्मीद भी नहीं है। चुनावों में मीडिया जनमत को प्रभावशाली शक्तियों और सत्ता के पक्ष में मोड़ने का काम करता है और इसके लिए वह पैसे भी वसूलता है।[3] हाल के चुनावों में देखा गया कि अखबार और चैनल प्रचार सुनिश्चित करने के बदले में रेट कार्ड लेकर उम्मीदवारों और पार्टियों के बीच पहुँच गए और उसने खुलकर सौदे किए। मीडिया कवरेज के बदले कम्पनियों से भी पैसे लेता है और नेताओं से भी। जब वह पैसे नहीं लेता है तो विज्ञापन लेता है। 'टाइम्स ऑफ इंडिया' जैसे अखबार विज्ञापन के बदले पैसे नहीं लेते, बल्कि कम्पनियों की हिस्सेदारी ले लेते हैं। इसे प्राइवेट ट्रिटी का नाम दिया गया है। मीडिया कई बार सस्ती जमीन और उपकरणों के आयात में ड्यूटी की छूट भी लेता है।

मीडिया हर तरह की कारोबारी आजादी चाहता है और किसी तरह का सामाजिक उत्तरदायित्व नहीं निभाता, लेकिन 2008-09 की मन्दी के समय वह खुद को लोकतंत्र की आवाज बताकर सरकार से राहत पैकेज लेता है। मन्दी के नाम पर मीडिया को बढ़ी हुई दर पर सरकारी विज्ञापन मिले और अखबारी कागज के आयात में ड्यूटी में छूट भी मिली। लेकिन यह नई बात नहीं है। यह सब 2010 से पहले से चल रहा था।

2010 में एक नई बात हुई। इस साल भारतीय मीडिया का एक नया रूप लोगों ने देखा। वैष्णवी कॉरपोरेट कम्युनिकेशंस की मालकिन नीरा राडिया दिल्ली की अकेली कॉरपोरेट दलाल या लॉबिइस्ट नहीं हैं। ऐसे कॉरपोरेट दलाल देश और देश की राजधानी में कई हैं। 2009 में इनकम टैक्स विभाग ने नीरा राडिया के फोन टैप किए थे, जो लीक होकर बाहर आ गए। नीरा राडिया इन टेप में मंत्रियों, नेताओं, अफसरों और अपने कर्मचारियों के साथ ही मीडियाकर्मियों से भी बात करती सुनाई देती हैं।

इन टेप को दरअसल देश में राजनीतिशास्त्र, जनसंचार, अर्थशास्त्र, मैनेजमेंट, कानून आदि के पाठ्यक्रम का हिस्सा बनाया जाना चाहिए। इन विषयों को सैकड़ों किताबें पढ़कर जितना समझा जा सकता है, उससे ज्यादा ज्ञान राडिया के टेपों में है। मिसाल के तौर पर, राजनीतिशास्त्र की किताबें बताती हैं कि कैबिनेट का गठन प्रधानमंत्री करता है। संविधान में भी ऐसा ही लिखा है। लेकिन राडिया टेपों को सुनकर आप जान सकते हैं कि भारत में कैबिनेट के गठन में बड़े कॉरपोरेट समूहों की कितनी अहम भूमिका होती है। देश के ज्यादातर मंत्रियों, खासकर आर्थिक मंत्रालयों से जुड़े मंत्रियों की नियुक्ति प्रधानमंत्री नहीं, कम्पनियाँ करती हैं। इसी तरह

नौकरशाही भी किस तरह काम करती है, इसे समझने के लिए राडिया के टेपों को सुनना उपयोगी है। राडिया के टेप यह भी बताते हैं कि न्यायपालिका के फैसले हमेशा तर्क-वितर्क और सबूतों से तय नहीं होते। वे 'फिक्स' भी होते हैं।[4]

इसी तरह राडिया टेप ने मीडिया की आन्तरिक संरचना और कार्यप्रणाली को खोलकर रख दिया है। भारत में पत्रकारिता के किसी भी स्कूल में मीडिया को इस तरह नहीं पढ़ाया जाता है। राडिया के टेप सुनकर देश के लोगों को पहली बार पता चला कि टीवी स्क्रीन पर नीति और नैतिकता की बात करनेवाले असल जिन्दगी में क्या-क्या करते हैं। मीडिया में गेटकीपिंग सिद्धान्त में पढ़ाया जाता है कि न्यूज रूम और सम्पादकीय विभाग में खबरों के गेटकीपर होते हैं। नीरा राडिया ने पूरे देश को और खासतौर पर पत्रकारिता के शिक्षकों और विद्यार्थियों को बताया कि सिलेबस बदलने की जरुरत है क्योंकि गेटकीपिंग का सच यह नहीं है। गेटकीपर कई बार न्यूजरूम से बाहर होते हैं। राडिया जैसे गेटकीपर कई बार खबरें छपने देते हैं और कई बार खबरें रोक लेते हैं। राडिया टेप सामने न आते तो शायद ही कभी पता चल पाता कि एक न्यूज चैनल—न्यूज एक्स—में काम करनेवाले पत्रकारों और अन्य कर्मियों का वेतन नीरा राडिया देती हैं।[5]

कॉरपोरेट दलाल अपने काम के दौरान मीडिया में छपने और दिखाई जानेवाली सामग्री के प्रबन्धन को जितना महत्त्व देते हैं, उससे इस बात का एहसास होता है कि मीडिया की ताकत कितनी जबर्दस्त है। मीडिया में एक हेडलाइन के गलत छपने या जरूरी मानी गई किसी खबर के कम महत्त्व के साथ छापे या दिखाए जाने को लेकर नीरा राडिया जिस तरह चिन्तित और नाराज होती हैं, उससे मीडिया के महत्त्व को समझा जा सकता है।

वह पुरानी बात हो गई जब मीडिया में कुछ भी छपने से किसी को फर्क नहीं पड़ने की बात की जाती थी। दूरदर्शन पर दिखाए जानेवाले कार्यक्रम 'आज तक' के वर्ष 2000 में 24 घंटे के चैनल बनने के साथ ही टेलीविजन न्यूज चैनलों के क्षेत्र में एक बड़े विस्फोट की शुरुआत हुई। लगभग 10 साल बाद, 2010 में देश में 512 चैनलों को प्रसारण करने की इजाजत हासिल है। देश में 461 टीवी चैनलों से प्रसारण होता है जबकि 2008 में 389 चैनलों से ही प्रसारण होता था। इससे भारत में टीवी के विस्तार की रफ्तार का अन्दाजा लगाया जा सकता है। देश में टेलीविजन के लगभग 50 करोड़ दर्शक हैं, जबकि समाचार-पत्रों के कुल पाठकों की संख्या 35 करोड़ है। पाँच साल पहले देश के 50 फीसदी घरों में टेलीविजन देखा जाता था। 2010 में ऐसे घरों की संख्या 60 फीसदी तक पहुँच गई।[6]

राडिया कांड मीडिया की ताकत और उसकी खामी—दोनों को एक साथ दर्शाता है। ताकत इस बात की है कि मीडिया जनमत बना सकता है, जनमत को बदल

सकता है, लोगों के सोचने के एजेंडे तय करता है और खामी यह कि मीडिया पैसों के आगे किसी बात की परवाह नहीं करता। मीडिया को पैसे वाले पैसा कमाने के लिए और ताकत के लिए चलाते हैं। इसलिए इसके दुरुपयोग की सम्भावना इसकी संरचना और स्वामित्व के ढाँचे में ही दर्ज है। राडिया कांड से यह जगजाहिर हो गया कि खासकर ऊँचे पदों पर मौजूद मीडियाकर्मी पैसे और प्रभाव के इस खेल में हिस्सेदार बन चुके हैं। पिछले 20 वर्षों में मीडियाकर्मियों के मालिक बनने की प्रक्रिया भी तेज हुई है। कुछ सम्पादक तो मालिक बन ही गए हैं। इसके अलावा भी मीडिया संस्थानों में मध्यम स्तर पर काम करनेवाले पत्रकारों तक को कम्पनी के शेयर दिए जाते हैं। इस तरह उनकी प्रतिबद्धता को नए ढंग से परिभाषित कर दिया जाता है। पत्रकारों का ईमानदार या बेईमान होना अब उनकी निजी पसन्द का ही मामला नहीं रहा। कोई पत्रकार अपनी मर्जी से ईमानदार नहीं रह सकता।

क्या उम्मीद की कोई किरण है?

ऐसे समय में जब मीडिया पर भरोसा करना आसान नहीं रहा (अमेरिकी मीडिया के बारे में एक ताजा सर्वे यह बताता है कि वहाँ 63 फीसदी पाठक और दर्शक यह मानते हैं कि मीडिया भरोसे के काबिल नहीं है[7], तब लोग क्या करें? यह मुश्किल समय है, इससे इनकार नहीं किया जा सकता। लेकिन इस दौर में नागरिक पत्रकारिता का एक नया चलन भी जोर पकड़ रहा है। हो सकता है कि मुख्यधारा की कॉरपोरेट पत्रकारिता इसके असर में खुद को बदलने के लिए मजबूर हो जाए (मेरी निजी राय में ऐसा सम्भव नहीं है)। नागरिक और वैकल्पिक पत्रकारिता ने राडिया कांड और विकीलीक्स के मामले में सबको चौंकाया है।

यह सम्भव हुआ इंटरनेट इस्तेमाल करनेवालों की सक्रियता की वजह से। जब कॉरपोरेट मीडिया राडिया कांड के बारे में कुछ भी नहीं बता रहा था तो लोग इंटरनेट पर पत्रकारिता कर रहे थे और इस कांड से जुड़ी सूचनाएँ एक-दूसरे तक पहुँचा रहे थे। फेसबुक, ट्विटर, ब्लॉग, यू-ट्यूब आदि मंचों पर यह पत्रकारिता हुई। यह पत्रकारिता उन लोगों ने की जिन्होंने शायद कभी भी पत्रकारिता की पढ़ाई नहीं की थी, लेकिन जो किसी मसले को महत्त्वपूर्ण मान रहे थे और उससे जुड़ी सूचनाएँ और लोगों तक पहुँचाना चाहते थे। यह नागरिक पत्रकारिता है। इसमें कोई गेटकीपर नहीं होता।

नागरिक पत्रकारिता ने दरअसल पत्रकारिता की विधा को लोकतांत्रिक बनाया है। इसमें पढ़ने या देखने वाला यानी संचार सामग्री का उपभोक्ता, सक्रिय भूमिका निभाने लगता है। पत्रकारिता के तिलिस्म को तोड़ने में इसकी बड़ी भूमिका है। आज एक व्यक्ति बिना किसी पत्रकारीय प्रशिक्षण के, 10 रुपए खर्च करके साइबर कैफे

में बैठकर या अपने घर से एक ब्लॉग लिख सकता है और दुनिया-भर में पहुँच सकता है। या फिर वह फेसबुक पर अपनी बात कह सकता है और हजारों लोग उसे पढ़ सकते हैं। ट्विटर और दूसरे सोशल नेटवर्किंग साइट के जरिये आज अपनी बात पहुँचाना पहले की तुलना में काफी आसान हो गया है। जो बात मुख्यधारा में नहीं कही जा सकती, वह इन माध्यमों के जरिये कही जा सकती है। परम्परागत पत्रकारिता के भारी तामझाम और खर्च से अलग यह नई पत्रकारिता है।

पश्चिमी देशों में नई मीडिया की ताकत टेक्नोलॉजी के विस्तार की वजह से बहुत अधिक है लेकिन भारत में भी इसकी ताकत बढ़ रही है। गूगल के अनुमान के मुताबिक, भारत में (2010 में) इंटरनेट के 10 करोड़ से ज्यादा उपभोक्ता हैं।[8] चीन के 30 करोड़ और अमेरिका के 20.7 करोड़ की तुलना में यह संख्या छोटी जरूर है, लेकिन भारत इस समय इंटरनेट के सबसे तेजी से बढ़ते बाजारों में से एक है। टेलीकॉम रेगुलेटरी अथॉरिटी (ट्राई) के दिसम्बर 2010 में जारी किए गए आँकड़ों (ये आँकड़े सितम्बर, 2010 तक के हैं) के मुताबिक तेज रफ्तार इंटरनेट यानी ब्रॉडबैंड के ग्राहकों की संख्या एक करोड़ को पार कर गई है। अगस्त से सितम्बर के बीच एक महीने में देश में 2 लाख, 10 हजार नए ब्रॉडबैंड कनेक्शन लिए गए।[9] इंटरनेट पर आने जानेवालों का लेखा-जोखा रखने वाली दुनिया की प्रमुख संस्था कॉमस्कोर ने 2009 में किए गए अध्ययन के आधार पर बताया कि भारत में इंटरनेट इस्तेमाल करनेवालों में 44 फीसदी लोग समाचार साइट पर भी जाते हैं। 15 साल से ज्यादा उम्र के डेढ़ करोड़ से ज्यादा लोग अक्टूबर महीने में समाचारों की वेबसाइट पर गए। एक साल में यह संख्या 37 फीसदी बढ़ी है।[10] सोशल नेटवर्किंग साइट की लोकप्रियता भी भारत में बढ़ी है।[11]

इन आँकड़ों के आधार पर यह कहा जा सकता है कि इंटरनेट के फैलाव के मामले में भारत तेजी से दुनिया के विकसित देशों की ओर बढ़ रहा है। इसके आधार पर अन्दाजा लगाया जा सकता है कि नागरिक पत्रकारिता का असर यहाँ भी बढ़ेगा। मुख्यधारा में जगह न मिलनेवाले समाचारों को इन वैकल्पिक माध्यमों में जगह मिलेगी। मुख्यधारा के मीडिया से अलग रह गए समुदायों के लिए भी यह वैकल्पिक मंच बनेगा। ऐसा होने लगा है। यह सही है कि ऐसा पहले शहरी क्षेत्रों में होगा और कम आय वर्ग वाले शुरुआती दौर में इस पूरी प्रक्रिया से बाहर रहेंगे। इसके बावजूद संचार माध्यमों में लोकतंत्र मजबूत होगा। प्रेस और चैनल की तुलना में यह कम खर्चीला माध्यम है।

इस तरह के वैकल्पिक माध्यमों को लेकर कुछ चिन्ताएँ भी हैं। इस माध्यम की बढ़ती ताकत के साथ ही इंटरनेट पर कॉरपोरेट क्षेत्र का दखल भी बढ़ रहा है। ज्यादा संसाधनों के जरिये वे छोटे मंचों और नागरिक पत्रकारिता करनेवालों की आवाज को

दबाने की कोशिश करेंगे। प्रतिरोध को वे अपने दायरे में समेटने की कोशिश भी करेंगे। विकीलीक्स के मामले में दुनिया ने देखा कि लोकतांत्रिक कही जानेवाली सरकारों ने किस तरह सूचनाओं और सूचनाएँ देनेवालों का दमन करना चाहा। भारत में सरकार का चरित्र पश्चिम की सरकारों से ज्यादा अनुदार है और इंटरनेट पर पहरा बिठाने की कोशिश यहाँ भी होगी। इन उम्मीदों, चिन्ताओं और आशंकाओं के बीच ही मीडिया के सन्दर्भ में राडिया कांड को देखा और पढ़ा जाना चाहिए।

सन्दर्भ

1. फिक्की-केपीएमजी की 2010 की रिपोर्ट, 16 मार्च, 2010 की प्रेस रिलीज (यह आँकड़ा 2009 के लिए है)। रिपोर्ट में अनुमान लगाया गया है कि अगले पाँच साल में यह क्षेत्र सालाना औसतन 13 फीसदी की दर से बढ़ेगा और 2013 में इसका आकार 1091 अरब रुपए को पार कर जाएगा।
2. मार्केटिंग पत्रिका 'पिच' ने दिसम्बर, 2010 अंक में बताया है कि मीडिया को साल में 25,000 करोड़ रुपए के विज्ञापन मिलते हैं।
3. मीडिया का अंडरवर्ल्ड : पेड न्यूज, कॉरपोरेट और लोकतंत्र, लेखक–दिलीप मंडल, राधाकृष्ण प्रकाशन।
4. 'ओपन' और 'आउटलुक' ने इन टेपों में दर्ज बातचीत के कई अंश अपनी पत्रिका में छापे हैं। इन पत्रिकाओं की न्यूज साइट पर उन्हें सुना भी जा सकता है।
5. न्यूज एक्स के कर्ताधर्ता माने जानेवाले जहाँगीर पोचा से नीरा राडिया की बातचीत। http://www.outlookindia.com/article-aspx?269686
6. फिक्की-केपीएमजी इंडियन मीडिया एंड एंटरटेनमेंट इंडस्ट्री रिपोर्ट 2010, पेज-41 और 71
7. प्यू रिसर्च सेंटर का सर्वे, सितम्बर 2009 में प्रकाशित।
8. ओपन, 23-29 नवम्बर, 2010 का अंक।
9. अलग-अलग स्रोत से आए आँकड़ों में फर्क है। इस आँकड़े का स्रोत– http://www.hindustantimes.com/India-now-third-biggest-internet-user/Article1-638366.aspx
9. http://www.trai.gov.in/WriteReadData/trai/upload/PressReleases/777/Prfinal September2dec10erdiv.pdf
10. कॉमस्कोर प्रेस रिलीज, 14 दिसम्बर, 2009 http://www.comscore.com/Press_Events/Press_Releases/2009/12/Online_News_Attracts_Rapidly_Growing_Audience_in_India/(language)/eng-US
11. कॉमस्कोर

राडिया कांड : कौए कभी कौए का मांस नहीं खाते?

मीडिया के बारे में अक्सर कहा जाता है कि हर किसी की बन्द मुट्ठी खोलने को तत्पर मीडिया कभी अपनी मुट्ठी नहीं खोलता। ब्रिटिश पत्रकार निक डेविस ने मीडिया और लॉबीइंग के रिश्तों के बारे में अपनी चर्चित किताब 'फ्लैट अर्थ न्यूज' की भूमिका की शुरुआत में मीडिया के बारे में लिखा है कि कुत्ता कुत्ते को नहीं खाता और भूमिका के अन्त में लिखा है कि इस नियम को तोड़ने की जरूरत है।[1] मीडिया में यह अघोषित विधान रहा है कि देश-दुनिया में जो कुछ हो रहा है, सब कुछ बताओ, लेकिन अपने बारे और अपने कारोबार से जुड़े अन्य संस्थानों और लोगों के बारे में न बताओ। इसके उदाहरण आसपास देख सकते हैं।

मिसाल के तौर पर, 2009 में जब आर्थिक मन्दी के दौर में भारत में छँटनियाँ हो रही थीं, तो कारोबार के अलग-अलग क्षेत्रों में नौकरियाँ खत्म होने की खबरें देनेवाले अखबारों या चैनलों ने यह नहीं बताया कि मीडिया में भी बड़े पैमाने पर छँटनी हुई और वेतन घटाए गए। मीडिया के मालिक और सम्पादक राजनेताओं और पार्टियों के करीब हैं, यह बात हम तभी जान पाते हैं जब कोई मालिक या सम्पादक राज्यसभा का सदस्य बन जाता है या पद्‌मश्री या पद्‌मविभूषण से सम्मानित किया जाता है। मीडिया कभी नहीं बताता कि उसके कौन से और कारोबार और कारोबारी हित हैं और इस बात का उसकी सम्पादकीय नीति पर किस तरह असर पड़ता है। मिसाल के तौर पर, भारत में प्रमुख मीडिया हाउस, मीडिया से इतर लगभग ढाई सौ और कारोबारों में हैं। यह कारोबार कुछ भी हो सकता है मसलन—चीनी मिल, तेल मिल, रियल एस्टेट, माइनिंग, स्टील, शिक्षा, फिल्म निर्माण, अचार, रसायन उद्योग, रिटेलिंग आदि। लेकिन यह बात पाठकों और दर्शकों को पता नहीं चलती।

नीरा राडिया टेप कांड ने मीडिया के बारे में इस कहावत पर पुनर्विचार करने को मजबूर कर दिया है कि कौए की तरह मीडिया भी अपनी बिरादरी का मांस नहीं खाता। अब पता चला है कि राडिया के टेप सितम्बर महीने से ही कुछ मीडिया समूहों के पास थे। इनके कुछ हिस्सों को प्रसारित भी किया गया। मिसाल के तौर पर, 'हेडलाइंस टुडे' नाम के समाचार चैनल ने राडिया और पूर्व संचार मंत्री ए. राजा की

बातचीत के अंश सार्वजनिक करते हुए खबर दिखाई थी। लेकिन उस समय किसी भी मीडिया समूह ने यह नहीं छापा या दिखाया कि मीडिया के हाथ भी इस कीचड़ में उसी तरह सने हैं, जैसे कि कॉरपोरेट और राजनेताओं के। मीडिया को लेकर बातें सामने आने में लगभग ढाई महीने लग गए, यह अपने आपमें इस बात का प्रमाण है कि मीडिया में पर्दा कितना जबर्दस्त है।

नीरा राडिया के बारे में मुख्यधारा के मीडिया में पहला लिखा हुआ शब्द 'ओपन' मैगजीन ने छापा।[2] टीवी पर इस बारे में पहला कार्यक्रम इसके बाद सीएनबीसी टीवी18 पर हुआ, जिसे करण थापर ने एंकर किया। इसके बाद 'द हिन्दू' ने इस बारे में पहले सम्पादकीय पन्ने पर और बाद में समाचारों के पन्ने पर सामग्री छापी। 'आउटलुक' ने इस बारे में कई ऐसे तथ्य सामने लाए जिनका 'ओपन' ने भी खुलासा नहीं किया था। 'इंडियन एक्सप्रेस' ने भी इस बारे में छापा। हिन्दी मीडिया की बात करें तो 'दैनिक भास्कर' के दिल्ली संस्करण में दो पेज की सामग्री छापी गई। एनडीटीवी ने बरखा दत्त को सफाई का मौका देने के लिए 47 मिनट का एक कार्यक्रम किया (एक घंटे का कार्यक्रम 13 मिनट पहले ही अचानक समेट दिया गया) जबकि 'हेडलाइंस टुडे' ने प्रभु चावला को ऐसा ही मौका देने के लिए एक शो किया। अब मामला इतना बड़ा हो चुका है कि मीडिया इस बारे में बच-बचाकर ही सही, लेकिन रिपोर्टिंग कर रहा है।

नीरा राडिया के टेप इस बात का प्रमाण हैं कि भारतीय मीडिया अब कॉरपोरेट के हाथों में न सिर्फ खेल रहा है बल्कि उसका हिस्सा बन चुका है। नीरा राडिया और ऐसे ही दलाल न सिर्फ यह बता रहे हैं कि क्या छपना है और क्या नहीं छापना है, बल्कि वे यह भी तय कर रहे हैं कि कौन सा रिपोर्टर कौन सी खबर लिखेगा। वे खबरों का नजरिया तक तय कर रहे हैं। वे खबरों का सौदा कर रहे हैं और बात नहीं मानने वालों को दंडित करने का धौंस दिखा रहे हैं। सम्पादक राडिया को बताते हैं कि किस खबर का कैसा कवरेज किया जा रहा है। राडिया सम्पादकों को बताती हैं कि किस नेता से क्या बात करनी है और सम्पादक ऐसा करने के बाद राडिया को इसकी सूचना देते हैं। वीर सांघवी जैसे सम्पादक अपने कॉलम में वही लिखते हैं, जो राडिया के साथ बातचीत में तय होता है।[3]

यहाँ एक महत्त्वपूर्ण बात यह है कि मीडिया-कॉरपोरेट और नेताओं के रिश्तों पर कुछ अखबारों, पत्रिकाओं और चैनलों पर खबर आने से पहले ही यह कांड राष्ट्रीय स्तर पर चर्चा में आ गया था। मास मीडिया को लेकर बहुचर्चित और प्रशंसित–एजेंडा सेटिंग थ्योरी–यह कहती है कि मीडिया किसी मुद्दे पर सोचने के तरीके पर हो सकता है कि निर्णायक असर न डाल पाए लेकिन किन मुद्दों पर सोचना है यह मीडिया काफी हद तक तय कर देता है।[4] तो राडिया-मीडिया कांड में ऐसा कैसे हुआ कि

मीडिया में कोई बात आए, उससे पहले ही वह बात लोकविमर्श में आ गई? जब मीडिया में कोई भी बरखा-वीर-चावला कांड को नहीं छाप/दिखा रहा था तो लोगों को इसकी खबर कैसे हो गई और यह मुद्दा चर्चा में कैसे आ गया?

यह पहले सम्भव नहीं था लेकिन आज यह सम्भव है। यह मुमकिन हुआ वैकल्पिक मीडिया के एक नए तंत्र की वजह से, जिसके उपकरण वैसे तो कई दशक पुराने हो गए हैं, लेकिन भारत में इसका इस्तेमाल अपेक्षाकृत नया है। सूचना महामार्ग यानी इंटरनेट पर फेसबुक, यू-ट्यूब और ट्विटर जैसे सोशल नेटवर्किंग, मीडिया शेयरिंग और माइक्रोब्लॉगिंग के जरिये मुख्यधारा में छापे/दिखाए जाने से पहले काफी लोग यह जान गए थे कि मीडिया, राजनीति और कॉरपोरेट दलालों के बीच रिश्ते के टेप सामने आए हैं। इक्कीसवीं सदी के दूसरे दशक की शुरुआत के साथ ही भारत जैसे देश में भी मुख्यधारा मीडिया के सामने एक मजबूत विकल्प खड़ा हो गया है। भारत में इंटरनेट के 10 करोड़ से ज्यादा उपयोगकर्ता[5] और फेसबुक जैसे सोशल मीडिया के करोड़ों यूजर[6] नए मीडिया तंत्र के हिस्से हैं। फेसबुक जैसा माध्यम तो करोड़ों लोगों को एक साथ पत्रकार बनाने में सक्षम है। जो भी चाहिए, फेसबुक और ऐसे ही अन्य मंचों पर अपनी बात कर सकता है। पत्रकार बनने के लिए जब पत्रकारिता संस्थान 2 से 3 लाख तक भी वसूल रहे हैं, तब इंटरनेट पर आप लिखने के लिए आपकी जेब में 10 रुपए होने चाहिए, जिसे देकर आप साइबर कैफे में बैठकर नई पत्रकारिता कर सकते हैं।

एक और महत्त्वपूर्ण बात यह कि भारत के पैमाने पर राडिया टेप कांड और वैश्विक स्तर पर विकीलीक्स के खुलासे को देखें तो आप पाएँगे कि वैकल्पिक माने जानेवाले माध्यमों ने जो सामग्री दी, उसका बाद में मुख्यधारा के मीडिया ने फॉलोअप किया। यानी वैकल्पिक मीडिया आगे-आगे चला और अखबार तथा चैनल पीछे-पीछे चलने को मजबूर हुए। 'आउटलुक' पत्रिका ने भी जिन टेपों का खुलासा किया, उन्हें इंटरनेट पर डाल दिया। लिखे हुए शब्द के मुकाबले यह माध्यम ज्यादा असर पैदा करने में सक्षम साबित हुआ।

राडिया कांड में मीडिया के लिए एक दुखद बात यह हुई कि 5 दिसम्बर को मीडिया समीक्षक सेवंती नैनन ने 'द हिन्दू' अखबार के मीडिया मैटर्स कॉलम के लिए जो सामग्री भेजी वह छापी नहीं गई। इसके बाद वाले हफ्ते में यानी 12 दिसम्बर को भी मीडिया मैटर्स नहीं छपा। मीडिया को समझने के लिए यह एक उपयोगी कॉलम था, जिसका बन्द होना दुखद है। सेवंती नैनन ने बाद में वह कॉलम 'द हूट' नामक इंटरनेट साइट पर डाल दिया।[7] 'द हिन्दू' ने राडिया टेप के बारे में नैनन का लिखा क्यों नहीं छापा, इसका जवाब इस अखबार के पाठकों को सम्पादक एन. राम से माँगना चाहिए। 'द हिन्दू' ने आमतौर पर राडिया टेप के बारे में बाकी अखबारों

से ज्यादा छापा है और बहादुरी से छापा है। लेकिन जिस तरह से 'हेडलाइंस टुडे' चैनल के कार्यक्रम में 'द हिन्दू' के सम्पादक एन. राम ने प्रभु चावला का बचाव किया, उसने कई लोगों को चौंकाया है।

मीडिया संगठनों ने इस मसले पर चुप्पी साध रखी है, जो स्वाभाविक भी है। भारत के मीडिया रेगुलेटर प्रेस कौंसिल ने अपना पक्ष अब तक स्पष्ट नहीं किया है कि वह इसे समस्या के तौर पर देखता भी है या नहीं। पेड न्यूज विवाद में परंजय गुहा ठाकुरता और के. श्रीनिवास रेड्डी की रिपोर्ट को न छापने के फैसले की वजह से प्रेस कौंसिल की विश्वसनीयता वैसे ही काफी कम हुई है। इस रिपोर्ट के अंश आप इसी लेखक की पुस्तक 'मीडिया का अंडरवर्ल्ड : पेड न्यूज, कॉरपोरेट और मीडिया' में पढ़ सकते हैं।[8] इंटरनेट पर भी यह रिपोर्ट उपलब्ध है।[9] अब अगर राडिया कांड पर भी वह कुछ नहीं करता दिखेगा, तो उसके होने के कारणों पर चर्चा शुरू हो जाएगी। पत्रकारों और सम्पादकों के अपने संगठन जैसे एडीटर्स गिल्ड और नेशनल ब्रॉडकास्टर्स एसोसिएशन भी इस विवाद में खामोश हैं।

इस बात को शायद सभी समझ रहे हैं कि मीडिया खुद इस बीमारी से लड़ने में समर्थ नहीं है। हालाँकि मीडिया के कई विश्लेषक राडिया कांड को मीडिया के लिए व्यतिक्रम या अपवाद के तौर पर देख रहे हैं। उन्हें यह लगता है कि मीडिया में कुछ गड़बड़ियाँ आ गई हैं, जिन्हें बेहतर नियमन और आत्मनियंत्रण से ठीक किया जा सकता है। कुछ विश्लेषक इसे चन्द पत्रकारों के पतन के तौर पर देख रहे हैं। उनकी राय में ज्यादातर पत्रकार ईमानदार हैं और कुछ लोगों के भ्रष्ट होने से मीडिया की विश्वसनीयता पर कोई खतरा नहीं होगा।

मीडिया और कॉरपोरेट के सम्बन्धों की समीक्षा करते हुए ऐसे भोले लोग भूल जाते हैं कि पिछले दो दशकों में मीडिया खुद ही कॉरपोरेट बन चुका है। सबसे बड़ी मीडिया-एंटरटेनमेंट कम्पनी 'सन नेटवर्क' का आकार 21,000 करोड़ रुपए से बड़ा हो चुका है (देखें बॉक्स)। भारत में मीडिया और एंटरनटेनमेंट इंडस्ट्री 587 अरब रुपए की है।[10] 2010 में अखबारों को 10271 करोड़ रुपए, पत्रिकाओं को 598 करोड़ रुपए और टीवी चैनलों को 9,991 करोड़ रुपए विज्ञापनों से मिलने का अनुमान है।[11] अखबार और चैनल अपनी आमदनी के लिए पाठकों और दर्शकों पर निर्भर नहीं हैं। इनकी आमदनी का 90 फीसदी तक हिस्सा विज्ञापनों से आता है। जिस उद्योग का आकार इतना बड़ा हो और जिसका कारोबारी ढाँचा पूरी तरह से कॉरपोरेट हो चुका है, उसका मुनाफे के पीछे भागना ही स्वाभाविक है। मीडिया समूहों के बोर्ड ऑफ डायरेक्टर्स में कोई मीडियाकर्मी नहीं होता। वहाँ सिर्फ कॉरपोरेट जगत के लोग बैठते हैं और मुनाफे के पीछे दौड़ते हैं। यह दौड़ सिर्फ संचालकों और प्रबन्धन तक सीमित नहीं रहती।

सभी मीडिया संस्थानों के सम्पादकों (इस पद को अलग-अलग नामों से जाना जाता है) को भी हर तिमाही एक लक्ष्य के पीछे भागना होता है और उस लक्ष्य का पत्रकारिता से कोई लेना-देना नहीं है। वह लक्ष्य कारोबार और मुनाफे से जुड़ा होता है, जिसके पूरा होने या न होने पर कई बार उनकी नौकरी टिकी होती है। साथ ही, भारत में मीडिया समूहों के मीडिया से अलग भी कई हित हैं। मीडियाकर्मियों को पत्रकारिता करते समय अपने समूह के उन हितों का भी ध्यान रखना पड़ता है। ऐसे मीडिया से जो लोग नीति और नैतिकता की उम्मीद कर रहे हैं वे बेहद भोले-भाले हैं।

राडिया कांड का नतीजा यह है कि मीडिया-कॉरपोरेट-राजनीति के बीच दलाली वाले सम्बन्धों का खुलासा हो गया है और जो बातें सत्ता के गलियारों में हमेशा ज्ञात थीं, उन पर आम लोग भी चर्चा करने लगे हैं। मीडिया की विश्वसनीयता बुरी तरह खंडित है और मीडिया का जैसा चरित्र है, उसे देखते हुए यह बात बुरी भी नहीं है। अगर अपने कारोबारी संरचना और हितों के बावजूद मीडिया विश्वसनीय बना रहता है तो यह लोकहित में नहीं है। राडिया कांड के बाद अब कुछ लोग भी अगर मीडिया में छपने और दिखाई जानेवाली सामग्री को आलोचनात्मक नजरिये से देख पा रहे हैं तो यह अच्छी बात है।

सन्दर्भ

1. प्रकाशक – विंटेज, 2009
2. ओपन, 23-29 नवम्बर, 2010 का अंक
3. http://indiatoday.intoday.in/site/Story/120438/India/transcript-radia&and-vir-sanghvi-html
4. "Here may lie the most important effect of mass communication, its ability to mentally order and organize our world for us. In short, the mass media may not be successful in telling us what to think, but they are stunningly successful in telling us what to think about." –Shaw & McCombs, 1977
5. गूगल के भारत में प्रोडक्ट हेड के हवाले से यह खबर 14 दिसम्बर, 2010 को 'हिन्दुस्तान टाइम्स' के वेब संस्करण में छपी है–
http://www.hindustantimes.com/India-now-third-biggest-internet-user/Article1-638366-aspx
6. कॉमस्कोर प्रेस रिलीज 25 अगस्त, 2010
http://www.comscore.com/Press_Events/Press_Releases/2010/8/Facebook_Captures_Top_Spot_among_Social_Networking_Sites_in_India
7. Persuasion, Radia style, द हूट, 6 दिसम्बर, 2010
8. राधाकृष्ण प्रकाशन, 2010
9. http://www.scribd.com/doc/35436631/The-Buried-PCI-Report-on-Paid-News

10. फिक्की-केपीएमजी की 2010 की रिपोर्ट, 16 मार्च, 2010 की प्रेस रिलीज (यह आँकड़ा 2009 के लिए हैं)। रिपोर्ट में अनुमान लगाया गया है कि अगले पाँच साल में यह क्षेत्र सालाना औसतन 13 फीसदी की दर से बढ़ेगा और 2013 में इसका आकार 1091 अरब रुपए को पार कर जाएगा।
11. जेनिथ ऑप्टिमीडिया की मिंट अखबार में छपी रिपोर्ट, 14 अप्रैल, 2010

जो मुख्यधारा में नहीं है, वह मीडिया में मारा जाएगा

कोई कह सकता है कि कहाँ 'पंडित' जवाहरलाल नेहरू और कहाँ बिरसा मुंडा! अंग्रेजी शासन के दौरान दोनों की भूमिकाओं को लेकर तुलनात्मक अध्ययन अगर किसी विश्वविद्यालय में हुआ है, तो इसकी जानकारी मुझे नहीं है। इन दो शख्सियतों की तुलना करने की बात पहली नजर में ही बेतुकी लगती है। आधुनिक भारत के कथित निर्माता की तुलना में एक आदिवासी योद्धा को रखने पर बहुत लोगों के सौन्दर्यबोध को ठेस पहुँच सकती है। हालाँकि भय को नापने का कोई पैमाना या मीटर होता और अंग्रेज किनसे कितना डरते थे के आधार पर नेहरू और बिरसा को तौला जाता, तो निस्सन्देह बिरसा मुंडा जीत जाते। बहरहाल, इतिहास प्रभुत्वशाली लोग लिखते हैं, इसलिए नायक भी अक्सर प्रभु वर्ग के लोग ही होते हैं। इतिहास के पन्नों पर कुछ नाम छापामारी करके या गुरिल्ला युद्ध के जरिये या जबर्दस्ती घुस गए हैं, जिन्हें समय-समय पर पाठ्यक्रम बदलकर या इतिहास की किताबों के पुनर्लेखन के जरिये मिटाने की कोशिशें होती रहती हैं।

बहरहाल, नवम्बर महीने की 14 तारीख को नेहरू की जयन्ती थी और 15 तारीख को बिरसा मुंडा की। नेहरू चूँकि आधुनिक भारत के कथित निर्माता है, इसलिए सरकार उनकी जयन्ती का जश्न जमकर मनाती है। जश्न में इनाम भी बाँटा जाता है और सरकारी इनामों की लूट में मीडिया पीछे नहीं रहता। 14 नवम्बर को देश के अखबार नेहरू जयन्ती के सरकारी विज्ञापनों से पटे हुए थे। दिल्ली के सिर्फ एक अखबार 'टाइम्स ऑफ इंडिया' को लें तो उसे 14 सरकारी विभागों और मंत्रालयों के विज्ञापन मिले। इन विज्ञापनों का कुल आकार 2100 कॉलम सेंटीमीटर था। एक पेज में 400 कॉलम सेंटीमीटर जगह होती है। यानी एक दिन में सरकार ने पाँच पेज से ज्यादा के विज्ञापन पंडित नेहरू का जन्मदिन मनाने के लिए दे दिए।

नेहरू की जयन्ती मनानेवाले ये विज्ञापन सूचना और प्रसारण मंत्रालय, इंदिरा गांधी नेशनल ओपन यूनिवर्सिटी, सेंट्रल बैंक, महिला और बाल विकास मंत्रालय, इस्पात मंत्रालय, नवोदय विद्यालय समिति, शहरी विकास और आवास मंत्रालय, स्वास्थ्य मंत्रालय, नेशनल बुक ट्रस्ट, नेहरू युवा केन्द्र संगठन, रसायन मंत्रालय ने

दिए। इसके अलावा दिल्ली सरकार और राजस्थान सरकार के विज्ञापन भी अखबार में हैं। निजी कम्पनियों और संस्थाओं की बात करें तो अखबार में डीएवी और न्यूट्रीशनल सप्लिमेंट पेडियास्योर के भी विज्ञापन हैं। अखबार ने इस मौके पर विशेष पेज भी निकाला है। जाहिर है, इस दिन के अखबार को देखकर पाठक के मन में नेहरू के लिए बनाई गई अब तक की शानदार छवि और पुष्ट होगी। जो बच्चे ये अखबार देखकर बड़े हो रहे हैं, वे अपने नायक इन सूचनाओं और छवियों के आधार पर चुनेंगे। विज्ञापनों के अलावा कई समाचार भी इस मौके पर छापे गए।

इसके ठीक एक दिन बाद बिरसा जयन्ती थी और उस दिन के अखबारों को देखें, तो एक अलग किस्म की तस्वीर नजर आएगी। बिरसा जयन्ती के दिन यानी 15 नवम्बर को केन्द्र सरकार का एक भी विज्ञापन अखबारों में नहीं था। झारखंड सरकार ने राज्य की स्थापना के 10 साल पूरा होने पर एक विज्ञापन जरूर दिया था, जिसमें बिरसा मुंडा की एक तस्वीर है। दिल्ली के अखबारों में इसके अलावा बिरसा जयन्ती होने का कोई संकेत कहीं नहीं मिलता। सवाल उठता है कि क्या झारखंड के अखबार इस मामले में कोई अलग तस्वीर पेश करते हैं? 15 नवम्बर को झारखंड के सबसे बड़े और महत्त्वपूर्ण अखबार 'प्रभात खबर' को देखें तो पाएँगे कि वहाँ भी सिर्फ ही एक ही सरकारी विज्ञापन छपा है। यह वही विज्ञापन है, जिसका जिक्र ऊपर किया गया है। विज्ञापन अखबार के 17वें पेज पर छापा गया है। 'प्रभात खबर' ने इस मौके पर आधे पेज का एक आलेख छापा है जिसका शीर्षक है–'आदिवासी महिला नेतृत्व के उत्प्रेरक बिरसा मुंडा'।[1]

अखबारों और सरकार ने नेहरू और बिरसा मुंडा का जन्मदिन किस तरह से मनाया या नहीं मनाया, इसकी तुलना पहली नजर में असंगत लग सकती है। लेकिन छवि निर्माण के वैश्विक अनुभवों और मीडिया के प्रोपोगंडा मॉडल को सामने रखकर सोचें तो इस तुलना से कई नतीजे निकाले जा सकते हैं। जवाहरलाल नेहरू की जयन्ती को भारतीय मीडिया ने जिस उत्साह से मनाया, वह देखने लायक था। समाचार-पत्रों में जवाहरलाल नेहरू की जयन्ती मनाने का दायित्व सरकारी संस्थाओं ने अपने कन्धों पर उठा लिया था। इस तरह से दरअसल हमारे जीवन में न सिर्फ नायकों की छवि स्थापित की जा रही है, बल्कि साथ में कुछ विचारों को भी स्थापित किया जा रहा है। मिसाल के तौर पर, भारत में जाति उन्मूलन की बातें बहुत होती हैं, लेकिन 14 नवम्बर को जारी कई विज्ञापनों में जवाहरलाल नेहरू के आगे पंडित या पंडितजी लगाया गया है।[2] दिल्ली सरकार के विज्ञापन में तो जवाहरलाल नेहरू को सिर्फ 'पंडितजी' लिखा गया है। जो ब्राह्मणवाद देश के ज्यादातर लोगों के लिए (जिनमें सवर्ण और अवर्ण सभी शामिल हैं) समस्या है और पाँव की बेड़ी बना हुआ है, उसे सरकारी विज्ञापनों में जिस तरह से स्थापित किया गया है, वह आपत्तिजनक

है। लेकिन जवाहरलाल नेहरू के साथ पंडित की छवि को इतने निर्दोष तरीके से लोगों के मन में बिठा दिया गया है कि किसी व्यक्ति को 'पंडितजी' कहकर संबोधित करता सरकारी विज्ञापन भी लोगों को सवाल खड़ा करने को प्रेरित नहीं करता।

जवाहरलाल नेहरू को ये विज्ञापन देश को दिशा दिखानेवाला और लोकतंत्र की नींव रखने वाले शख्स के तौर पर पेश करते हैं।[3] मौजूदा दौर में जब भारत की राष्ट्र निर्माण की प्रक्रिया पर कश्मीर जैसे सवाल खड़े हैं और मानव विकास के मानकों पर भारत दुनिया के सबसे नीचे वाले स्तर पर है, ऐसे में नेहरू के योगदान और कृतित्व पर नए सिरे से विचार किया जाना चाहिए। ऐसे वक्त में नेहरू की जिस तरह की निर्विवाद नेता की छवि मीडिया में स्थापित की जाती है, उसे 'मैन्युफैक्चरिंग कंसेंट'[4] यानी सहमति गढ़ने की उस अवधारणा से जोड़कर देखा जाना चाहिए जिसके बारे में पश्चिमी मीडिया चिन्तकों ने विस्तार से लिखा गया। नेहरू के साथ ही मोहनदास गांधी, इंदिरा गांधी और राजीव गांधी की छवि को भी मीडिया और सरकार लगातार पुष्ट करती है और इस तरह एक विशिष्ट विचारधारा को लोगों के जेहन में स्थापित किया जाता है।

इसके मुकाबले बिरसा मुंडा की छवि भारतीय शासकों को असहज बनाती है। महाजनी शोषण और विदेशी राज के खिलाफ समाज के सबसे वंचित तबकों की लड़ाई का नेतृत्व करनेवाले इस महानायक की छवि भारतीय शासकों के लिए किसी काम की नहीं है। बल्कि इस छवि का मजबूत होना उनके हित में नहीं है क्योंकि इससे प्रतिरोध की संस्कृति को ताकत मिलेगी। इसलिए बिरसा मुंडा की जयन्ती पर केन्द्र सरकार कोई विज्ञापन जारी नहीं करती और मीडिया भी आमतौर पर इस मौके की अनदेखी करता है। खनिजों के दोहन के लिए जिस दौर में आदिवासियों को बड़े पैमाने पर जंगल और जमीन से उखाड़ा जा रहा है, खासकर ऐसे दौर में बिरसा मुंडा के शोषण के खिलाफ की गई बगावत की याद ताजा कराने के लिए सरकार आगे आएगी, ऐसा अपेक्षा करना उचित नहीं है।

झारखंड के अखबारों में बिरसा मुंडा की अनदेखी एक और सवाल खड़ा करती है, जिस पर आगे कभी विस्तार से चर्चा की जाएगी। यह सवाल झारखंड और छत्तीसगढ़ जैसे राज्यों की मीडिया में आदिवासियों की अनुपस्थिति से जुड़ा हुआ है। झारखंड या छत्तीसगढ़ में एक भी प्रमुख अखबार का सम्पादक आदिवासी नहीं है। यह एक और मुद्दा है कि क्या इन अखबारों में आदिवासी सम्पादक होते तो क्या बिरसा मुंडा को महत्त्व देने या आदिवासियों के विस्थापन और ग्रीन हंट जैसे सवालों पर वे मौजूदा सम्पादकों से अलग नजरिया रख पाते। इसके बावजूद यह बात किसी को असहज और असामान्य लगनी चाहिए कि झारखंड और छत्तीसगढ़ जैसे राज्यों में आदिवासियों और अन्य मूल निवासियों की बहुसंख्य आबादी होने के बावजूद

मीडिया में उनका प्रतिनिधित्व नहीं है या नाममात्र का है। जिस तरह से दिल्ली[5] और पटना[6] के मीडिया की सामाजिक संरचना के अध्ययनों से पता चला कि इन केन्द्रों के मीडिया के उच्च पदों पर असामान्य होने की हद तक सवर्ण पुरुषों का वर्चस्व है। ऐसा ही वर्चस्व रांची, जमशेदपुर, धनबाद, रायपुर और बिलासपुर के मीडिया में भी होने के संकेत हैं।

हेम पांडे की पत्नी बबीता की शिकायत के अंश देखिए, जिसे कुछेक अखबारों ने ही जगह दी[7] :

> "आन्ध्र प्रदेश पुलिस मेरे पति हेमचन्द्र पांडे के बारे में दुष्प्रचार कर फर्जी मुठभेड़ में की गई उनकी हत्या पर पर्दा डालने का काम कर रही है। इस मामले में न्यायिक जाँच किए जाने के बजाय लगातार मुझे परेशान करने की कोशिश की जा रही है। पुलिस ने शास्त्री नगर स्थित हमारे किराये के घर में बिना मुझे बताए छापा मारा है और वहाँ से कई तरह की आपत्तिजनक चीजों की बरामदगी दिखाई है। आन्ध्र प्रदेश पुलिस का यह दावा बिल्कुल झूठा है कि मैंने उन्हें अपने घर का पता नहीं बताया। पुलिस के पास मेरे घर का पता भी था और मेरा फोन नम्बर भी लेकिन उन्होंने छापा मारने से पहले मुझे सूचित करना जरूरी नहीं समझा। मैं अपने पति हेमचन्द्र पांडे के साथ A-96, शास्त्री नगर में रहती थी। हेम एक प्रगतिशील पत्रकार थे। साहित्य और राजनीति में उनकी गहरी दिलचस्पी थी। उनके पास मेक्सिम गोर्की के उपन्यासों और उत्तराखंड के जनकवि गिर्दा जैसे रचनाकारों की ढेर सारी रचनाएँ थीं। इसके अलावा मार्क्सवादी राजनीति की कई किताबें भी हमारे घर में थीं। मैं पूछना चाहती हूँ कि क्या मार्क्सवाद का अध्ययन करना कोई अपराध है? पुलिस जिन आपत्तिजनक दस्तावेजों की बात कर रही है उनके हमारे घर में होने की कोई जानकारी मुझे नहीं है। मेरे पति का एक डेस्कटॉप कम्प्यूटर था लेकिन उनके पास कोई लैपटॉप नहीं था। उनके पास फैक्स मशीन जैसी भी कोई चीज नहीं थी। वहाँ गोपनीय दस्तावेज होने की बात पूरी तरह मनगढ़ंत है। मुझे लगता है कि पुलिस मेरे पति की हत्या की न्यायिक जाँच की माँग को भटकाने के लिए इस तरह के काम कर रही है। मैं पूछना चाहती हूँ कि सरकार क्यों नहीं न्यायिक जाँच के लिए तैयार हो रही है?"

हेमचन्द्र पांडे दिल्ली और उत्तराखंड के अखबारों और पत्रिकाओं में नियमित लिखते थे। उनके लेख 'दैनिक जागरण', 'राष्ट्रीय सहारा' और 'नई दुनिया' समेत कई जगहों पर छपे हैं। उनका ज्यादातर उपलब्ध लेखन कृषि अर्थव्यवस्था के संकट के सम्बन्ध में है। पीयूडीआर[8] समेत कई मानवाधिकार संगठनों और बुद्धिजीवियों ने

हेम पांडे की हत्या की न्यायिक जाँच की माँग की है। हालाँकि ज्यादातर अखबारों ने इस हत्या की रिपोर्टिंग करते हुए पुलिस के पक्ष को अन्तिम सत्य की तरह बरता है, जबकि भारत में ऐसे कई मामलों में पुलिस के पक्ष को हाईकोर्ट और सुप्रीमकोर्ट गलत साबित कर चुकी है। हाल ही में एक विशेष अदालत ने केरल के लगभग 40 साल पुराने चर्चित वर्गीज मुठभेड़ कांड आईजी स्तर के अधिकारी को 302 धारा के तहत हत्या का दोषी ठहराया।[9] इसलिए अगर हेम पांडे राजनीतिक कार्यकर्ता थे तो भी उनकी मौत के मामले में आँख मूँदकर पुलिस की बात पर भरोसा नहीं किया जा सकता। हेमचन्द्र पांडे की राजनीतिक विचारधारा से आप सहमत या असहमत हो सकते हैं, लेकिन इस मामले में सत्य को सामने लाने के लिए न्यायिक जाँच अवश्य होनी चाहिए।

सन्दर्भ

1. प्रभात खबर, रांची संस्करण, पेज-11
2. मिसाल के तौर पर वाणिज्य और उद्योग मंत्रालय, नेहरू युवा केन्द्र संगठन, नेशनल बुक ट्रस्ट और स्वास्थ्य मंत्रालय के विज्ञापन।
3. 14 नवम्बर के टाइम्स ऑफ इंडिया, दिल्ली संस्करण में राजस्थान सरकार का विज्ञापन, पेज- 12
4. एडवर्ड एस. हरमन और नोम चोम्सकी।
5. अनिल चमड़िया, जितेंद्र कुमार और योगेंद्र यादव का सर्वे।
6. प्रमोद रंजन का सर्वे—मीडिया में हिस्सेदारी।
7. 14 नवम्बर, 2010 को दिल्ली में प्रेस क्लब में बाँटी गई विज्ञप्ति से।
8. http://www.countercurrents.org/pudr151110.htm
9. http://www.deccanchronicle.com/national/ex-igp-sentenced-life-naxal-varghese-murder-case-302

बिहार का मीडिया : फारबिसगंज सिंड्रोम

अगर आप बिहार से बाहर रहते हैं और ऐसी खबरों को लेकर सचेत नहीं हैं, तो इस बात की पूरी आशंका है कि अररिया के फारबिसगंज में 2011 में हुए पुलिसिया हत्याकांड के बारे में नहीं जानते। अगर आप पटना में हैं तो भी यह शायद आपके लिए बड़ी खबर नहीं होगी। राज्य को हिला दे, ऐसी बड़ी खबर तो आप इसे नहीं ही मानते होंगे। मीडिया ने बताया ही नहीं कि यह बड़ी खबर है इसलिए आपको नहीं पता कि फारबिसगंज हत्यकांड बड़ी खबर है। मीडिया की एजेंडा तय करने की ताकत की वजह से ऐसा होता है। ऐसा नहीं है कि मीडिया विचार करने की आपकी शक्ति को छीन लेता है। लेकिन आप किन चीजों के बारे में विचार करेंगे, यह अक्सर मीडिया ही तय करता है। फारबिसगंज अगर आपके लिए मुद्दा नहीं है तो इसकी वजह यही है कि मीडिया ने फॉरबिसगंज को मुद्दा नहीं बनने दिया। देखिए, यह कैसे हुआ :

दैनिक हिन्दुस्तान, पटना संस्करण, पहला पेज, 5-11 जून, 2011
फारबिसगंज, अररिया हत्याकांड के सन्दर्भ में

तारीख	*सबसे प्रमुख खबर*	*दूसरी प्रमुख खबर*	*तीसरी प्रमुख खबर*	*फारबिसगंज कांड*
5 जून	बाबा को मैदान छोड़ने का फरमान	हेडली का आका इलियास ढेर	बचना है तो पेड़ लगाएँ	कोई खबर नहीं
6 जून	आरपार को तैयार बाबा और सरकार	इंटर में भी छाए गाँव के छात्र	धरहरा सन्देश बढ़ाने फिर पहुँचे नीतीश	कोई खबर नहीं
7 जून	और कोई रास्ता नहीं था (पीएम/रामदेव)	डॉक्टर हत्याकांड की सीबीआई जाँच	समन्दर से निकला शुगर का रामबाण इलाज	कोई खबर नहीं
8 जून	निवेश का खुला खजाना	छह घंटे में पटना पहुँचने के लक्ष्य में जुड़ा एक और अध्याय	बापू के दर पर होगा अन्ना का अनशन	कोई खबर नहीं

→

9 जून	दूसरी लड़ाई का अल्टिमेटम (अन्ना)	अब पूरा देश देखेगा बिहार की सफलता की कहानी	आँधी-पानी से भारी तबाही, 24 की मौत	कोई खबर नहीं
10 जून	पास न होगा बीज बिल : नीतीश	मकबूल फिदा ने कहा दुनिया को अलविदा	एक जुलाई से मिलेगा टीईटी का फॉर्म	कोई खबर नहीं
11 जून	ग्लूकोज से सुधरी सेहत (रामदेव)	सीबीएसई दसवीं में पटना रीजन के छात्रों का कमाल	ग्रामीण सड़कों के लिए बनेगा निगम : नीतीश	कोई खबर नहीं

दैनिक जागरण, पटना संस्करण, पहला पेज, 5-11 जून, 2011

तारीख	*सबसे प्रमुख खबर*	*दूसरी प्रमुख खबर*	*तीसरी प्रमुख खबर*	*फारबिसगंज कांड*
5 जून	बाबा रामदेव का अनशन शुरू	मारा गया इलियास कश्मीरी	चाहिए शीतल छाँव, चलिए गाँव गिरांव	कोई खबर नहीं
6 जून	नए आन्दोलनों की तैयारी (अन्ना)	इंटर में भी ग्रामीण प्रतिभाओं का परचम	पेड़ लगाएँ बेटी बचाएँ	आरोपी होमगार्ड पर चलेगा हत्या का मुकदमा (1 कॉलम)
7 जून	केन्द्र व दिल्ली सरकार को नोटिस	डॉक्टर हत्याकांड की होगी सीबीआई जाँच : सीएम	डॉन का उठ गया आईएसआई से भरोसा	कोई खबर नहीं
8 जून	अन्ना का अनशन अब राजघाट पर	निवेश का द्वार खोलेगी नई औद्योगिक नीति	ताजपुर से दरभंगा तक बनेगी चार लेन सड़क	कोई खबर नहीं
9 जून	अन्ना ने किया लम्बी लड़ाई का एलान	बयान से पलटे बाबा रामदेव	राज्यों ने रोया धन न होने का रोना	कोई खबर नहीं
10 जून	अन्ना पर भी केन्द्र रहेगा आक्रामक	सूबे में महँगी हुई शराब और बीयर	नहीं रहे एम एफ हुसैन	कोई खबर नहीं
11 जून	गुणवत्ता से समझौता नहीं (नीतीश)	सीबीएसई 10वीं में 99.5% सफल	रामदेव की हालत बिगड़ी	फारबिसगंज में मारे गए बच्चे के परिजन को तीन लाख (2 कॉलम)

क्या जिस दौरान बिहार में फारबिसगंज फायरिंग हुई थी, उस दौरान बिहार में ऐसा कुछ इतना बड़ा चल रहा था कि फारबिसगंज को पहले पन्ने पर रखना सम्भव नहीं था? यह जानने के लिए यह देखना होगा कि उस दौरान ये बड़े अखबार तीसरी खबर के रूप में क्या चला रहे थे। आलोच्य सप्ताह में 'दैनिक हिन्दुस्तान' पटना ने पहले पन्ने पर तीसरी खबर के रूप में ये खबरें चलाईं।

बचना है तो पेड़ लगाएँ
धरहरा सन्देश बढ़ाने फिर पहुँचे नीतीश
समन्दर से निकला शुगर का रामबाण इलाज
आँधी-पानी से भारी तबाही, 24 की मौत
एक जुलाई से मिलेगा टीटीई का फॉर्म
ग्रामीण सड़कों के लिए बनेगा निगम : नीतीश

वहीं 'दैनिक जागरण' की तीसरी बड़ी खबर की लिस्ट भी बेहद रोचक है :

चाहिए शीतल छाँव, चलिए गाँव गिरांव
पेड़ लगाएँ बेटी बचाएँ
डॉन का उठ गया आईएसआई से भरोसा
ताजपुर से दरभंगा तक बनेगी चार लेन सड़क
राज्यों ने रोया धन न होने का रोना

स्पष्ट है कि मामला पहले पन्ने पर स्थान होने या न होने का या इस दौरान किसी बड़ी खबर के छाए रहने का नहीं है। इसी हफ्ते में अखबारों ने बेहद औसत और हल्की खबरें पहले पन्ने पर छापीं। अगर अखबार फारबिसगंज फायरिंग को नहीं छाप रहे थे तो इसका सीधा सा मतलब है कि यह उनका सचेत फैसला था। जैसे अगर 'हिन्दुस्तान अखबार' ने 'जागरण' के पहले पन्ने पर छपी दोनों खबरों को नहीं लिया, तो इसका यही मतलब है कि जहाँ 'जागरण' खबरों को अंडरप्ले कर रहा था, वहीं 'हिन्दुस्तान' फारबिसगंज की खबरों को ब्लैक आउट कर रहा था।

बिहार के तीसरे प्रमुख अखबार 'प्रभात खबर' का कवरेज भी देखें तो उसमें फारबिसगंज अमूमन गायब है। इस अखबार में पहले पेज की खबरों में 'पौधे लगाएँ, सूबे को हरा बनाएँ : नीतीश' और 'बालों से बना पेस्टिसाइड' जैसी खबरों के लिए तो जगह है लेकिन पुलिस फायरिंग पर वहाँ 6 जून से 12 जून के बीच पहले पन्ने पर कोई खबर नहीं है। अगर बिहार के तीनों प्रमुख अखबार किसी खबर को प्राथमिकता न देने पर तुल गए हों, तो ऐसी खबर का मुद्दा बन पाना आसान नहीं है।

प्रभात खबर, पटना संस्करण, पहला पेज, 5-11 जून, 2011
अररिया हत्याकांड के सन्दर्भ में :

तारीख	*पहली खबर*	*दूसरी खबर*	*तीसरी खबर*	*फारबिसगंज फायरिंग*
5 जून	रामदेव : जंग तेज	सुनो कुछ कहते हैं पेड़	भ्रष्टाचार पर उबल रहा देश	बच्चे ने भी दम तोड़ा (2 कॉलम
6 जून	हरिद्वार में अनशन	साइंस में सांभवी और कॉमर्स में शशि टॉपर	लेने के देने पड़ सकते हैं सरकार को (रामदेव)	कोई खबर नहीं
7 जून	आधी रात में कार्रवाई क्यों (रामदेव)	निजी स्कूलों के शिक्षकों के लिए भी पात्रता परीक्षा	भ्रष्टाचार के मुद्दे को पीछे धकेला	होगी न्यायिक जाँच (संक्षेप)
8 जून	मंत्री दें सम्पत्ति का ब्यौरा	औद्योगिक नीति : बनेगा लैंड बैंक	यूपीएससी : अंग्रेजी बमबम	कोई खबर नहीं
9 जून	अब आजादी की दूसरी लड़ाई (अन्ना)	राज्यपाल ने लौटाया विवि आयोग बिल	अब हेयर पेस्टिसाइड	कोई खबर नहीं
10 जून	टीम मनमोहन से अमीर बाबा के ट्रस्ट	एम एफ हुसैन नहीं रहे	बीज विधेयक सभी दलों के सांसद करें विरोध–नीतीश	कोई खबर नहीं
11 जून	एक साथ 312 पुल चालू	सीबीएसई 10वीं में सभी पास	लावारिस शवों के वारिस	कोई खबर नहीं

बिहार में मीडिया मैनेजमेंट और मोनोपली

बिहार में 'हिन्दुस्तान टाइम्स ग्रुप' और 'दैनिक जागरण' की प्रिंट मीडिया में मोनोपली है। इंडियन रीडरशिप सर्वे 2010 की चौथी तिमाही (IRS Q4) के आँकड़े इस बात को पुष्ट करते हैं। एवरेज इश्यू रीडरशिप यानी हर दिन के अखबार की औसत पाठक संख्या के बारे में नीचे दिए आँकड़ों को देखें। आँकड़े लाख में हैं :

अखबार	*पाठक संख्या*
दैनिक हिन्दुस्तान	46.25
दैनिक जागरण	24.82
प्रभात खबर	2.73
आज	2.59
टाइम्स ऑफ इंडिया	1.54

→

राष्ट्रीय सहारा	1.07
हिन्दुस्तान टाइम्स	1.04
आईनेक्स्ट	0.62
द हिन्दू	0.19
इकॉनोमिक टाइम्स	0.16

- ये आँकड़े आपको बताते हैं कि बिहार में सबसे ज्यादा बिकने वाले दस अखबारों की कुल एवरेज इश्यू रीडरशिप (एआईआर) 81.01 लाख है।
- इसमें से 46.25 लाख यानी 57% पाठक सिर्फ एक अखबार 'दैनिक हिन्दुस्तान' के पास हैं।
- 'हिन्दुस्तान टाइम्स' की पाठक संख्या को 'दैनिक हिन्दुस्तान' के साथ जोड़ लें तो एचटी मीडिया समूह के पास बिहार के टॉप 10 अखबारों की 58. 37% पाठक संख्या है।
- अब अगर एचटी मीडिया और दैनिक जागरण समूह के अखबारों ('दैनिक हिन्दुस्तान', 'दैनिक जागरण', 'हिन्दुस्तान टाइम्स' और 'आईनेक्स्ट') की पाठक संख्या को जोड़ दें तो यह संख्या 72.73 लाख हो जाती है।
- ये दो मीडिया समूह बिहार के टॉप 10 अखबारों के पाठकों का 89.67% कंट्रोल करते हैं।
- यानी इन दो अखबारों को मैनेज करके कोई बिहार के टॉप 10 प्रिंट मीडिया के लगभग 90% को मैनेज कर सकता है।
- इन दोनों की पाठक संख्या में अगर 'प्रभात खबर' की पाठक संख्या को जोड़ दें तो बिहार का लगभग पूरा मीडिया कवर हो जाता है।

मीडिया के नीतीश प्रेम का अर्थशास्त्र और समाजशास्त्र

नीतीश कुमार के मीडिया प्रबन्धन में बढ़ते विज्ञापन खर्च का योगदान है। सूचना के अधिकार से मिली जानकारी से यह पता चला है कि नीतीश सरकार ने साल-दर-साल अखबारों को दिए जानेवाले विज्ञापन के खर्च में बढ़ोतरी की है। बिहार में निजी उद्यम की हालत ठीक नहीं होने के कारण कुल विज्ञापनों में सरकारी विज्ञापनों का हिस्सा काफी बड़ा होता है।

आरटीआई कार्यकर्ता अफरोज आलम साहिल के आवेदन से नीतीश कुमार के मीडिया प्रबन्धन के अर्थशास्त्र के बारे में काफी महत्त्वपूर्ण जानकारियाँ मिलीं। साहिल नई दिल्ली के जामिया मिल्लिया इस्लामिया में मास कम्युनिकेशन के विद्यार्थी हैं। उन्होंने अपना आवेदन बिहार के सूचना और जनसम्पर्क विभाग को भेजा था।

बिहार सरकार का विज्ञापनों पर खर्च

वर्ष	*खर्च करोड़ रु में*	*बढ़ोतरी (करोड़ रु)*
2005-2006	4.49	—
2006-2007	5.4	0.90
2007-2008	9.65	4.25
2008-2009	25.25	15.59

2009-10 फरवरी तक के आँकड़े इस आरटीआई रिप्लाई में दिए गए हैं। 28 फरवरी, 2010 तक बिहार सरकार विज्ञापन पर 19.66 करोड़ रुपए खर्च कर चुकी थी।

बिहार में नीतीश सरकार के चार साल पूरा होने पर 24 नवम्बर, 2009 को एक ही दिन 1.15 करोड़ रुपए के विज्ञापन 24 अखबारों को दिए गए। इन विज्ञापनों के शीर्षक थे–'बदलता बिहार और नीतीश सरकार के चार साल।' इन विज्ञापनों का बड़ा हिस्सा लगभग 72.5 लाख रुपए 'दैनिक हिन्दुस्तान', 'दैनिक जागरण', 'प्रभात खबर' और 'आज' को दिए गए। सबसे ज्यादा 37 लाख रुपए के विज्ञापन दैनिक हिन्दुस्तान को मिले। इस विज्ञापन के फौरन बाद 31 दिसम्बर, 2009 को दैनिक हिन्दुस्तान ने एक एसएमएस पोल के नतीजे छापे, जिसके मुताबिक राष्ट्रीय हीरो के तौर पर नीतीश कुमार देश में सबसे आगे रहे। उन्हें 40.64 फीसदी लोगों ने पसन्द किया।

लेकिन नीतीश कुमार के प्रति बिहार के मीडिया के प्यार को सिर्फ आर्थिक तरीके से नहीं समझा जा सकता। नीतीश कुमार को बिहार में जाति का भी समर्थन हासिल है और यह जाति उनकी अपनी जाति नहीं है। बिहार के मीडिया का जातिवादी स्वरूप अब जगजाहिर है। 2009 में प्रमोद रंजन, फिरोज मंसूरी, अशोक यादव, अरविन्द, प्रणय, सन्तोष यादव व गजेंद्र प्रसाद के सम्पादन में आई पुस्तिका 'मीडिया में हिस्सेदारी' में यह बात आँकड़ों के साथ सामने आई थी कि बिहार के किसी भी अखबार में शीर्ष पाँच पदों पर कोई दलित या पिछड़ा नहीं है। इन पदों पर ब्राह्मण, राजपूत, भूमिहार और कायस्थ ही हैं। अन्य यानी बीच के और नीचे के पदों में करीब 75 फीसदी स्थानों पर भी सवर्ण हिन्दुओं का आधिपत्य है, जिसमें महिलाएँ भी शामिल हैं। पुस्तक के अनुसार, बिहार में कार्यरत पत्रकारों में 31 फीसदी ब्राह्मण, 11 फीसदी भूमिहार, 17 फीसदी राजपूत और 16 फीसदी कायस्थ शामिल हैं। पिछड़ी और दलित पत्रकारों की संख्या मात्र 11 फीसदी है। इस धन्धे में करीब 16 फीसदी मुसलमान भी कार्यरत हैं, जिसमें अशराफ मुसलमानों की संख्या 12 फीसदी

है। पसमाँदा मुसलमान सिर्फ 4 फीसदी हैं।

2011 में यह बात कही जा सकती है कि बिहार के मीडिया का यह जातिवादी स्वरूप भी नीतीश कुमार के पक्ष में काम करता है। बिहार में 2005 के विधानसभा चुनाव में नीतीश कुमार पहली बार जीतकर मुख्यमंत्री बने और 2010 में उनकी सत्ता में वापसी हुई। नीतीश कुमार ने अपना जो राजनीतिक समीकरण बनाया है, उसकी बुनियाद सवर्णों का समर्थन है। इस सामाजिक आधार पर खड़े नीतीश कुमार पर बिहार का सवर्ण मीडिया क्यों न अपना प्यार लुटाए?

काउंटरमीडिया का इंटरनेट मॉडल : सम्भावनाएँ और चुनौतियाँ

बिहार के फारबिसगंज में पुलिस फायरिंग और मारपीट में बच्चे और औरत समेत चार लोगों की मौत का सभी धर्मों के न्यायप्रिय लोगों ने विरोध किया और अखबार नहीं, बल्कि इंटरनेट की वजह से घटना की खबर और विरोध की आवाज दूर-दूर तक पहुँची।

इस घटना का एक वीडियो गूगल की साइट यू-ट्यूब पर था, जिसे बाद में हटा दिया गया। इस वीडियो में पुलिसवाला एक अधमरे आदमी के सिर पर चढ़कर कूद रहा दिखता है। यह वीडियो कैसे हटा और क्यों हटाया गया, यह जान पाना मुश्किल है। लेकिन गूगल ने हाल ही में बताया है कि भारत की सरकारी एजेंसियाँ ऐसी असहज करनेवाली सामग्रियों को हटाने के लिए गूगल से कहती रहती हैं।

हालाँकि इंटरनेट एक अजीब किस्म का माध्यम है। यहाँ जो चीज आ गई, वह आसानी से हटती नहीं है। यू-ट्यूब वीडियो का वह लिंक तो हट गया, लेकिन किसी और लिंक की शक्ल में वह चीज सूचना महामार्ग में मौजूद है।

न्यू मीडिया के कई समर्थक इंटरनेट को टीवी चैनलों और अखबारों के विकल्प के रूप में देख रहे हैं। इंटरनेट निश्चित रूप से अखबार या चैनल की तुलना में लोकतांत्रिक माध्यम है। जहाँ टीवी चैनल या अखबार को कॉरपोरेट तरीके से चलाने के लिए करोड़ों रुपए की पूँजी की आवश्यकता होती है, वहीं कोई चाहे और उसके लिए कहने को कोई बात या देने को कोई खबर हो तो वह 10 या 20 रुपए खर्च करके इंटरनेट के जरिये अपनी बात कह सकता है। और बात में दम है, तो वह बात लाखों लोगों तक पहुँच सकती है।

अगर उसके पास अपना इंटरनेट कनेक्शन और कम्प्यूटर नहीं है तो वह साइबर कैफे में बैठकर यह काम कर सकता है। इंटरनेट के लिए नियम बेहद सख्त बनाए गए हैं। जो माध्यम इतना लोकतांत्रिक हो, उसे लेकर सत्ता और सरकार का सतर्क रहना स्वाभाविक ही है। लेकिन अब तक के अनुभव और बर्मा से लेकर मिस्र और ट्यूनीशिया तक के अनुभव बताते हैं कि इंटरनेट पर पहरा लगाना अपेक्षाकृत मुश्किल है।

एक और महत्त्वपूर्ण बात यह कि भारत के पैमाने पर राडिया टेप कांड और वैश्विक स्तर पर विकीलीक्स के खुलासे को देखें तो आप पाएँगे कि वैकल्पिक माने जानेवाले माध्यमों ने जो सामग्री दी, उसका बाद में मुख्यधारा के मीडिया ने फॉलोअप किया। यानी वैकल्पिक मीडिया आगे-आगे चला और अखबार तथा चैनल पीछे-पीछे चलने को मजबूर हुए। 'आउटलुक' पत्रिका ने भी जिन टेपों का खुलासा किया, उन्हें इंटरनेट पर डाल दिया। लिखे हुए शब्द के मुकाबले यह माध्यम ज्यादा असर पैदा करने में सक्षम साबित हुआ।

इंटरनेट और साइबर दुनिया में विचारों और सूचनाओं के मुक्त प्रवाह की गुंजाइश बाकी जनसंचार माध्यमों से ज्यादा है। इसलिए कई लोग इस माध्यम को लेकर बेहद उत्साहित हैं और इसे साक्षात मुक्ति का मार्ग तक करार देते हैं। मिस्र में लोकतंत्र समर्थक आन्दोलन में सोशल नेटवर्किंग साइट की भूमिका ने भी ऐसे तर्कों को मजबूत किया है।

यह सच है कि इंटरनेट अपेक्षाकृत स्वतंत्र संचार माध्यम है और सरकारों के लिए इसे नियंत्रित करना अपेक्षाकृत मुश्किल है। साथ ही, यह सस्ता और सुगम माध्यम भी है और इसमें यूजर निष्क्रिय नहीं रहता, बल्कि कंटेंट का सृजन करने की स्थिति में भी होता है। इंटरनेट की इन्हीं खूबियों की वजह से सरकारें अक्सर इंटरनेट को नियंत्रित करना चाहती हैं। जो सरकारें अखबारों, पत्रिकाओं, टीवी चैनलों के नियमन के लिए गम्भीर नहीं होतीं, वे भी इंटरनेट की पहरेदारी को लेकर बेहद तत्पर होती हैं।

भारत सरकार दुनिया की उन सरकारों में है, जो इंटरनेट में सूचनाओं के प्रवाह को नियंत्रित करने की कोशिशों में आगे हैं। इसका सबसे बड़ा प्रमाण इंटरनेट पोर्टल गूगल की छमाही जारी होनेवाली ग्लोबल ट्रांसपेरेंसी रिपोर्ट (http://www.google.com/transparencyreport/governmentrequests/IN/) है।

जुलाई-दिसम्बर 2010 की समयावधि के लिए जारी अपनी रिपोर्ट में गूगल ने इस बात की जानकारी दी है कि विभिन्न देशों की सरकारों ने कितनी वेबसाइट और ब्लॉग आदि को ब्लॉक करने या सामग्री हटाने का अनुरोध उससे किया और कितने यूजर के बारे जानकारियाँ माँगी गईं।

इस रिपोर्ट से पता चला है कि भारत दुनिया के उन देशों में है जो इंटरनेट पर पहरेदारी करने की कोशिशों में सबसे आगे हैं।

यह रिपोर्ट बताती है कि भारतीय सत्ता और सुरक्षा एजेंसियों में इंटरनेट की सामग्रियों को लेकर असहिष्णुता बढ़ रही है और सेंसरशिप सख्त हो रही है।

गूगल ट्रांसपेरेंसी रिपोर्ट

ब्यौरा	*जनवरी-जून 2010*	*जुलाई-दिसम्बर 2010*
रिक्वेस्ट की संख्या	30	67
कितने आइटम हटाने का अनुरोध	125	282
कितने रिक्वेस्ट माने गए	53%	22%
यूजर डाटा रिक्वेस्ट	1430	1699 (79% माने गए)

गूगल को विभिन्न देशों की सरकारों से ऐसे अनुरोध आते रहते हैं। भारत के साथ खास बात यह है कि ये अनुरोध ज्यादातर मामलों में तय प्रक्रिया के तहत नहीं किए गए। इस वजह से जहाँ कई देशों के लगभग सभी अनुरोध गूगल ने मान लिए, वहीं भारतीय सरकारी संस्थाओं की तरफ से किए गए सिर्फ 22 फीसदी अनुरोध पर ही अमल किया गया। सवाल उठता है कि भारत की सरकारी एजेंसियों को गूगल और उसकी साइट जैसे गूगल सर्च, ब्लॉगर, गूगल इमेज, यू-ट्यूब पर सामग्रियों से किस तरह की शिकायतें हैं?

गूगल पर सामग्री से कैसी शिकायतें

वजह	*कोर्ट का आदेश*	*अफसर/पुलिस आदि*	*कितने आइटम*
मानहानि	2	26	133
प्राइवेसी और सुरक्षा	1	2	54
किसी की पहचान की नकल	-	1	2
सरकार की निन्दा	-	4	11
राष्ट्रीय सुरक्षा	-	1	16
पोर्नोग्राफी	2	11	21
घृणा फैलाना	-	5	11
अन्य	1	11	34

इस आँकड़े से पता चलता है कि गूगल से किए गए कुल 67 रिक्वेस्ट में से सिर्फ 6 यानी लगभग 10% ही अदालती आदेश के तहत थे। बाकी आदेश सुरक्षा एजेंसियों की ओर से गए। ऐसे में गूगल के लिए इन आदेशों में से ज्यादातर को ठुकरा देने का फैसला करना मुश्किल नहीं था। गूगल ट्रांसपेरेंसी रिपोर्ट में भारत के बारे में एक महत्त्वपूर्ण टिप्पणी है–"हमें विभिन्न एजेंसियों से ऐसे रिक्वेस्ट मिले, जिनमें कहा गया था कि मुख्यमंत्रियों और वरिष्ठ अधिकारियों की आलोचना करनेवाले ब्लॉग और यू-ट्यूब वीडियो हटाए जाएँ। हमने उन्हें नहीं माना।"

हालाँकि भारत अगर गूगल के लिए ज्यादा रेवेन्यू पैदा करनेवाले देशों में होता और

उस रेवेन्यू के आने या उसे रोक पाने में सरकार की कोई भूमिका होती, तो गूगल शायद इतनी बहादुरी की भाषा नहीं बोलता। इसका मतलब यह भी है कि अभी गूगल भारत की सरकारी एजेंसियों के 22% रिक्वेस्ट को मानता है तो आगे चलकर यह अनुपात बदल भी सकता है। सरकारी एजेंसियाँ इस बात से सबक लेकर अदालती आदेश के साथ गूगल के पास जा सकती हैं। कुल मिलाकर, गूगल से सामग्रियाँ भारत सरकार के कहने पर हटाई जाती हैं और यह मात्रा बढ़ सकती है। फेसबुक और दूसरी साइट तथा एग्रिगेटर से ऐसे आँकड़े न मिलने की वजह से इस मामले में पूरी तस्वीर शायद कभी सामने न आए, लेकिन गूगल की ट्रांसपेरेंसी रिपोर्ट एक प्रवृत्ति की ओर इशारा करती है और यह भारत में इंटरनेट की सीमाओं का भी एहसास कराती है।

भारत सरकार इंटरनेट पर पहरेदारी के लिए तमाम कानूनी हथियारों से खुद को लैस कर चुकी है और उन हथियारों का इस्तेमाल भी होने लगा है। सरकारी एजेंसियाँ नए कानूनी प्रावधानों के तहत अनियंत्रित तरीके से इलेक्ट्रॉनिक निगरानी और सेंसरशिप कर सकती है और किसी भी सामग्री को ब्लॉक कर सकती है। आईटी एक्ट, 2000 में 2008 के संशोधन के बाद अब किसी सामग्री को देनेवाला ही नहीं, बल्कि लोगों तक उसे पहुँचाने के रास्ते में आनेवाले सभी इंटरमिडिएटरीज दोषी ठहराए जा सकते हैं। उनमें टेलीकॉम नेटवर्क, वेब होस्टिंग करनेवाले, इंटरनेट सर्विस प्रोवाइडर, साइबर कैफे, केबल ऑपरेटर, सर्च इंजन, सोशल नेटवर्किंग साइट, ऑनलाइन पेमेंट साइट, ई-बिजनेस साइट और यहाँ तक कि ब्लॉगर भी शामिल है। ये न सिर्फ अपनी दी हुई सामग्री के लिए जिम्मेदार हैं, बल्कि उनके प्लेटफॉर्म पर शेयर की गई चीजों और टिप्पणियों के लिए भी जिम्मेदार हैं। इंटरनेट कैफे और इंटरनेट सर्विस प्रोवाइडर के लिए अब यह शर्त भी है कि वे ज्यादा समय तक यूजर डाटा रखें। जाहिर है, इसका मकसद यूजर की निगरानी करना है।

कुल मिलाकर यह स्थिति है कि सरकार जब चाहे इंटरनेट पर किसी की भी अभिव्यक्ति का गला घोंट दे। यह काम सबसे ज्यादा कानून-व्यवस्था बनाए रखने और राष्ट्रीय सुरक्षा के नाम पर होता है, क्योंकि ऐसे मसले पर बहस या विवाद तक की गुंजाइश अक्सर नहीं होती।

2008 में मुम्बई पर आतंकवादी हमले के बाद ऐसे माहौल में सरकार ने कानून में फेरबदल किया, जब इस बारे में किसी और पक्ष को सुनने का माहौल ही नहीं था।

कुल मिलाकर इन कानूनी बदलाव और सरकार के कड़े रुख की वजह से भारत में इंटरनेट की आजादी सीमित हुई है और जब फ्रीडम हाउस इंडेक्स की 2011 की सालाना रिपोर्ट में भारत में इंटरनेट को आंशिक रूप से स्वतंत्र बताया, तो किसी को आश्चर्य नहीं हुआ। 2010 में भी भारत का दर्जा यही था। इसलिए इंटरनेट को विचार और अभिव्यक्ति का गणराज्य मानने की जल्दबाजी नहीं की जानी चाहिए।

जनगणना : मीडिया ने फिर दिखाई जाति

जाति को लेकर भारतीय मीडिया कभी उलझन में नहीं रहता। देश, दुनिया और समाज के किसी और विषय पर विभिन्न मीडिया संस्थानों में अलग-अलग राय हो सकती है, लेकिन जाति के सवाल पर ऐसी स्थिति कभी नहीं आती। जाति के प्रश्न पर न सिर्फ़ अलग-अलग संस्थान, बल्कि एक संस्थान में काम करनेवाले रिपोर्टर, एंकर, उपसम्पादक, समाचार सम्पादक, प्रोड्यूसर, सम्पादक, न्यूज डायरेक्टर—सभी एक सुर में बात कर पाते हैं। मीडिया के मामले में देखें तो जाति में विराट कम्प्रेसिव स्ट्रेंथ है (सीमेंट के एक विज्ञापन से उधार लिए गए शब्द)। अगर कोई कहता है कि जाति विभाजनकारी है और समाज को बाँटती है, तो उसे भारतीय मीडिया को जाति प्रश्न से साक्षात्कार करते हुए जरूर देखना चाहिए। जाति सिर्फ तोड़ती नहीं, जोड़ती भी है। मीडिया को तो वह चुटकियों में एकजुट कर देती है।

जनगणना में जातिवार गिनती के सवाल पर भारतीय समाज से लेकर संसद में बहस हो रही है। लेकिन मीडिया में इस प्रश्न पर कोई बहस नहीं है। मीडिया में इस मुद्दे पर व्यापक आम राय है। वैसी ही आम राय, जिसका नमूना देश ने 1991 में देखा था, जब विश्वनाथ प्रताप सिंह ने मंडल कमीशन की रिपोर्ट लागू की थी। महिला आरक्षण में वंचित तबकों की महिलाओं को अलग से कोटा देने के विरोध में भी मीडिया में आम राय है। 2006 में जब अर्जुन सिंह ने सरकारी उच्च शिक्षा संस्थानों में ओबीसी के लिए आरक्षण लागू करने की घोषणा की, तो इसके विरोध में भी भारतीय मीडिया में आम राय थी। अम्बेडकर पार्क बनाए जाने का विरोध करने के लिए भी मीडिया स्वाभाविक रूप से एकजुट हो गया था। इस तरह की व्यापक आम सहमति बनाने के लिए किसी भी और संस्था में काफी परिश्रम करना पड़ता है। लेकिन भारतीय मीडिया में जाति के प्रश्न पर सम्पादकों को कोई बैठक नहीं करनी पड़ती। आपसी चर्चा के बिना ही पूरी मीडिया में आम सहमति बन जाती है और यह आम सहमति बिना किसी अपवाद के, हमेशा कमजोर समूहों के विरुद्ध होती है।

6 मई, 2010 का दिन संसद के लिए महत्त्वपूर्ण था। इस दिन लोकसभा में नियम 193 के तहत जाति और जनगणना के प्रश्न पर बहस हुई। 6 मई से पहले

3, 4 और 5 तारीख को भी लगातार संसद में जाति और जनगणना का सवाल उठता रहा। लेकिन इनकी मीडिया में रिपोर्टिंग नहीं हुई। विशेष उल्लेख (स्पेशल मेंशन) और दूसरे तरीकों से सांसद इस सवाल पर बहस की माँग कर रहे थे। आखिरकार सरकार को इस मुद्दे को लेकर बहस कराने को राजी होना पड़ा। इसके लिए कितना राजनीतिक दबाव बना होगा, इसकी कल्पना की जा सकती है। 6 मई को लोकसभा में बहस के दौरान सिर्फ शरद यादव, मुलायम सिंह यादव और लालूप्रसाद यादव ने भाषण नहीं दिया। इस मुद्दे पर देखते ही देखते सदन में लगभग आम राय बन गई। एक के बाद एक पार्टियों के सांसद बोलते गए और जाति आधारित जनगणना के पक्ष में देश की सबसे बड़ी पंचायत में आम राय बन गई। विरोध के स्वर इक्का-दुक्का ही रह गए। इस आम सहमति में कांग्रेस, बीजेपी, वामपंथी दल, बीएसपी, सपा, जेडीयू, आरजेडी, और ज्यादातर क्षेत्रीय दल जैसे शिवसेना, द्रमुक, अन्नाद्रमुक, जेडी एस, बीजू जनता दल शामिल थे।

मुद्दा बेहद विवादास्पद है और संसद में उस दिन घटनाक्रम बेहद महत्त्वपूर्ण रहा। अखबारों में इस घटना की कैसी रिपोर्टिंग हुई होगी? सामान्य स्थितियों में तो यह उस दिन की अगर सबसे बड़ी खबर नहीं थी, तो भी पाँच बड़ी खबरों में इसे गिना ही जा सकता है। इस खबर का असर कितना व्यापक रहा, इसे सबने आनेवाले दिनों में महसूस किया होगा। मई महीने में इस एक विषय पर जितने सम्पादकीय और सम्पादकीय लेख लिखे गए, उसका किसी और घटना से मुकाबला नहीं हो सकता। लेकिन जिस दिन लोकसभा में जाति आधारित जनगणना के पक्ष में आम सहमति बन गई, उसकी रिपोर्टिंग अगले दिन यानी 7 मई को जिस तरह हुई, उसे देखकर कोई भी चौंक जाएगा। यह सही है कि 6 मई को ही मुम्बई पर आतंकवादी हमले के दोषी कसाब को फाँसी की सजा सुनाई गई थी और इसे अखबारों ने आम राय से दिन की सबसे बड़ी खबर माना। लेकिन उस दिन ज्यादातर अखबारों में पहले पन्ने पर कई और खबरें छपीं। लेकिन दिल्ली से छपने वाले 18 अखबारों में जाति आधारित जनगणना की खबर सिर्फ एक अखबार 'दैनिक भास्कर' में पहले पन्ने पर छपी और वह भी सबसे नीचे, डेढ़ कॉलम में।

जाति आधारित जनगणना पर देश की सबसे बड़ी लोकतांत्रिक संस्था लोकसभा में बनी आम सहमति के मुकाबले जिन खबरों को पहले पन्ने पर जगह मिली उन्हें देखें तो एक रोचक तस्वीर उभरती है।

– इंडियन एक्सप्रेस के पहले पन्ने पर कसाब के अलावा यूपीएससी टॉपर, डीम्ड विश्वविद्यालयों के लिए यूजीसी की नई गाइड लाइंस, हेडली कांड का फॉलोअप और क्रिकेटर उमेश यादव के वेस्टइंडीज जाने की खबर है।
– 'दैनिक हिन्दुस्तान' के पहले पन्ने पर कसाब के अलावा यूपीएससी टॉपर,

उमेश यादव के वेस्टइंडीज जाने, एआईसीटीई घोटाले की खबर है।

- 'नवभारत टाइम्स' के पहले पन्ने पर कसाब के अलावा, अश्लील एसएमएस कांड, एमपी लैड पर सुप्रीमकोर्ट की मुहर, रिलायंस गैस विवाद और डीम्ड यूनिवर्सिटी पर सुप्रीमकोर्ट के फैसले की खबर है।
- 'दैनिक जागरण' ने सांसद निधि पर सुप्रीमकोर्ट के फैसले, दिल्ली विवि में समेस्टर सिस्टम और यूपीएससी टॉपर को पहले पेज पर जगह दी है।
- 'टाइम्स ऑफ इंडिया' के पहले पन्ने पर कसाब के अलावा ललित मोदी कांड, अंबानी गैस विवाद और यूपीएससी टॉपर की खबर है।
- 'नई दुनिया' के पहले पन्ने पर 12 शीर्षक हैं और उनमें जनगणना की खबर नहीं है। कुछ अखबारों ने झारखंड के राजनीतिक घटनाक्रम को पहले पन्ने पर जगह दी है तो कुछ ने नगालैंड में चल रही हिंसा को।

यह तो हुई पहले पन्ने पर खबर के होने की बात। इससे भी ज्यादा रोचक बात तो यह है कि कई अखबारों ने इस खबर को छापा ही नहीं है। 'हिन्दुस्तान टाइम्स', 'दैनिक हिन्दुस्तान', 'देशबंधु' (इस अखबार में जाति जनगणना के खिलाफ सम्पादकीय छपा है) जैसे अखबारों में यह खबर ही नहीं है। 'दैनिक जागरण' में यह खबर पेज 9 पर है। 'इंडियन एक्सप्रेस' ने इसे पेज-4, 'नई दुनिया' ने पेज-13, 'पायोनियर' ने पेज-5, 'मेल टुडे' ने पेज-4, 'ट्रिब्यून' ने पेज-2, 'राष्ट्रीय सहारा' ने पेज-13, 'पंजाब केसरी' ने पेज-11, 'नवभारत टाइम्स' ने पेज-8, 'टाइम्स ऑफ इंडिया' ने पेज-13, 'एशियन एज' ने पेज-4 और 'इकॉनोमिक टाइम्स' ने पेज-2 पर छापा है। 7 मई की रिपोर्टिंग में सन्तुलन है और ज्यादातर अखबारों ने बहस को सीधे-सीधे रिपोर्ट किया है। 'नई दुनिया' ने इस खबर को सत्ता पक्ष और विपक्ष के बीच टकराव के तौर पर दर्ज किया। हालाँकि इसी दिन दो अखबारों ('राष्ट्रीय सहारा' और 'देशबंधु') ने सम्पादकीय लिखकर जाति आधारित जनगणना का विरोध किया।

इस सन्दर्भ में 'द हिन्दू' का अलग से जिक्र करने की जरूरत है। यह न सिर्फ एक महत्त्वपूर्ण अखबार है बल्कि राजनीतिक सामाजिक खबरों की दृष्टि से इसे काफी विश्वसनीय माना जाता है। 7 मई को इस अखबार ने लोकसभा में जाति जनगणना पर हुई बहस को पूरी तरह से नजरअन्दाज कर दिया। इस बहस के बारे में 'द हिन्दू' ने एक भी शब्द नहीं लिखा है। अगर कोई व्यक्ति समाचारों के लिए सिर्फ 'द हिन्दू' पर निर्भर है तो उसे 7 मई को पता नहीं चल पाया होगा कि 6 मई को लोकसभा में इस मसले पर बहस हुई और राजनीतिक दलों के बीच आम सहमति बन गई। ऐसा माना जा सकता है कि 'द हिन्दू' की दृष्टि में यह कोई बड़ी खबर नहीं है कि जाति और जनगणना के सवाल पर लोकसभा में आम राय बन गई, लेकिन यही अखबार इसी दिन अपना पहला सम्पादकीय जाति आधारित जनगणना का विरोध

करते हुए लिखता है। लोकसभा की बहस के बाद अगले दिन यानी 7 मई को गृहमंत्री को सदन में बयान देना था।

'द हिन्दू' ने 7 मई के अखबार में सम्पादकीय लिखकर कहा, "सरकार ने जाति आधारित जनगणना के लिए कुछ राजनीतिक दलों और क्षेत्रीय संगठनों की ओर से बनाए गए दबाव की अनदेखी करके ठीक ही किया है क्योंकि वह इस काम को (जाति आधारित जनगणना को) सँभाल ही नहीं सकती है।" जिस दिन कांग्रेस लेकर बीजेपी और वामपंथी दल भी जाति आधारित जनग .ना का समर्थन कर रहे थे, उस दिन 'द हिन्दू' को यह लग रहा था कि जाति आधारित जनगणना चन्द राजनीतिक दलों और क्षेत्रीय संगठनों की माँग है। यह समझ पाना मुश्किल है कि 'द हिन्दू' ने 7 मई का अखबार इस तरह क्यों छापा? दूसरी महत्त्वपूर्ण बात यह कि समाजशास्त्री नंदिनी सुंदर का जो लेख चार दिन बाद यानी 11 मई को 'द हिन्दू' में छपा, उसके एक अंश को सम्पादकीय में उद्धृत किया गया है। नंदिनी सुंदर ने अपने लेख में जाति आधारित जनगणना का विरोध किया है और इसे गैर जरूरी बताया है। 'द हिन्दू' के सम्पादकीय में वही तर्क हैं, जिनके आधार पर पी. चिदम्बरम ने जाति आधारित जनगणना का विरोध किया था।

7 मई को अन्दर के पन्नों की खबर जाति आधारित जनगणना 8 मई के अखबारों में पहले पन्ने पर आ गई। दिल्ली से छपने वाले हिन्दी के दस अखबारों– 'नवभारत टाइम्स', 'हिन्दुस्तान', 'अमर उजाला', 'दैनिक जागरण', 'दैनिक भास्कर', 'पंजाब केसरी', 'नई दुनिया', 'देशबंधु', 'राष्ट्रीय सहारा' और 'जनसत्ता' का विश्लेषण करने से पता चलता है कि सभी अखबारों ने इस खबर को पहले पन्ने पर जगह दी है। 'अमर उजाला', 'दैनिक भास्कर', 'हिन्दुस्तान' और 'दैनिक जागरण' ने इसे पहली खबर के तौर पर छापा है। 'राष्ट्रीय सहारा' ने इसे टॉप बॉक्स में छापा है। इस खबर को सबसे कम अहमियत 'नवभारत टाइम्स' ने दी है, जिसने इसे एक कॉलम की खबर बनाया है। सभी अखबारों ने इस खबर को प्रधानमंत्री के लोकसभा में दिए गए बयान के सन्दर्भ में देखा है। यह बात महत्त्वपूर्ण है कि लोकसभा में प्रधानमंत्री ने सिर्फ इतना कहा था कि सदन की भावना का ध्यान रखते हुए कैबिनेट इस बारे में जल्द फैसला करेगी। ज्यादातर अखबारों ने ऐसे शीर्षक लगाए हैं मानो सरकार ने जाति आधारित जनगणना कराने का फैसला कर लिया है। लोकसभा में बहस के दौरान बनी आम सहमति और प्रधानमंत्री द्वारा सदन की भावना का ध्यान रखते हुए फैसला करने की घोषणा से कई अखबारों ने यह मतलब निकाला कि अब जाति आधारित जनगणना होगी। मिसाल के तौर पर–

– 'पंजाब केसरी' का शीर्षक कहता है–'मनमोहन सिंह ने सदन में ही चिदम्बरम का फैसला पलटा।'

– 'नई दुनिया' का शीर्षक है–'जातिगत जनगणना के लिए सरकार ने मन बनाया।'
– 'दैनिक भास्कर' ने सात कॉलम की खबर का शीर्षक दिया है–'सरकार सहमत, जाति भी पूछो जनता की'। खबर का उप शीर्षक है–'इस बार की जनगणना में शामिल होगी जाति, प्रधानमंत्री ने कहा–कैबिनेट जल्द करेगी फैसला।'
– 'दैनिक जागरण' का शीर्षक है–'अब सरकार पूछेगी आपकी जाति'।
– 'राष्ट्रीय सहारा' ने लिखा है–'जाति के आधार पर होगी जनगणना'।
– 'हिन्दुस्तान' लिखता है–'जाति भी पूछो जनता की'।
– 'जनसत्ता' का शीर्षक है–'प्रधानमंत्री के आश्वासन से जाति जनगणना पर विवाद खत्म'।
– 'अमर उजाला' ने शीर्षक लगाया है–'अब जाति भी पूछेगी सरकार'।
– 'देशबंधु' ने अपनी ओर से कोई निष्कर्ष निकालने की जगह तथ्यों के आधार पर शीर्षक लगाया है कि–'जाति आधारित जनगणना पर फैसला जल्द–प्रधानमंत्री।'
– 'नवभारत टाइम्स' का भी वैसा ही शीर्षक है–'कास्ट सेंसस पर विचार करेगा केन्द्र'।

सात और आठ मई के अखबारों को देखने से साफ जाहिर होता है कि लोकसभा में जाति आधारित जनगणना पर बनी आम सहमति के बाद सरकार की ओर से प्रधानमंत्री का बयान आते ही अखबारों ने इसे बड़ी खबर के तौर पर लिया। आठ मई को ही कुछ अखबारों ने इसे यादव तिकड़ी (शरद यादव, लालू यादव और मुलायम सिंह यादव) के दबाव में लिया गया फैसला लिखा। 'अमर उजाला' ने 'यादव तिकड़ी' शब्द का इस्तेमाल किया जबकि 'हिन्दुस्तान' ने पहले पन्ने पर ही तीन यादव नेताओं की तस्वीर और उनके बयान छापकर अपना नजरिया रखा। बाद में तो हिन्दी और अंगरेजी के लगभग सभी अखबारों ने यादव तिकड़ी को निशाने पर लिया। ऐसा करते हुए इस बात को नजरअन्दाज किया गया कि प्रधानमंत्री को बयान इसलिए देना पड़ा कि सदन में यादव तिकड़ी के अलावा कांग्रेस, बीजेपी और वामपंथी दल भी जाति आधारित जनगणना के पक्ष में आ गए थे। कुछ अखबारों ने आठ मई से ही जाति आधारित जनगणना के खिलाफ अभियान चलाना शुरू कर दिया। जाति आधारित जनगणना कितनी मुश्किल है और इससे किस तरह की गड़बड़ियाँ हो सकती हैं, इसके बारे में बताया गया। कई अखबारों ने इस मामले में गृहमंत्री पी. चिदम्बरम के पक्ष को सही माना, जो जाति आधारित जनगणना के मुखर विरोधी बनकर उभरे।

मीडिया में जाति आधारित जनगणना के खिलाफ व्यापक आम असहमति का रुख देखा गया। समाचार-पत्रों और चैनलों ने आम राय से जाति आधारित जनगणना का विरोध किया। लगभग 15 अखबारों के सम्पादकीय का विश्लेषण करने से पता चलता है कि जाति आधारित जनगणना को लेकर सभी की राय समान थी और वह राय जाति आधारित जनगणना के खिलाफ थी। सम्पादकीय पेज पर भी तीन-चौथाई से ज्यादा लेख जाति आधारित जनगणना के खिलाफ लिखे गए। कुछ अखबारों ने तो जाति जनगणना के पक्ष में एक भी लेख नहीं छापा।

आरक्षण और जाति से जुड़े अब तक के सभी विवादों पर भी मीडिया और जनप्रतिनिधियों की संस्था अलग-अलग दिशा में चलती आई है। जाति आधारित जनगणना में वही किस्सा एक बार फिर दोहराया गया। इस कवरेज के बाद एक बार फिर से ये बहस शुरू हो सकती है कि क्या मीडिया इस देश के ज्यादातर लोगों की आवाज बनने में असमर्थ है और ऐसा मीडिया की आर्थिक संरचना की वजह से है या फिर न्यूजरूम में खास जातियों और वर्गों के लोगों के वर्चस्व की वजह से। मीडिया न्यूजरूम में अगर दलित, आदिवासी और पिछड़े पत्रकारों की संख्या आबादी में उनकी संख्या के समानुपात में होती तो भी क्या मीडिया इसी तरह से व्यवहार करता? और एक सवाल ये भी है कि क्या मीडिया अपने हर पाठक और दर्शक को बराबर मानता है या विज्ञापनदाताओं के दबाव की वजह से उसके लिए इलीट पाठकों और दर्शकों की अहमियत ज्यादा है?

मीडिया का धन्धा और आम आदमी की विदाई

भारतीय मीडिया और एंटरटेनमेंट इंडस्ट्री का आकार 2009 में 12.91 अरब डॉलर था। पिछले साल के मुकाबले इसने 1.4 फीसदी की बढ़ोतरी हासिल की। फिक्की और केपीएमजी की रिपोर्ट के मुताबिक, मीडिया-एंटरटेनमेंट इंडस्ट्री सालाना 13 फीसदी की दर से बढ़ेगी। यह अर्थव्यवस्था के सबसे तेजी से बढ़ते क्षेत्रों में से एक है। असंख्य टीवी चैनलों और निजी एफएम रेडियो स्टेशनों ने दूरियों को खत्म कर दिया है और मनोरंजन तथा सूचनाएँ देश के कोने-कोने तक पहुँच रही हैं। सरकार की उदार आर्थिक नीतियों और भारतीय उद्यमियों के प्रयासों की वजह से यह बूम आया है।

—भारतीय विदेश मंत्रालय की वेबसाइट से, 2010 का अपडेट

21वीं सदी का भारतीय मीडिया की मुख्यधारा का कॉरपोरेटीकरण हो चुका है। यह उद्योग है। ठीक उसी तरह जिस तरह कोई भी और उद्योग। भारत सरकार मीडिया को लोकतंत्र का चौथा स्तम्भ नहीं मानती है। भारत सरकार की नजर में मीडिया एक उद्योग है। मीडिया उद्योग की नजर में भी मीडिया उद्योग है। इस नाते मीडिया उद्योग अपने लिए किसी सामाजिक भूमिका की बात नहीं करता। मीडिया उद्योग के लिए लोककल्याण, आम आदमी, गरीब, दलित, आदिवासी आदि विजातीय शब्द हैं। रोचक बात यह है कि भारत सरकार मीडिया और मनोरंजन को मिलाकर एक उद्योग मानती है। इसलिए वाणिज्य मंत्रालय दुनिया-भर के लोगों को जब भारतीय उद्योग के बारे में बताता है तो इसके एक अंग के रूप में मीडिया एंटरटेनमेंट इंडस्ट्री का ब्यौरा देती है। भारत में लोककल्याण वाली पत्रकारिता की तलाश करनेवालों को कॉरपोरेट मीडिया हाउस में ऐसा कुछ भी नहीं मिलनेवाला।

मीडिया, और खासकर समाचार और पत्रकारिता को लेकर अब तक जो अवधारणाएँ चली आ रही हैं, उसे मानने वालों को भारत सरकार की इस व्याख्या से तकलीफ हो सकती है कि पत्रकारिता और मनोरंजन एक ही तरह की चीज है और यह सेवा कार्य नहीं, एक उद्योग है। मीडिया उद्योग में अखबारों, पत्रिकाओं, चैनलों आदि को प्रॉडक्ट या माल कहा जाता है। मिसाल के तौर पर, टाइम्स ऑफ

इंडिया समूह में अखबारों को ब्रांड कहा जाता है और उसके संचालन में सम्पादक के ऊपर ब्रांड मैनेजर की भूमिका होती है। सम्पादक अपना काम ब्रांड मैनेजर के मार्गदर्शन में करता है। मीडिया उद्योग जब अपना तिमाही या सालाना लेखा-जोखा करता है तो इस बात की चर्चा नहीं होती है कि कैसी पत्रकारिता की गई। वहाँ किसी भी और उद्योग की तरह राजस्व यानी आमदनी, एसेट यानी परिसम्पत्ति, लाभ, हानि, कारोबार के लिए लक्ष्य आदि की ही चर्चा होती है। न्यूज मीडिया कम्पनियों के बोर्ड को देखें तो वहाँ पत्रकार के लिए जगह नहीं होती। इन बोर्ड में मालिक, बैंकर, विज्ञापन उद्योग से जुड़े लोग, उद्योगपति, चार्टर्ड एकाउंटेंट, वकील जैसे लोग ही होते हैं। किसी भी मीडिया कम्पनी के बोर्ड में कोई पत्रकार नहीं है।

परम्परागत तौर पर समाचार को लेकर एक पवित्रताबोध का भाव भारत में रहा है। पत्रकारिता को लोकतंत्र का चौथा स्तम्भ कहने का चलन रहा है। विचार और अभिव्यक्ति की स्वतंत्रता से जोड़कर इसे देखा जाता है। ऐसा शायद इसलिए है क्योंकि अंग्रेजी राज के समय में आन्दोलनों से जुड़े पत्र-पत्रिकाओं ने कई बार सरकार विरोधी तेवर अख्तियार किए थे। सरकार के टकराव के क्रम में ही भारत में पत्रकारिता की एक धारा का विकास हुआ था। लेकिन आजादी के बाद बहुत सारी चीजों के साथ ही मीडिया की भूमिका भी बदल गई। सरकार और सत्ता के साथ मीडिया के रिश्तों के बदलने की कहानी पुरानी है। जो चीज 1991 के बाद निर्णायक रूप से बदली है वह है—पत्रकारिता का आर्थिक ढाँचा और कारोबारी स्वरूप। आर्थिक उदारीकरण के बाद मीडिया उद्योग में ढेर सारा पैसा आया। साथ ही नैतिकता, ईमानदारी, प्रतिरोध की संस्कृति जैसे प्रतिमान बदल गए या खत्म हो गए। इस वजह से मीडिया के लिए अब किसी भी तरह की लोककल्याणकारी छवि का छद्म बनाए रखना भी असम्भव हो गया है। मीडिया अब धन्धा कर रहा है और खुलकर कर रहा है। पैसे या लाभ देकर खबर तो पहले भी छपती थीं लेकिन अब दफ्तरों में बाकायदा खबर बेचने के विभाग खुल गए हैं। आप रसीद कटवाकर और चेक से भुगतान करके समाचारों के स्थान पर समाचार की शक्ल में अपनी बात छपवा सकते हैं। टाइम्स ऑफ इंडिया ने मीडियानेट के जरिये इसकी शुरुआत की और अब कई अखबार और चैनल ऐसा करते हैं।

परम्परागत रूप से यह भी माना जाता है कि सरकार और लोगों के बीच मीडिया आम आदमी के पक्ष में खड़ा होगा। लेकिन ऐसा हुआ नहीं। इमरजेंसी के तौर को छोड़ दें तो भारतीय पत्रकारिता और सत्ता के बीच कभी तीखा टकराव नहीं रहा। उस समय भी मीडिया के एक छोटे हिस्से ने प्रतिरोध में आवाज उठाई और बाकी मीडिया ने झुकने के लिए कहे जाने पर लेट जाने का रास्ता चुना। बोफोर्स कांड जैसे मामलों में जब मीडिया का एक हिस्सा सरकार का विरोध करता नजर आया तो वह

दरअसल सत्ता के एक और हिस्से के पक्ष में खड़ा था। बुनियादी आर्थिक, सामाजिक और राजनीतिक सवालों पर भारतीय मीडिया और राजसत्ता के विचारों में अद्‌भुत समानता है। भारत सरकार जब यह कहती है कि उदार आर्थिक नीतियों का मीडिया और मनोरंजन उद्योग के विकास में अहम योगदान है तो वह मीडिया के स्वरूप के बारे में रही-सही शंकाओं को दूर कर रही है।

कितना बड़ा है मीडिया और मनोरंजन का कारोबार

भारत में मीडिया और मनोरंजन व्यवसाय सबसे तेजी से बढ़ते कारोबारों में से एक है। दरअसल, नई अर्थव्यवस्था के साथ इस कारोबार के तार जुड़े हैं और मध्यवर्ग का आकार बढ़ने के साथ ही इस कारोबार में लगातार तेजी आई है। अर्थव्यवस्था में तेजी और आबादी की संरचना में आ रहे बदलाव का फायदा भी इस उद्योग को मिला है। भारत में मीडिया और मनोरंजन व्यवसाय ने तेजी से तरक्की करने की होड़ में भारतीय अर्थव्यवस्था को भी पीछे छोड़ दिया है।

इस रिपोर्ट के मुताबिक, 2009 से 2013 के बीच भारतीय मीडिया और मनोरंजन व्यवसाय में सालाना 11 फीसदी की बढ़ोतरी होगी। जबकि इसी दौरान विश्व स्तर पर ये कारोबार 2.7 फीसदी की दर से ही बढ़ेगा। दुनिया के ज्यादातर विकसित देशों में जब मीडिया ठहराव का शिकार है तब भारतीय मीडिया इंडस्ट्री में तेजी से विकास के संकेत हैं। विज्ञापन के बाजार में भी ऐसा ही रुझान रहने का अनुमान लगाया गया है।

भारतीय मीडिया : लगातार बढ़ता बिजनेस (अरब रु. में)

माध्यम	2006	2009	2014
टेलीविजन	183	257	521
प्रिंट	139	175	269
रेडियो	6	8	16
इंटरनेट	2	8	29
मीडिया-मनोरंजन उद्योग	443	587	1091

— मीडिया मनोरंजन उद्योग में फिल्म, आउटडोर एडवर्टाइजिंग, गेमिंग, म्युजिक और एनिमेशन भी शामिल हैं।

भारत में अभी मीडिया का पूरा विस्तार भी नहीं हुआ है। जो लोग मीडिया व्यवसाय के लिए खरीदार हो सकते हैं वे भी अभी मीडिया की पहुँच से बाहर हैं।

देश में लगभग 36 करोड़ ऐसे लोग हैं जो किसी एक भाषा को समझ और पढ़ सकते हैं, लेकिन कोई भी अखबार या पत्रिका नहीं पढ़ते। (आईआरएस 2007, राउंड-2) यानी मीडिया, और खासकर प्रिंट मीडिया की तरक्की की कहानी पश्चिमी देशों में खत्म हो चुकी है या आखिरी अध्याय में है, जबकि भारत में ऐसा नहीं है। भारत में एक ऐसा वर्ग है, जो मीडिया के साथ खरीदार का रिश्ता जोड़ सकता है। इस तबके पर तमाम मीडिया प्लानर्स की नजर है। भारतीय मीडिया, खासकर गैर अंग्रेजीभाषी मीडिया में हुए विदेशी निवेश और एक के बाद एक आ रहे मीडिया कम्पनियों के आईपीओ के पीछे भी एक कारण यह सम्भावित बाजार है। इस कारोबार में भारत में विकास की सम्भावनाओं को लेकर कोई विरोधी विचार मौजूद ही नहीं है। इस पर आम राय है कि भारत में मीडिया और मनोरंजन व्यवसाय के लिए ये फलने-फूलने के दिन हैं।

प्रिंट मीडिया की अलग से बात करें तो अखबारों से भारत के लोगों का बेहद गहरा नाता है। छपे हुए शब्द की भारतीय जनमानस में काफी बड़ी सत्ता है। भारत में समाचार-पत्र-पत्रिकाओं के 35 करोड़ पाठक हैं। दुनिया में चन्द देश ही हैं, जिनकी कुल आबादी इतनी है। भारत समाचार-पत्र-पत्रिकाओं का दुनिया में दूसरा सबसे बड़ा बाजार है। लेकिन समाचार-पत्र-पत्रिकाओं की बहुत बड़ी संख्या के कारण यह कई मायने में काफी असंगठित बाजार है। भारत में प्रिंट मीडिया के विकास की दर दुनिया के ज्यादातर विकसित देशों से तेज है। फिक्की-केपीएमजी की मीडिया रिपोर्ट (2010) के मुताबिक, 2008 में प्रिंट माध्यम का कारोबार 172 अरब रुपए का था जो 2009 में बढ़कर 175 अरब रुपए हो गया और 2014 में इसके बढ़कर 269 अरब रुपए हो जाने का अनुमान है। भारत में प्रिंट मीडिया का भविष्य काफी उज्ज्वल माना जा रहा है क्योंकि देश के 35.9 करोड़ लोग ऐसे हैं जो साक्षर हैं, लेकिन कोई भी अखबार या पत्रिका नहीं पढ़ते। उम्मीद की जा रही है कि इनमें से कई लोग आगे चलकर मीडिया उद्योग के उपभोक्ता बनेंगे।

कुछ प्रमुख मीडिया कम्पनियों के आँकड़े (करोड़ रु.)

कम्पनी	*बाजार पूँजीकरण*	*राजस्व/आमदनी*	*मुनाफा*	*परिसम्पत्ति (ऐसेट)*
सन टीवी	20,086	1008	437	2015
जी एंटरटेनमेंट	10,788	1278	559	2944
डीबी कॉर्प	4,433	—	—	1003
जागरण प्रकाशन	3777	941	176	734
एचटी मीडिया	3431	1283	125	1186
डेक्कन क्रॉनिकल	2376	892	261	1600

→

आईबीएन 18	2258	210	-82	838
यूटीवी सॉफ्ट	2169	328	59	1784
एनडीटीवी	534	304	-20	326
टीवी टुडे	372	285	31	371
जी न्यूज	306	507	44	332

नोट–बाजार पूँजीकरण यानी मार्केट कैपिटलाइजेशन के आँकड़े 19 जनवरी, 2011, दोपहर 2 बजे के शेयर भाव के हिसाब से। डीबी कॉर्प यानी दैनिक भास्कर के राजस्व और मुनाफे के आँकड़े नई कम्पनी होने के नाते उपलब्ध नहीं हैं।

देश की सबसे बड़ी मानी जानेवाली मीडिया कम्पनी बैनेट कॉलमन कम्पनी लिमिटेड (बीसीसीएल) यानी टाइम्स ऑफ इंडिया समूह के इतने विस्तृत आँकड़े उपलब्ध नहीं हैं, क्योंकि यह कम्पनी शेयर बाजार में लिस्टेड नहीं है। हालाँकि वनीता कोहली खांडेकर ने अपनी किताब 'इंडियन मीडिया बिजनेस' में बीसीसीएल के कारोबार और मुनाफे का ब्यौरा दिया है। इस किताब के मुताबिक, 1991 में बीसीसीएल का राजस्व यानी आमदनी 971 करोड़ रुपए थी और ऑपरेटिंग प्रॉफिट 178 करोड़ रुपए था। 2008 तक के आँकड़ों के मुताबिक, कम्पनी की सालाना आमदनी 4,282 करोड़ रुपए हो गई और मुनाफा बढ़कर 1328 करोड़ रुपए पहुँच गया। ('द हूट' से उद्धृत, 24 जून, 2010,) 'फॉर्च्यून 500' की भारतीय लिस्ट में यह सबसे बड़ी मीडिया कम्पनी है और भारतीय मीडिया में इसकी भूमिका ट्रेंडसेटर वाली है।

मीडिया और उसमें भी खासतौर पर प्रिंट मीडिया में एक महत्त्वपूर्ण चलन यह है कि इस क्षेत्र में कोई नया अखबार आसानी से पाँव नहीं जमा पाता। कहने को तो बाजार के नियमों के हिसाब से मीडिया क्षेत्र में कोई भी आकर कारोबार कर सकता है। लेकिन मीडिया बाजार की संरचना ऐसी है कि नए खिलाड़ियों के लिए यहाँ नो एंट्री का बोर्ड लगा हुआ है। इंडियन रीडरशिप सर्वे के साल-दर-साल आनेवाले नतीजों को देखें तो यह बात साफ हो जाती है कि टॉप के 20 स्थानों पर आमतौर पर वही अखबार हैं जो 40 साल या उससे भी पुराने हैं।

मीडिया में कंटेंट नहीं, विज्ञापन ही बादशाह

16 जनवरी, 2011 यानी रविवार के दिन अगर आपके घर पर दिल्ली के चार प्रमुख अखबार आते हैं तो उनके पेज पलटने के लिए भी आपको काफी समय की जरूरत होगी। इस दिन का टाइम्स ऑफ इंडिया 78 पेज का, नवभारत टाइम्स 38 पेज का, 'हिन्दुस्तान टाइम्स' 68 पेज (24 पेज की पत्रिका), 'दैनिक हिन्दुस्तान' 42 पेज का

निकला। इन चार अखबारों के लिए आपको सिर्फ 17 रुपए चुकाने पड़ेंगे। सवाल उठता है कि इतने भारी-भरकम अखबार अपनी लागत से चौथाई या उससे भी कम कीमत पर आपको अखबार क्यों दे रहे हैं? ऐसा इसलिए है क्योंकि अखबार अपने पाठकों से कमाई नहीं करते। अखबार मुफ्त में बेचने पर भी वे फायदे में रहेंगे क्योंकि उनकी कमाई का मुख्य स्रोत विज्ञापन हैं। इसी तरह ज्यादातर न्यूज चैनल भी या तो फ्री टू एयर हैं या फिर किसी बुके के हिस्से के तौर पर लगभग मुफ्त में मिलते हैं। दर्शक अपनी जानकारी में बिरले ही पैसे देकर कई न्यूज चैनल देखता है।

सवाल उठता है कि न्यूज मीडिया कैसा उत्पाद है जिसमें खरीदने वाला सामान की कीमत या तो नहीं देता या लागत का सिर्फ 10 या 20 फीसदी कीमत चुकाता है? भारतीय मीडिया के मौजूदा स्वरूप से जुड़े कई सवालों के जवाब यहाँ से निकलते हैं। मीडिया को जिस रूप में हम देख रहे हैं वहाँ दरअसल दो तरह के सौदे होते हैं और उत्पाद भी दो तरह के हैं। पहला उत्पाद अखबार या चैनल है जिसे पाठक या दर्शक नाम मात्र की कीमत पर हासिल करता है। इस धन्धे में दूसरा उत्पाद दरअसल पाठक और दर्शक हैं, जिसे मीडिया कम्पनियाँ विज्ञापनदाताओं को बेचती हैं। यही मीडिया उद्योग का असली और बड़ा सौदा है। यहाँ से ही चैनलों और अखबारों का खर्च निकलता है और मुनाफा भी यहीं बनाया जाता है। इसलिए बहुत जरूरी हो जाता है कि चैनल और अखबार दूसरे उत्पाद यानी पाठक और दर्शक की क्वालिटी पर ध्यान दें। हर कॉरपोरेट मीडिया समूह ढेर सारे पाठक/दर्शक जुटाना चाहता है। लेकिन साथ ही वह हमेशा इस कोशिश में भी रहता है कि उसके दर्शक/पाठक समाज के समृद्ध तबके से हों, ताकि विज्ञापनदाता उन्हें अच्छी कीमत पर खरीदें।

पश्चिम के मीडिया विश्लेषकों और शोधार्थियों ने मीडिया कारोबार के इस चलन को काफी पहले पहचान लिया था कि मीडिया इंडस्ट्री का प्रमुख लक्ष्य समृद्ध पाठकों और दर्शकों को विज्ञापनदाताओं के सुपुर्द कर देना है। दर्शकों और पाठकों तक सूचनाएँ और समाचार पहुँचना इस लक्ष्य को हासिल करने का जरिया है और यह काम लागत, लाभ और हानि के गणित को ध्यान में रखकर ही किया जाता है। (ग्लोबल मीडिया, हरमन और मैकचेस्नी, 1998, पेज-7)

सवाल उठता है कि अगर पाठक और दर्शक बेचे और खरीदे जानेवाले माल हैं तो किसी मीडिया इंडस्ट्री को ज्यादा और कम कमाई क्यों होती है? इस हिसाब से तो जिसके पास बेचने के लिए ज्यादा पाठक और दर्शक हों, उस मीडिया हाउस की आमदनी ज्यादा होनी चाहिए। यानी 'दैनिक जागरण' और 'दैनिक भास्कर' की आमदनी टाइम्स ऑफ इंडिया और हिन्दुस्तान टाइम्स से ज्यादा होनी चाहिए। इसी

तरह इंडिया टीवी की कमाई एनडीटीवी से ज्यादा होनी चाहिए। लेकिन ऐसा नहीं है। विज्ञापनदाता किसी मीडिया उत्पाद पर विज्ञापन देने के ज्यादा और किसी के लिए कम पैसे क्यों चुकाते हैं? बहुत ज्यादा बिकने वाला कोई प्रकाशन घाटे में क्यों रहता है या बन्द क्यों हो जाता है? इसकी वजह यह है कि विज्ञापन के बाजार में हर पाठक और दर्शक की बराबर हैसियत नहीं होती। टाइम्स ऑफ इंडिया के एक पाठक की हैसियत विज्ञापन बाजार में 'नवभारत टाइम्स' के पाठक से ज्यादा है। गुजरात जैसे अपेक्षाकृत समृद्ध राज्य के औसत पाठक की हैसियत बिहार या उत्तर प्रदेश के पाठक से ज्यादा है। इसलिए समाचार-पत्र और चैनल सिर्फ सर्कुलेशन या व्यूअरशिप बढ़ाने की कोशिश नहीं करते, साथ ही वे इस बात की भी कोशिश करते हैं कि उनकी पहुँच अपेक्षाकृत समृद्ध लोगों तक हो। कारोबार के इस गणित की वजह से मीडिया में आम आदमी और गरीब आदमी की हैसियत कम होती चली गई है।

इक्कीसवीं सदी के पहले दशक के पूरा होने के बाद मीडिया के बारे में अब यह कहने का वक्त आ गया है कि विज्ञापन कॉरपोरेट मीडिया को निर्णायक रूप से नियंत्रित करने लगा है। यह मीडिया पर बाजार और विज्ञापन की विजय का दौर है। विज्ञापन के बूते चलने वाले मीडिया से अब लोककल्याणकारी भूमिका निभाने की उम्मीद करना उचित नहीं है। इस मायने में यह मीडिया की चमकदार छवि के टूटने-बिखरने का भी दौर है। मीडिया का इलीट के पक्ष में झुकाव अब नजर आने लगा है।

इस समय जबकि अखबार जिन्दा रहने से लेकर मुनाफे के लिए विज्ञापनों पर पूरी तरह निर्भर हैं, विज्ञापन बन्द करने की धमकी से बड़ा सेंसरशिप कुछ भी नहीं है। इससे न बचा जा सका है न ही इसके विरोध की कोई परम्परा बन पाई है। अखबार और चैनल चलाना अब इतना बड़ा बिजनेस है कि छोटे बिजनेसमैन के लिए इस खेल में टिक पाना मुश्किल है। कोई भी बड़ा खिलाड़ी प्राइस वार के जरिये छोटे खिलाड़ी का गला घोंट सकता है। बड़े खिलाड़ी के लिए यह कर पाना आसान है, क्योंकि जो जितना बड़ा खिलाड़ी है, विज्ञापन से उसकी आमदनी उतनी ज्यादा है और बिक्री से मिले पैसे पर उसकी निर्भरता उतनी ही कम है। इस कारण वह अपनी कीमत कम रखकर भी ज्यादा कमाई कर सकता है। वह अखबार मुफ्त में बेचकर भी कमाई कर सकता है। इसलिए जब कोई अखबार साथ में कोई बुकलेट, पत्रिका या बड़ा-सा परिशिष्ट मुफ्त बाँटता है तो इसका अर्थशास्त्र विज्ञापन से ही चलता है।

सम्पादकीय सामग्री और सम्पादकीय विभाग पर विज्ञापनदाताओं के दबाव के असर को सबसे ज्यादा अखबारों के परिशिष्टों में देखा जा सकता है। परिशिष्ट अब अखबारों में बेहद आम हो गए हैं। कुछ अखबार तो हर दिन एक सप्लिमेंट देने लगे

हैं। इस रणनीति का एक मकसद पाठकों को वह सामग्री अखबार में ही उपलब्ध कराना होता है, जिसके लिए वे कई बार पत्रिकाओं की तरफ जाते हैं। सप्लिमेंट में रंगों से लेकर साज-सज्जा और ले-आउट के अमूमन वे सभी प्रयोग हो रहे हैं, जो पहले सिर्फ पत्रिकाओं में मिलते थे। इन परिशिष्टों में कैसी सम्पादकीय सामग्री जाएगी, ये अगर विज्ञापनदाता तय नहीं करते हैं तो भी सम्पादकीय विभाग खुद ही विज्ञापनदाताओं की इच्छाओं का ध्यान रखता है। कई बार तो विज्ञापनदाता ही सम्पादकीय सामग्री का सुझाव देते हैं और छपने वाली सामग्री की निगरानी भी करते हैं। ऐसी मिसालें भी हैं कि विज्ञापनदाता कम्पनी विज्ञापन के साथ ही सम्पादकीय टेक्स्ट और तस्वीरें भी भेज देती हैं। विज्ञापनदाता कई बार अपने उत्पादों के बारे में लेख छापने की माँग भी करते हैं। (भारतीय प्रसार माध्यम, प्रांजलि बंधु, संवाद प्रकाशन, 2006, पेज-108) वे चाहते हैं कि किसी उत्पाद के बारे में अखबार का रिपोर्टर समाचार की तरह लिखे क्योंकि जब कोई सामग्री अखबार के रिपोर्टर की तरफ से या सम्पादकीय विभाग की ओर से पेश की जाती है तो उसकी विश्वसनीयता बढ़ जाती है, या कहें कि उसमें अखबार की विश्वसनीयता जुड़ जाती है।

कितना बड़ा है विज्ञापन का धन्धा

भारत में मीडिया और मनोरंजन व्यवसाय के विकास के पीछे मुख्य ताकत विज्ञापनों से मिले पैसे की ही है। 2006-2008 के बीच का समय भारतीय विज्ञापन बाजार में तेज विकास का दौर रहा। इस दौरान विज्ञापनों से होनेवाली आमदनी में हर साल औसतन 17.1 फीसदी की दर से बढ़ोतरी हुई(पीडब्ल्यूसी इंडियन एंटरटेनमेंट एंड मीडिया आउटलुक 2009, पेज-16)। 2009 में भारतीय विज्ञापन कारोबार 22,000 करोड़ रुपए का हो गया। 2009-2014 के दौरान विज्ञापन कारोबार की औसत सालाना विकास दर 14 फीसदी से ज्यादा होने का अनुमान है। आर्थिक माहौल के बदलने से विज्ञापनों से होनेवाली आमदनी पर असर जरूर पड़ा है लेकिन विज्ञापन कारोबार के बढ़ने की दर जीडीपी विकास दर के किसी भी अनुमान से ज्यादा है।

मीडिया के अलग-अलग माध्यमों की बात करें तो प्रिंट माध्यम के विज्ञापन का बाजार 2009 में 10,300 करोड़ रुपए का था जिसके 2014 में बढ़कर 17,640 करोड़ रुपए हो जाने का अनुमान है। केपीएमजी और प्राइस वॉटरहाउस कूपर्स जैसी विश्लेषक कम्पनियों का अनुमान है कि भारत में विज्ञापन बाजार पर मन्दी का साया जल्द ही छँट जाएगा। चीन और भारत, दोनों देशों के बारे में अनुमान है कि विश्व में विज्ञापनों का बाजार इन देशों में सबसे तेजी से बढ़ेगा।

तेजी से बढ़ता विज्ञापन बाजार

केटेगरी (अरब रुपए)	2006	2009	2014	(अनुमान) पाँच साल की औसत सालाना बढ़ोतरी दर :
टीवी	61	88	181.5	15.6
प्रिंट	85	103	176.4	11.4
इंटरनेट	2	7.8	28.5	29.6
रेडियो	6	7.8	16.4	16
आउटडोर	11.7	13.7	24.1	12
कुल	**165.7**	**220.3**	**426.9**	**14.1**

फिक्की-केपीएमजी इंडियन मीडिया एंड एंटरटेनमेंट इंडस्ट्री रिपोर्ट, 2010, पेज-150

मीडिया पर विज्ञापन का दबाव और आम आदमी का विलोप

अखबारों को विज्ञापन सिर्फ इसलिए नहीं मिलता कि उसे ढेर सारे लोग पढ़ते हैं। यह बात अब कहीं ज्यादा महत्त्वपूर्ण हो गई कि अखबार को पढ़ता कौन है। चैनलों के सन्दर्भ में देखें तो ज्यादा महत्त्वपूर्ण यह हो गया कि किस आय वर्ग के लोग चैनल को ज्यादा देखते हैं। ऐसी स्थिति कई बार आती है कि किस अखबार का सर्कुलेशन कम है, या किस चैनल के दर्शक कम हैं, लेकिन उसे ज्यादा बिकने या दिखने वाले मीडिया उत्पाद के मुकाबले ज्यादा विज्ञापन मिलता है। इस वजह से आईआरएस या टैम जब पाठकों या दर्शकों की संख्या के बारे में आँकड़े देता है, तो साथ में यह भी बताता है कि किस वर्ग के दर्शक क्या देखते या पढ़ते हैं और किसी अखबार या चैनल को किस वर्ग के दर्शक ज्यादा या कम देखते-पढ़ते हैं।

अखबार या चैनल भी अब अपना प्रचार करते हुए इस बात पर ज्यादा जोर देते हैं कि समाज के समृद्ध वर्गों में वह कितना लोकप्रिय है। मिसाल के तौर पर, 'अमर उजाला' का एक विज्ञापन कहता है कि वह उत्तर प्रदेश का नम्बर एक अखबार है। इस बात के समर्थन में विज्ञापन में ये तर्क दिया गया है कि 'इंडियन रीडरशिप सर्वे की नवीनतम रिपोर्ट के अनुसार, 60,001 से 80,000 मासिक घरेलू आय वर्ग में अमर उजाला उत्तर प्रदेश की नम्बर-1 पसन्द है।' (अमर उजाला दिल्ली संस्करण, 8 मार्च, 2010, पेज-7) सभी अखबार और चैनल विज्ञापनदाताओं तक पहुँचने के क्रम में उन्हें यही बताने की कोशिश करते हैं कि उच्च आय वर्ग में उनकी कितनी पहुँच है। मिसाल के तौर पर, 'दैनिक जागरण' ने एक मार्केटिंग वेबसाइट पर दिए अपने

विज्ञापन में बताया कि 19.6 लाख कारोबारी और उद्यमी इस अखबार को पढ़ते हैं, इसलिए यह अखबार मन्दी से बेअसर (रिसेशन प्रूफ) है।

कुछ मीडिया विश्लेषकों का मानना है कि अब मीडिया का काम सूचना या खबर देना नहीं, बल्कि समृद्ध पाठकों और दर्शकों को विज्ञापनदाताओं तक पहुँचाना हो गया है। (द ग्लोबल मीडिया, एडवर्ड एस. हरमन और रॉबर्ट डब्ल्यू. मैकचेस्नी, भारतीय संस्करण, 1998, पेज-7) अगर बच्चे खरीदारी से जुड़े फैसले कम करते हैं तो उनके बारे में कार्यक्रम कम होंगे। इसी तर्क के आधार पर गाँवों के लोगों के लिए कार्यक्रम कम बनेंगे या नहीं बनेंगे क्योंकि उनकी खरीदारी की क्षमता कम है। दलितों, आदिवासियों और मुसलमानों की अपेक्षाकृत कम क्रय क्षमता उनके लिए मीडिया में जगह कम होने का कारण बन जाती है। शहरी मध्य और उच्च वर्ग का मीडिया कार्यक्रमों में वर्चस्व को इसी तर्क के आधार पर समझा जा सकता है। यानी दर्शक की संख्या से ज्यादा महत्त्वपूर्ण है, उनकी खरीदारी की क्षमता। हिन्दी और इंग्लिश के मीडिया उत्पादों की विज्ञापनों से होनेवाली आमदनी में फर्क का भी अर्थशास्त्र यही है।

यही वजह है कि विज्ञापन के बाजार में हिन्दी का एक पाठक जितने रुपए में बिकता है, उसकी तुलना में अंग्रेजी का एक पाठक नौ गुनी कीमत में बिकता है। अन्य भारतीय भाषाओं के पाठकों के मुकाबले अंग्रेजी के पाठकों की हैसियत विज्ञापन बाजार में 13.4 गुना आँकी जाती है। इस वजह से अंग्रेजी के प्रकाशन अपेक्षाकृत कम बिकने के बावजूद भारतीय भाषाओं के प्रकाशनों से ज्यादा कमाई कर ले जाते हैं। (फिक्की-केपीएमजी मीडिया रिपोर्ट, 2009, पेज-98)

इस तरह मीडिया एक ऐसा बाजार है जिसमें खरीदार किंग नहीं है। हो सकता है कि लाखों लोग किसी खास अखबार को पढ़ते हों या चैनल देखते हों, लेकिन लाखों लोगों की पसन्द होने के बावजूद उनका धन्धा पिट सकता है, अगर वह विज्ञापनदाताओं की पसन्द नहीं हो। इस तरह मीडिया पूरी तरह से बाजार के नियमों से चलने वाला उत्पाद नहीं है। मीडिया के साथ सबसे अजीब बात यह है कि अगर कोई मीडिया उत्पाद किसी समाज के एलीट यानी अभिजन की पसन्द है तो इस बात की पूरी सम्भावना है कि वह आम लोगों के घरों में भी घुस जाएगा। एलीट के पसन्दीदा होने की वजह से जब किसी मीडिया उत्पाद को विज्ञापनों के रूप में भारी आमदनी होती है, तो वह अपना कवर प्राइस कम रखने के लिए बेहतर स्थिति में होता है। साथ ही, वह अपने उत्पाद को सुन्दर और भारी-भरकम बनाने पर ज्यादा खर्च कर पाता है। इस तरह ऐसा उत्पाद आम लोगों के बाजार के भी बड़े हिस्से पर कब्जा करने की स्थिति में होता है।

पाठक और दर्शक के लिए इसका मतलब यह है कि मीडिया इंडस्ट्री के लिए

उसकी हैसियत और कम होनेवाली है और कंटेंट पर विज्ञापनदाताओं का दबाव और बढ़ने वाला है। मीडिया अब देश को जगाने, लोगों की समस्याएँ मिटाने और समाज को बेहतर बनाने आदि के मायामोह से मुक्त होकर पूँजी और लाभ की रेस में दौड़ रहा है। इस समय ज्यादातर अखबार इस रणनीति पर काम कर रहे हैं किस तरह बैलेंस शीट को दुरुस्त किया जाए। इसके लिए रणनीतियाँ बनाई और बदली जा रही हैं। अखबार को ऐसा बनाने की कोशिश की जा रही है, ताकि समृद्ध लोग उसे पढ़ें और इस बात को देखकर विज्ञापन कम्पनियाँ अखबारों की झोली भर दें। अखबार को शहरी युवावर्ग की इच्छाओं और आकांक्षाओं से जोड़ने की कोशिशें चल रही हैं। अखबारों का मुख्य जोर युवाओं और महिलाओं पर है, जो खरीदारी के फैसलों में महत्त्वपूर्ण भूमिका निभाते हैं। इसके लिए ज्यादातर अखबारों ने अपने कंटेंट में बदलाव किए हैं और ऐसी खबरें और फीचर ज्यादा छापते हैं, जिनका फोकस खास वर्ग पर होता है। कुछ अखबारों ने तो नया पाठक वर्ग बनाने और अखबार को युवाओं की रुचि के अनुकूल बनाने के लिए भाषा के भी प्रयोग किए हैं और उस भाषा का इस्तेमाल करने की कोशिश की है जो शहरी युवा वर्ग बोलता है।

स्पष्ट है कि कारोबारी संरचना और स्वामित्व के ढाँचे से मीडिया का कंटेंट निर्धारित हो रहा है। कॉरपोरेट मीडिया से आम आदमी की पूरी तरह विदाई हो चुकी है। मीडिया की इस प्रवृत्ति के लिए जो सबसे कम जवाबदेह है, वे हैं पत्रकार। कॉरपोरेट मीडिया में आम आदमी की ही नहीं, पत्रकार की भूमिका भी घटी है। कंटेंट के निर्धारण में मार्केटिंग, ब्रांड और विज्ञापन विभागों का दखल बढ़ा है। साथ ही, खासकर बड़े मीडिया समूहों में पत्रकारों का वर्गीय स्वरूप भी बदला है। जब मीडिया में पैसा आया और यह पैसा कमाने का जरिया बन गया तो नए तरह के पत्रकार भी आ गए। पत्रकारिता इनके लिए पैसा और रुतबा पाने का जरिया है। इन्हें सेंसर करने की जरूरत नहीं होती। लगभग सभी मामलों में ये खुद पर ही सेंसरशिप लगा लेते हैं। 'सेल्फ सेंसरशिप' इस समय की मीडिया का सबसे पॉपुलर शब्द है।

भारतीय मीडिया मोनोपली और लोकतंत्र

> *"आधुनिक लोकतंत्र में कई तरह की राजनीति और विचार होने चाहिए ताकि लोग उनके बीच चुनाव कर सकें। लोग चुन सकें, इसके लिए जरूरी है कि उन्हें समाचार, साहित्य, मनोरंजन और लोकसंस्कृति विविधतापूर्ण और एक-दूसरे से प्रतियोगिता कर रहे स्रोतों से प्राप्त हों।"*
>
> —बेन बैग्डिकियान, *मीडिया मोनोपली* से (मीडिया स्वामित्व पर टेलीकॉम रेगुलेटर ट्राइ के विमर्श पत्र में उद्धृत।)

भारत में मीडिया साल-दर-साल लगभग 10 फीसदी से भी ज्यादा रफ्तार से बढ़ रहा है। 1990 से 2010 के बीच के दौर में मीडिया का अभूतपूर्व विस्तार हुआ है। देश में 84 हजार से ज्यादा दैनिक समाचार-पत्र (रजिस्ट्रार ऑफ न्यूजपेपर्स फॉर इंडिया) और 600 से ज्यादा चैनल हैं। इस लिहाज से लोगों के पास जितनी सूचनाएँ अब पहुँच रही हैं, उतनी पहले कभी नहीं पहुँचती थीं। ये सूचनाएँ अलग-अलग स्रोतों से पहुँच रही हैं। पहली नजर में यह लग सकता है कि इतने सारे अखबार और चैनलों की वजह से मीडिया में विषय, विचार और सूचना के मामले में बहुलता होगी। लोग अलग-अलग तरह की सूचनाएँ, विषयों और विचारों से वाकिफ हो रहे होंगे और तमाम विषयों पर जानकार नागरिक के तौर पर फैसला करने की स्थिति में होंगे। कुल मिलाकर जर्मन विद्वान जरगन हैबरमास जिस पब्लिक स्फीयर की बात करते हैं, वह सुसंगत तरीके से काम कर रहा होगा। खुली बहस और चर्चा का माहौल होगा और जनमत बनने की प्रक्रिया बिना किसी बाधा के सम्पन्न हो रही होगी।

लेकिन वास्तविकता यह नहीं है। भारत में मीडिया का सालाना औसत 10 फीसदी या उससे भी ज्यादा गति से बढ़ना इस बात की गारंटी नहीं कर पाया है कि मीडिया में बहुलता होगी। बल्कि पिछले 20 साल भारत में मीडिया के तेज विकास के ही नहीं, बल्कि मीडिया संकेन्द्रण यानी कन्सन्ट्रेशन के साल रहे हैं। इन वर्षों में कुछ मीडिया समूह बहुत बड़े हो गए हैं। ये देश की सबसे बड़ी कम्पनियों में शामिल हैं। एक समय तक यह कहा जाता था कि मीडिया कॉरपोरेट हितों के लिए काम कर रहा है। लेकिन अब मीडिया खुद ही कॉरपोरेट है और अपने हित में काम कर रहा है।

मीडिया कम्पनियों के कारोबार का अन्दाजा इस बात से लगाया जा सकता है कि दक्षिण भारत की प्रमुख मीडिया कम्पनी सन टीवी नेटवर्क का बाजार पूँजीकरण बिहार जैसे राज्य के सालाना बजट से ज्यादा हो गया है। कई मीडिया कम्पनियों का बाजार पूँजीकरण हजारों करोड़ रुपए में है। एक तरफ तो मीडिया कम्पनियों का कारोबार फैल रहा है तो दूसरी ओर मीडिया में बहुलता भी कम हो रही है। मास मीडिया अब चन्द घरानों के हाथ में सिमट गया है। यह मोनोपली होरिजेंटल और वर्टिकल–दोनों है। यानी एक मीडिया हाउस अगर प्रिंट के क्षेत्र में हावी है तो साथ ही वह टीवी, रेडियो और मुमकिन है कि सिनेमा और इंटरनेट पर भी हावी हो। टीवी चैनल चलाने वाली कई कम्पनियाँ डिस्ट्रिब्यूशन के क्षेत्र में भी दखल रखती हैं। क्या यह कोई चिन्ता की बात है? किसी भी कारोबार में यह हो सकता है। साबुन या तेल के कारोबार में भी या टीवी और मोबाइल के कारोबार में भी। फिर मीडिया में मोनोपली को लेकर इतनी चिन्ता क्यों? बाजार का एक तर्क यह भी है कि जो अच्छा और सस्ता माल बेचता है और कंज्यूमर की पसन्द का ध्यान रखता है, उसका माल बिकता है। जो ऐसा नहीं करता, वह बाजार से बाहर हो जाता है। बाजार इन सबका ध्यान रखता है, तो किसी को मीडिया मोनोपली या ऐसी किसी भी चीज के लिए परेशान क्यों होना चाहिए।

मीडिया मोनोपली या कन्सन्ट्रेशन चिन्ता का कारण इसलिए है क्योंकि यह पब्लिक स्फीयर को सुचारू रूप से काम नहीं करने देता। मीडिया विश्लेषक आनन्द प्रधान कहते हैं कि–असल में, एक जीवन्त, सक्रिय, भागीदारीपूर्ण और गतिशील लोकतंत्र के लिए ऐसा खुला और जनतांत्रिक 'पब्लिक स्फीयर' अनिवार्य है जहाँ लोग और समुदाय, देश और समाज के सामने खड़े मुद्दों और सवालों पर खुलकर बात, बहस और चर्चा कर सकें। लेकिन इसके लिए जरूरी है कि संस्थानिक रूप से यह 'पब्लिक स्फीयर' न सिर्फ राज्य के कब्जे और दबाव-प्रभाव से मुक्त हो बल्कि वह निजी पूँजी के कब्जे, दबाव और अवांछित प्रभावों से भी स्वतंत्र होना चाहिए। साफ है कि दोनों तरह के अवांछित दबावों और प्रभावों से 'पब्लिक स्फीयर' की आजादी और स्वायत्तता को सुनिश्चित किए बगैर लोकतांत्रिक संवाद और बहस-मुबाहिसा सम्भव नहीं है। भारत जैसे राजनीतिक, धार्मिक, भाषाई और सामाजिक विविधता वाले देश में मास मीडिया का संकेन्द्रण गम्भीर समस्याओं का कारण बन सकता है।

मीडिया की पब्लिक ओपिनियन बनाने में महत्त्वपूर्ण भूमिका होती है। वॉल्टर लिपमैन और कई विद्वानों ने लगभग एक सदी पहले ही यह महसूस किया था कि लोगों की राय बनाने में मास मीडिया की भूमिका होती है। समाचार-पत्र में काम करने के अपने अनुभव को आधार बनाकर लिपमैन ने छवि निर्माण की आन्तरिक संरचना को समझने की कोशिश की थी। दो विश्व युद्धों के बीच के दौर में अमेरिका और

यूरोप में प्रेस, सिनेमा और रेडियो के तेज गति से विकास पर टिप्पणी करते हुए लिपमैन ने इसे लोकतांत्रिक भीड़तंत्र में मैन्युफैक्चर ऑफ कंसेंट यानी आम सहमति का निर्माण या उत्पादन कहा। इसके कई दशक बाद अमेरिकी विद्वान नोम चोमस्की और एडवर्ड एस. हरमन ने भी मैन्युफैक्चरिंग कंसेंट (विंटेज, 1988) नाम की अपनी चर्चित किताब में मास मीडिया की विचार निर्माण में भूमिका की व्यापक चर्चा की। चोमस्की और हरमन मीडिया की इस भूमिका को संरचनात्मक तरीके से देखते हैं और बताते हैं कि स्वामित्व और बिजनेस मॉडल की वजह से कॉरपोरेट मीडिया की तरह से विभिन्न मुद्दों पर सत्ता और इलीट के पक्ष में राय बनाने का काम करता है। वे इस बात को कई उदाहरणों के माध्यम से स्थापित करते हैं कि जनमत का निर्माण करने का काम मास मीडिया किस तरह करता है।

एक और पद्धति से मैकॉम्ब और शॉ ने 20वीं सदी की शुरुआत में यह साबित किया था कि एजेंडा सेटिंग में मास मीडिया की भूमिका होती है। उन्होंने अमेरिका के राष्ट्रपति चुनाव के दौरान एक छोटा सा सर्वे किया जिसका लक्ष्य यह जानना था कि मास मीडिया लोगों के मुद्दे तय करने में कितना असरदार होता है। उन्होंने लोगों से चुनाव के बड़े मुद्दे पूछे। इसके बाद इसे उन मुद्दों के साथ मिलाकर देखा गया जो मुद्दे वहाँ पढ़े जानेवाले अखबारों ने उठाए थे। मैकॉम्ब और शॉ ने यह पाया कि वहाँ अखबार जो मुद्दे उठा रहे थे, लोग उन्हीं मुद्दों के बारे में वाकिफ थे और उन्हें ही अपना मुद्दा मान रहे थे। अलग-अलग स्थितियों में दुनिया-भर में ऐसे ही प्रयोग किए गए हैं और यह बात स्पष्ट है कि मीडिया आपके सोचने के तरीके को या किसी मुद्दे पर किस तरह सोचना है, इसे शायद तय न करे, लेकिन आपको किन मुद्दों के बारे में सोचना है, यह तय करने में मीडिया अक्सर सफल रहता है। जो बात मास मीडिया में महत्त्वपूर्ण तरीके से आती है, लोग आमतौर पर उसी के बारे में सोचते हैं। जो बात मीडिया में नहीं होती, वह लोकविमर्श में भी शायद ही आ पाती है। जैसे-जैसे मीडिया का विस्तार होता है और उसकी पहुँच ज्यादा लोगों तक होती है, एजेंडा सेटिंग में उसकी भूमिका बढ़ती जाती है।

इस आधार पर यह कहा जा सकता है कि 1947 में भारतीय मीडिया जितना प्रभावशाली था, उसकी तुलना में अब कई गुना ज्यादा ताकतवर है क्योंकि मीडिया का कई गुना विस्तार हो चुका है। मास मीडिया की इसी ताकत की वजह से जरूरी है कि यह कैसे काम करता है और किसके कहने पर और किसके हित में काम करता है, इसकी कड़ी निगरानी की जाए। मीडिया मोनोपली और मीडिया कंसंट्रेशन को भी इसी सन्दर्भ में देखा और पढ़ा जाना चाहिए। किसी भी और उत्पाद में उत्पादक की मोनोपली की तुलना में मीडिया मोनोपली ज्यादा गम्भीर और प्रभाव छोड़ने वाला विषय है। लेकिन आश्चर्यजनक रूप से, भारत में मीडिया मोनोपली और क्रॉस

मीडिया ओनरशिप (एक साथ कई मीडिया प्लेटफॉर्म का स्वामित्व) को लेकर कोई नियमन नहीं है। मोनोपलीज रिस्ट्रिक्शन एंड ट्रेड प्रेक्टिसेज आयोग और अब उसकी जगह लेनेवाले कम्पीटिशन कमीशन के दायरे में मीडिया नहीं है।

यूरोप और अमेरिका में क्रॉस मीडिया ओनरशिप को लेकर लम्बी बहसें चलीं और इसके नियम कानून हैं। ट्राई ने अपने कंसल्टेशन पेपर में 15 देशों में मौजूद मीडिया स्वामित्व और क्रॉस मीडिया ओनरशिप के नियमों का जिक्र किया है। मिसाल के तौर पर, अमेरिका में किसी खास क्षेत्र में ब्रॉडकास्ट मीडिया यानी रेडियो और टीवी चैनलों के स्वामित्व और नियंत्रण के लिए पाबन्दियाँ हैं। अमेरिका में कोई व्यक्ति या कम्पनी इतने टीवी स्टेशन का स्वामी नहीं बन सकता जिनकी सम्मिलित पहुँच 39% घरों से ज्यादा हो। साथ ही देश के चार बड़े टीवी नेटवर्क–एबीसी, सीबीएस, फॉक्स और एनबीसी में से एक से ज्यादा का स्वामी नहीं हो सकता। ब्रिटेन में किसी इलाके में रेडियो, टीवी प्रसारण और समाचार-पत्र बेचने का काम तीन अलग-अलग कम्पनियाँ ही कर सकती हैं। यानी कोई एक कम्पनी किसी इलाके में एक साथ टीवी स्टेशन से प्रसारण करे और समाचार-पत्र भी बेचे या साथ में रेडियो स्टेशन चलाए, इसकी इजाजत नहीं है। अगर किसी व्यक्ति या कम्पनी के पास अखबारों के राष्ट्रीय सर्कुलेशन का 20 फीसदी हिस्सा है, तो वह किसी चैनल में 20 फीसदी से ज्यादा स्वामित्व नहीं ले सकती। इसी तरह, समाचार-पत्र का कोई मालिक ऐसे इलाके में रेडियो स्टेशन नहीं चला सकता जहाँ अखबारों के कुल सर्कुलेशन का 50% उसके नियंत्रण में हो। ट्राई ने अपने कंसल्टेशन पेपर में बताया है कि किस तरह दुनिया के ज्यादातर विकसित और लोकतांत्रिक मुल्क मीडिया स्वामित्व और क्रॉस मीडिया ओनरशिप पर किसी न किसी तरह का नियंत्रण लगाते हैं। लोकतंत्र के सही तरीके से काम करने के लिए मीडिया के लोकतांत्रिक होने को महत्त्वपूर्ण माना गया है और मीडिया पर कुछ कम्पनियों या व्यक्तियों के नियंत्रण के खतरे को ये देश महसूस करते हैं जबकि भारत में यह बहस अभी ढंग से शुरू भी नहीं हुई है।

इस दिशा में एक पहल 2008 में हुई जब सूचना और प्रसारण मंत्रालय के निर्देश पर टेलीकॉम रेगुलेटरी अथॉरिटी (ट्राई) ने मीडिया स्वामित्व पर एक विमर्श पत्र चर्चा के लिए जारी किया। इस विमर्श पत्र यानी कंसल्टेशन पेपर की शुरुआत में यह बताया गया है कि यह विषय क्यों महत्त्वपूर्ण है।

"मीडिया की लोकतंत्र में महत्त्वपूर्ण भूमिका है। टेलीविजन, रेडियो और प्रिंट माध्यम लोगों तक सूचनाएँ पहुँचाने का सबसे लोकप्रिय और असरदार जरिया हैं। इसलिए मीडिया और समाचार तथा विचारों में प्रतियोगिता, विविधता और बहुलता का होना आवश्यक है। अमेरिका, ब्रिटेन, कैनेडा, फ्रांस और ऑस्ट्रेलिया और कई और लोकतांत्रिक देशों में मीडिया स्वामित्व को लेकर कई तरह की पाबन्दियाँ हैं। इनमें

से कई देशों ने मीडिया स्वामित्व के नियमों में बदलाव किया है।"

टेलीकॉम रेगुलेटर को यह काम इसलिए भी सौंपा गया क्योंकि भारत में कोई ऐसा मीडिया रेगुलेटर नहीं है जो मीडिया के तमाम प्लेटफॉर्म को रेगुलेट करता हो। प्रेस कौंसिल एक्ट के तहत प्रेस परिषद के दायरे में सिर्फ प्रिंट मीडिया है और उसका काम सिर्फ यह देखना है कि प्रेस स्वतंत्र होकर काम करें और आचार संहिताओं का पालन किया जाए। मीडिया स्वामित्व या बिजनेस मॉडल की निगरानी करना प्रेस कौंसिल के अधिकार क्षेत्र में शामिल नहीं है। टेलीविजन और उसमें भी टीवी न्यूज की निगरानी के लिए देश में कोई संस्था नहीं है। इसलिए मीडिया स्वामित्व पर कंसल्टेशन पेपर बनाने का दायित्व ट्राई को सौंपा गया क्योंकि 2004 से केबल और ब्रॉडकास्ट सेक्टर के रेगुलेशन का काम उसके पास था। साथ ही यह बात भी देखी गई कि कई प्रिंट कम्पनियाँ ब्रॉडकास्ट सेक्टर में पाँव फैला रही हैं (जैसे 'इंडिया टुडे समूह', 'इनाडू', 'दैनिक जागरण' और 'सहारा')।

भारत में सरकार, आमतौर पर, मीडिया रेगुलेशन से बचती है। बाजार के नियमों से चल रहा मीडिया आमतौर पर सत्ता के खिलाफ नहीं जाता। सरकार के खिलाफ भी वह कम ही बोलता, दिखाता है। 1977 के बाद से मीडिया से सरकार ने मीडिया को नियंत्रित करने की कोई गम्भीर कोशिश नहीं कि और 1990 में नई आर्थिक नीति लागू होने के बाद इसकी जरूरत और भी कम हो गई। अपनी वित्तीय संरचना, कारोबारी ढाँचे और आमदनी के तौर-तरीकों की वजह से मास मीडिया सेल्फ सेंसरशिप बरतता है। ऐसे में अगर सरकार मीडिया स्वामित्व को लेकर चर्चा छेड़ती है, तो यह समझना होगा कि मीडिया मोनोपली की समस्या बेहद गम्भीर हो गई है और मीडिया कॉरपोरेशन इतने बड़े और ताकतवर हो गए हैं और अलग-अलग मीडिया प्लेटफॉर्म पर उनका ऐसा जबर्दस्त कब्जा हो गया है कि सरकार भी इसकी अनदेखी नहीं कर सकती।

मिस्र का आन्दोलन, क्रिकेट और मीडिया

दुनिया काफी बदल गई है। बदलाव बेशक ग्लोब के एक हिस्से में हुआ है, लेकिन इसका असर देर तक और दूर तक होने के आसार हैं। मिस्र का लोकतंत्र समर्थक आन्दोलन दूसरे देशों को अपनी चपेट में लेनेवाली सुनामी बने या न बने, लेकिन यह तय है कि इसने पूरी दुनिया में कई तरह की नई बहस और चर्चाओं को जन्म दिया है। जनसंचार या मास मीडिया को लेकर भी इस आन्दोलन के सन्दर्भ में कई चर्चाएँ चली हैं और इस विधा के लिए भी मिस्र की घटनाओं का काफी महत्त्व है।

भारतीय अखबारों का मिस्र में तो क्या पूरे अफ्रीका महादेश में कोई नियमित यानी रेगुलर संवाददाता नहीं है। इसलिए मिस्र से जुड़ी शुरुआती खबरें भारतीय पाठकों और दर्शकों तक पश्चिमी सूचना माध्यमों के जरिये पहुँचीं। खाड़ी देशों में इक्का-दुक्का भारतीय अखबारों ने अपने संवाददाता रखे हैं, लेकिन जब घटनाओं का विस्तार इतना बड़ा और व्यापक हो तो इन संवाददाताओं से ज्यादा उम्मीद भी नहीं की जा सकती, क्योंकि न तो वे मिस्र जैसे बड़े और विविधतापूर्ण देश को इतने कम समय में जान सकते हैं और न ही उसकी सही ढंग से रिपोर्टिंग कर सकते हैं। तस्वीरों के लिए तो भारतीय मीडिया पूरी तरह से पश्चिमी समाचार एजेंसियों पर निर्भर रहा। यह चिन्ताजनक है कि जब दुनिया के भू-राजनीतिक नक्शे को बदलने वाली घटना हो रही है, तब भारत में लोगों ने उसे आमतौर पर पश्चिमी स्रोत से देखा। चार हजार से पाँच हजार करोड़ रुपए तक बाजार पूँजीकरण वाली भारतीय मीडिया कम्पनियों ने इस घटना को कवर करने के लिए संसाधन क्यों नहीं लगाए, इस पर विचार किया जाना चाहिए। टेलीविजन हालाँकि इस आलेख के दायरे में नहीं है, फिर भी यहाँ इस बात का जिक्र करना आवश्यक है कि भारतीय चैनलों ने इक्का-दुक्का रिपोर्टर वहाँ भेजकर रस्म अदायगी की और जब वहाँ वास्तविक सत्ता परिवर्तन हुआ, उससे पहले ज्यादातर भारतीय चैनल अपने संवाददाता वापस बुला चुके थे।

भारतीय मीडिया के कवरेज को ध्यान से देखें तो इसमें विशेषज्ञों की भूमिका भी अजीब नजर आती है। भारत में लगभग सभी थिंक टैंक और शोध संस्थान या तो सरकारी हैं या फिर अमेरिकी और यूरोपीय देशों की मदद से चलने वाले। मिस्र

के आन्दोलन को लेकर अमेरिका शुरू से ही ढुलमुल रहा। अमेरिका अपने सबसे विश्वस्त सहयोगी होस्नी मुबारक के खिलाफ हो रहे आन्दोलन को लेकर सकते में था और बच-बचाकर चल रहा था। भारत सरकार तो अमेरिका से भी ज्यादा सतर्क थी। ऐसे में थिंक टैंक और एक्सपर्ट की दुविधा का अन्दाजा लगाया जा सकता है। मिस्र के आन्दोलन का खुलकर समर्थन करनेवाले कम थे और भारत के लिए इसका क्या मतलब है यह बताने वाला तो कोई था ही नहीं। कोई इसे मुस्लिम ब्रदरहुड के मजबूत होने के नजरिये से देख रहा था तो कोई इजराइल की चुनौती के सन्दर्भ में। कोई यह नहीं बता रहा था कि मिस्र की विकास दर भी भारत की तरह ही तेज रही है और दोनों देशों में बेरोजगारी दर लगभग बराबर है। महँगाई और भ्रष्टाचार दोनों देशों में चरम पर हैं। यह सब नहीं बताया जा रहा था। वजह यह नहीं है कि इसकी जानकारी नहीं थी, बल्कि इस तरह की जानकारियाँ सरकार और सत्ता को असहज कर सकती हैं। अखबार समेत मास मीडिया ऐसे मामलों में सेल्फ सेंसरशिप कर लेता है। सरकार को इसके लिए अलग से बोलने की जरूरत नहीं पड़ती।

सत्ता परिवर्तन तक पहुँचा मिस्र का आन्दोलन दरअसल मजदूर आन्दोलन के गर्भ से पैदा हुआ। अमेरिका में प्रतिरोध की संस्कृति गढ़ रही इंटरनेट साइट-काउंटरपंच में मेरी लिन क्रेमर लिखती हैं कि मिस्र में पिछले आठ साल में 3000 से ज्यादा हड़तालें हुई हैं। काहिरा के ताहिर चौक पर जो मंजर दुनिया ने देखा, उसकी पृष्ठभूमि इन हड़तालों और मजदूर आन्दोलनों की तैयार की हुई है। दुनिया जिस 'अप्रैल 6 यूथ-मूवमेंट' को मिस्र में जनान्दोलन संगठित करनेवाली संस्था के रूप में जानती है, उसका नाम भी मजदूर आन्दोलन से जुड़ी एक घटना के आधार पर पड़ा। 2008 में काहिरा के पास माहाल्ला में कपड़ा मजदूरों की बड़ी हड़ताल हुई तो पुलिस ने उसे कुचलने की कोशिश की। 6 अप्रैल को माहाल्ला में लगभग एक लाख लोगों ने विरोध प्रदर्शन किया। इस दौरान पुलिस फायरिंग में दो लोगों की मौत हो गई। यह पहला मौका था, जब मिस्र के मजदूरों ने डर पर जीत हासिल कर ली। उन्होंने 'मुबारक' की एक आदमकद प्रतिमा को गिरा दिया। यहीं से वह आन्दोलन शुरू हुआ, जिसका आखिरी चरण दुनिया ने अब देखा।

ताहिर चौक में अब जो हुआ उसे 6 अप्रैल की घटना का विस्तार माना जाता है। मिस्र में 2011 की जनवरी और फरवरी की घटनाओं को मीडिया इस तरह दिखा रहा है मानो मिस्र के मध्यवर्गीय युवा तानाशाही से नाराज थे और उन्होंने आन्दोलन किया। जबकि इन दिनों भी देश भर में जबर्दस्त मजदूर आन्दोलन चल रहे थे और स्वेज नहर के आस-पास के औद्योगिक इलाकों में बड़े पैमाने पर मजदूर हड़ताल पर चले गए थे। लेकिन मीडिया ने यह सब रिपोर्ट नहीं किया। अन्तर्राष्ट्रीय मीडिया में तो फिर भी इससे जुड़ी कुछ सूचनाएँ मिल जाती हैं। मिसाल के तौर पर–'सिडनी

मॉर्निंग हेराल्ड' के टिमोथी फेल्प्स ने 11 फरवरी, 2011 को लिखा कि 2008 का मजदूर आन्दोलन ही मुबारक की सत्ता के लिए खतरा बन गया था। लेकिन भारतीय मीडिया ने मिस्र के आन्दोलन के इस सबसे महत्त्वपूर्ण पहलू की अनदेखी की। यह अनजाने में नहीं हुआ।

भारतीय मीडिया ने इस मौके पर इस बात की भी छानबीन नहीं की कि भारत के होस्नी मुबारक और उसकी सरकार के साथ कैसे सम्बन्ध हैं। अगर वे ऐसा करना चाहते तो उन्हें पता चलता कि भारत और होस्नी मुबारक के बीच सम्बन्ध कितने मधुर रहे हैं। भारत ने 2007 में मुबारक को अन्तर्राष्ट्रीय शान्ति और सद्भाव के लिए नेहरू पुरस्कार दिया था। मनमोहन सिंह पिछले दिनों मिस्र के शहर शरम अल शेख में गुटनिरपेक्ष देशों के सम्मेलन में मुबारक को शान्ति का प्रतीक बता चुके हैं।

भारतीय कम्पनियों के मिस्र में कोराबारी हित हैं और भारत को जब तक भरोसा नहीं हो गया कि मुबारक जानेवाले हैं तब तक विदेश मंत्रालय से ढुल-मुल बयान आते रहे या फिर चुप्पी बनी रही। साथ ही इस तथ्य की अनदेखी नहीं की जा सकती कि इजराइल की जितनी दोस्ती मुबारक से थी, उससे कम दोस्ती भारत से नहीं है। मुबारक के कमजोर होने को लेकर इजराइल डरा हुआ था और भारत पर इसकी अनदेखी नहीं कर सकता है कि किसी मामले में इजराइल क्या सोच रहा है।

मिस्र और भारत का मीडिया

मिस्र में प्रेस उसी तरह आजाद है जिस तरह भारत में। सरकारी चैनल हैं, लेकिन उससे ज्यादा पहुँच वाले निजी चैनल भी हैं। अखबार भी खूब छपते हैं। लेकिन देश में आ रहे इतने बड़े उबाल को मिस्र के अखबार और चैनल नहीं देख पाए। मुबारक के सत्ता छोड़ने के दिन तक वहाँ के अखबार और चैनल सन्तुलन बनाकर चलने की कोशिश करते रहे। इस तरह मुख्यधारा के मीडिया में प्रतिरोध की आवाज को जगह नहीं मिल पाई। इस खाली जगह को वहाँ वेब मीडिया और सोशल नेटवर्किंग साइट ने भरा। ताहिर चौक में लोगों को आने के लिए अपील किसी अखबार या चैनल में नहीं आई। यह काम सोशल नेटवर्किंग साइट के जरिये हुआ।

मिस्र में 500 से ज्यादा दैनिक समाचार-पत्र छपते हैं, जिनमें से आधे से अधिक निजी हाथों में हैं। ये समाचार-पत्र अलग-अलग राजनीतिक विचारों के हैं और अल्पसंख्यक ईसाई समुदाय के भी 17 अखबार हैं। विपक्षी दलों के भी अपने समाचार-पत्र हैं। अखबारों को आजादी थी कि वे सरकारी नीतियों का विरोध करें। मुबारक के राष्ट्रपति चुनाव में जीतने के तरीकों की कई अखबारों ने निन्दा की थी और सम्पादकीय लिखे थे। 'अल-दस्तूर' समाचार-पत्र उनमें एक है, जिसका जिक्र

'कैम मैकग्रा' ने 14 फरवरी, 2010 को काहिरा से भेजी अपनी रिपोर्ट में किया है। यह रिपोर्ट इंटर प्रेस सर्विस यानी आईपीएस ने जारी की थी। लेकिन कुल मिलाकर मिस्र के मीडिया पर सरकार का दबदबा खत्म नहीं हुआ है। अखबारों के सर्कुलेशन को देखें तो मिस्र में अखबारों की 15 लाख की कुल बिक्री में 10 लाख कॉपियाँ सरकारी अखबार 'अल-अहराम' की बिकती हैं।

इसी तरह मिस्र में टेलीविजन के 11 सरकारी चैनल हैं और 31 निजी चैनल। इसके अलावा दूसरे देशों से टेलीकास्ट होनेवाले अरबी भाषा के कई चैनल यहाँ देखे जाते हैं। लेकिन कई चैनल होने का यह मतलब नहीं है कि उनमें सरकार और व्यवस्था विरोधी खबरों को पर्याप्त जगह मिले। काहिरा मानवाधिकार संगठन ने 2005 के राष्ट्रपति चुनाव के दौरान मीडिया कवरेज का अध्ययन करने पर पाया कि होस्नी मुबारक को बाकी 9 प्रत्याशियों के मुकाबले काफी ज्यादा कवरेज दिया गया। जब मिस्र में मजदूर आन्दोलन चल रहा था तो सरकारी ही नहीं, गैर सरकारी चैनल और अखबारों में इसकी कम खबरें छपीं। ताहिर चौक पर आन्दोलन शुरू होने तक मिस्र का मीडिया लोगों के असंतोष को दर्ज नहीं कर पा रहा था। ऐसे समय में वैकल्पिक माध्यमों ने अपनी भूमिका निभाई।

'अप्रैल 6 यूथ मूवमेंट' और 'वी आर ऑल खालिद सैद' जैसे फेसबुक प्रोफाइल के जरिये लोगों से यह अपील की गई कि वे सड़कों पर आएँ। फेसबुक पर इन दोनों पेज के क्रमशः 66000 और 83000 फॉलोअर हैं। ताहिर चौक पर प्रदर्शन से पहले भी फेसबुक के जरिये अलग-अलग शक्लों में आन्दोलन की अपील जारी की जाती रही है। प्रतिरोध आन्दोलन के संगठनकर्ता के रूप में इंटरनेट का इस्तेमाल इससे पहले ट्यूनीशिया में हो चुका है। ट्विटर और कई और माध्यमों के जरिये भी मिस्र में आन्दोलनकारियों ने प्रतिरोध संगठित करने की कोशिश की और उन्हें काफी सफलता भी मिली। उनकी कामयाबी का अन्दाजा इस बात से लगाया जा सकता है कि मिस्र की सरकार ने आन्दोलन को कुचलने के लिए सबसे पहले इंटरनेट की पहरेदारी शुरू की और फेसबुक तथा ट्विटर समेत कई साईट और सोशल नेटवर्किंग प्लेटफॉर्म को ब्लॉक कर दिया। एक समय ऐसा आया जब सरकार ने इंटरनेट को ही ठप कर दिया। हालाँकि इस वजह से देश की अर्थव्यवस्था का भारी नुकसान हुआ, लेकिन आन्दोलन को दबाने के लिए सरकार ने यह कदम भी उठाया।

हालाँकि टेक्नोलॉजी को नियंत्रित करने की सीमाएँ यहाँ भी नजर आईं। जब सरकार ने इंटरनेट का इस्तेमाल मुश्किल बना दिया तो लोगों ने मोबाइल फोन पर वायस कॉल और एमएमएस के जरिये एक दूसरे को सन्देश भेजे। ट्विटर ने यह सुविधा शुरू कर दी कि जिसके जरिये खास नम्बर पर फोन करके दिया गया सन्देश ट्विटर पर नजर आने लगा। इस तरह लोगों की आवाज कभी बन्द नहीं की जा

सकी। मिरर साइट के जरिये एक साइट को कई अलग-अलग आईपी एड्रेस का इस्तेमाल करके जिन्दा रखा गया।

इंटरनेट की दुनिया में भारत की कछुआ चाल

देश/आबादी (करोड़)/ इंटरनेट यूजर(करोड़)/ नेट यूजर आबादी अनुपात 2000-2010 के बीच बढ़त (गुना)

भारत	117	8	6.9	15
मिस्र	8	1.7	21.2	36
ट्यूनीशिया	1.05	0.36	34	35
अफ्रीका	101	11	10.09	23
एशिया	383	82	21.5	6
विश्व	684	196	28	4.4

लेकिन क्या इस आधार पर यह कहा जा सकता है कि फेसबुक या ट्विटर की वजह से ही मिस्र में बदलाव हुआ? ऐसा कहना सरलीकरण होगा। मिस्र के आन्दोलन को इंटरनेट से ताकत जरूर मिली लेकिन इंटरनेट को आन्दोलनकर्ता के रूप में देखकर जो लोग बहुत आशान्वित हो रहे हैं, उसका कोई कारण नहीं है। मिस्र में आन्दोलन जनता, और मुख्य रूप से औद्योगिक मजदूरों का था, उसे संगठित करने में सोशल मीडिया और इंटरनेट ने भूमिका निभाई।

क्या भारत में सोशल मीडिया की ऐसी कोई सामाजिक भूमिका हो सकती है? आज इस सवाल का जवाब देना आसान नहीं है। भारत में सोशल मीडिया और इंटरनेट की पहुँच अपेक्षाकृत कम है। मिस्र में इंटरनेट मुफ्त है। वहाँ हर घर के लिए पर्सनल कम्प्यूटर की मुहिम चलाई गई है, जिसके तहत बिना किसी गारंटी के किश्तों पर कम्प्यूटर खरीदने की सुविधा है। इसके मुकाबले भारत की स्थिति अच्छी नहीं कही जाएगी। इसके बावजूद भारत में वैकल्पिक चिन्तन और विचार के मंच के रूप में इंटरनेट की भूमिका हो सकती है क्योंकि समाचार-पत्र और टेलीविजन इसके लिए स्पेस मुहैया नहीं करा रहे हैं।

चलो क्रिकेट देखें

क्रिकेट इस देश में एक बड़ा बिजनेस है और सिर्फ आईपीएल-4 की कीमत 1000 करोड़ रुपए से ज्यादा आँकी जा रही है। करोड़ों रुपए में खिलाड़ियों की नीलामी हो

रही है। क्रिकेट को जो लोग सिर्फ खेल समझ रहे हैं वे धोखे में हैं। क्रिकेट खेल से कहीं ज्यादा एक मीडिया इवेंट है। इस पर विज्ञापनदाताओं के हजारों-करोड़ रुपए लगे हैं। मिसाल के तौर पर, ग्रुप एम के दक्षिण एशिया के सीईओ विक्रम सखूजा 'इकॉनोमिक टाइम्स' के ब्रांड इक्विटी सप्लिमेंट (9 फरवरी, 2011) में लिखते हैं कि भारत में विज्ञापन का सालाना बाजार 30000 करोड़ रुपए का है, जिसमें से टीवी विज्ञापनों का बाजार 12000 करोड़ रुपए का है। इसमें से 2000 करोड़ रुपए सिर्फ वर्ल्ड कप क्रिकेट और उसके फौरन बाद शुरू हो रहे आईपीएल-4 में खर्च हो जाएँगे।

अब क्रिकेट दरअसल टीवी दर्शकों के लिए ही खेला जाता है। वह भी खासतौर पर भारतीय दर्शकों के लिए क्योंकि क्रिकेट से आनेवाले पैसे का 70 फीसदी भारत से जाता है। स्टेडियम पर मौजूद कुछेक हजार दर्शक भी दरअसल एक टीवी शो के ऑडियंस की भूमिका में होते हैं। टीवी कैमरे के सामने 'टॉस' से लेकर 'मैन ऑफ द मैच' की घोषणा होती है। टीवी स्क्रीन के लगभग आधे हिस्से में अक्सर विज्ञापन चलता रहता है। ओवर के बीच में विज्ञापन दिखाने का चलन तो पुराना है, अब कैच, चौका और छक्का तक स्पॉन्सर्ड होता है। खिलाड़ियों के बैट, विकेट, जूते, ड्रेस सभी कुछ स्पॉन्सर्ड हो गए हैं। पूरी बाउंड्री लाइन पर स्पॉन्सर्ड के बोर्ड लगे होते हैं। इन सबका लक्ष्य है उन दर्शकों तक पहुँचना, जो उपभोक्ता भी हैं। क्रिकेट को पूरी तरह से दूह लेने की कोशिश होती है। ईएसपीएन-स्टार स्पोर्ट्स पर वर्ल्ड कप के दौरान 10 सेकेंड के एक विज्ञापन की कीमत 3.5 लाख रुपए थी। आईपीएल-4 में 10 सेकेंड का एक विज्ञापन 5 लाख रुपए का है।

यह स्वाभाविक भी है। जो कम्पनी अरबों रुपए खर्च करके ब्रॉडकास्ट राइट लेती है, वह न सिर्फ यह रकम निकालने की कोशिश करेगी बल्कि इस पर मुनाफा कमाने की भी तमाम कोशिश करेगी। मिसाल के तौर पर इंटरनेशनल क्रिकेट कौंसिल यानी आईसीसी के 2007 से 2015 तक के सभी टूर्नामेंट के ब्रॉडकास्ट राइट्स ईएसपीएन-स्टार स्पोर्ट्स ने 5040 करोड़ रुपए में खरीदे हैं। इसके पहले के आठ साल के टूर्नामेंट के ब्रॉडकास्ट राइट्स इसकी आधी कीमत पर खरीदे गए थे। इसके अलावा स्पॉन्सरशिप राइट्स पर लगभग 2250 करोड़ रुपए दाँव पर लगे हुए हैं। यह पैसा वसूल हो इसके लिए आईसीसी के टूर्नामेंट की संख्या बढ़ा दी गई है। ट्वेंटी-20 वर्ल्ड कप इसी के तहत शुरू किया गया है।

क्रिकेट का टूर्नामेंट दुनिया के किसी भी हिस्से में हो रहा हो, उसमें विज्ञापन भारतीय या भारत में बिकने वाले उत्पादों के ज्यादा दिखते हैं। वेस्टइंडीज से लेकर ऑस्ट्रेलिया तक में होनेवाले टूर्नामेंट में यह देखा जा सकता है। इसमें कोई रहस्य नहीं है। क्रिकेट के ज्यादातर टीवी दर्शक भारत में हैं और क्रिकेट के टूर्नामेंट सही मायने में उनके लिए ही खेले जाते हैं। क्रिकेट का पैसा भी भारत से ही जाता है।

क्रिकेट की बहती गंगा में हाथ धोने में न्यूज चैनल भी पीछे नहीं रहना चाहते। इस दौरान विज्ञापनों की दर डेढ़ गुना तक हो जाती है और विज्ञापनदाताओं को खींचने के लिए चैनल तरह तरह की प्रोग्रामिंग करते हैं। इसके लिए पूर्व क्रिकेटरों को एक्सपर्ट के तौर पर लाया जाता है। 45 दिन के लिए उनका कॉन्ट्रेक्ट 10 लाख से 2 करोड़ रुपए तक का होता है। इमरान खान, गावसकर और कपिलदेव सबसे महँगे एक्सपर्ट माने जाते हैं। यह सारा खर्च इसलिए ताकि लोग टीवी स्क्रीन से चिपके रहे और इसके एवज में विज्ञापनदाता अपनी झोली खोल दें। अखबारों ने भी तमाम तरह के एक्सपर्ट को साइन किया है जो उनके लिए कमेंट्री करते हैं। प्रिंट मीडिया के लिए भी क्रिकेट कमाई का काफी महत्त्वपूर्ण मौका होता है। टूर्नामेंट शुरू होने से पहले क्रिकेट को केन्द्र में रखकर टीवी, मोबाइल, वेबसाइट आदि के विज्ञापन बड़े पैमाने पर आते हैं। खेल पन्नों पर इन दिनों शराब से लेकर सिरगरेट कम्पनियों के सेरोगेट विज्ञापन खूब दिखाए जाते हैं। अखबारों में क्रिकेट टूर्नामेंट के लिए स्पेशल पन्ने हैं और पहले पन्ने पर भी क्रिकेट छाया रहता है।

अखबार और चैनलों में जिस तरह क्रिकेट छाया रहता है, वह मीडिया और विज्ञापन के रिश्तों को रेखांकित करता है। मिस्र के कवरेज के लिए भारतीय मीडिया ने जो संसाधन लगाए, उसकी तुलना क्रिकेट विश्वकप के कवरेज में लगाए गए संसाधनों से कीजिए। आप सहज ही अन्दाजा लगा पाएँगे कि मीडिया आपको क्या दिखाना चाहता है। इसके पीछे किसी की साजिश नहीं है, न ही किसी की बदमाशी। भारत के कॉरपोरेट मीडिया की कारोबारी संरचना और आमदनी के तौर-तरीकों की वजह से यही स्वाभाविक है।

कॉमनवेल्थ खेल, विज्ञापन और मीडिया

वर्ष 2010 की पूरी जुलाई और अगस्त के पहले पखवाड़े तक देश के राष्ट्रीय कहे जानेवाले ज्यादातर समाचार-पत्रों में कॉमनवेल्थ खेलों को लेकर नकारात्मक खबरें प्रमुखता से छपीं। कॉमनवेल्थ खेलों के कवरेज में मुख्य रूप से दो बातों को प्रमुखता मिली। एक, कॉमनवेल्थ गेम्स को लेकर बड़े पैमाने पर भ्रष्टाचार और दो, कॉमनवेल्थ गेम्स की अधूरी तैयारियाँ और दिल्ली शहर में टूट-फूट को समेट पाने में सरकारी एजेंसियों की नाकामी। इन खेलों के आयोजन में सरकारी पैसे की लूट और सरकारी मशीनरी की अक्षमता को लेकर समाचार-पत्रों ने जमकर लिखा। कॉमनवेल्थ खेलों के कवरेज में तस्वीरों का खूब इस्तेमाल किया गया और इनके जरिये यह बताया गया कि किस तरह से न स्टेडियम तैयार हैं, न शहर दिल्ली।

अगर मैं यह अनुमान लगा रहा हूँ कि आनेवाले दिनों में कॉमनवेल्थ को लेकर मीडिया कवरेज की दिशा बदल जाएगी, तो इसका आधार यह है कि आयोजन समिति इस बीच अपना विज्ञापन अभियान शुरू कर चुकी होगी। छवि निर्माण के बड़े अभियानों के अब तक के अनुभवों के आधार पर कहा जा सकता है कि मीडिया या इसके बड़े हिस्से का प्रबन्धन मुमकिन है। सरकार में पत्र सूचना कार्यालय यानी पीआईबी से लेकर डीएवीपी, जनसम्पर्क विभाग यह काम करते हैं। निजी कम्पनियों में भी मीडिया रिलेशन, कॉरपोरेट कम्युनिकेशन के विभाग होते हैं। सैकड़ों की संख्या में मीडिया मैनेजमेंट और पब्लिक रिलेशन कम्पनियाँ देश और विदेश में मीडिया का प्रबन्धन करती हैं। यानी क्या छपेगा और क्या नहीं छपेगा का निर्धारण अक्सर समाचार कक्ष से बाहर तय होता है।

कॉमनवेल्थ खेलों के आयोजन और इसके लिए दिल्ली को सँवारने पर अलग-अलग अनुमानों के मुताबिक, 35,000 करोड़ से लेकर 85,000 करोड़ रुपए खर्च किए जाएँगे। कुछ लोग तो इस रकम को एक लाख करोड़ के ऊपर तक बता रहे हैं। इस रकम का एक हिस्सा मीडिया प्रबन्धन पर खर्च होता है। मीडिया में छोटे पैमाने पर कॉमनवेल्थ का प्रचार अभियान शुरू भी हो चुका है। क्वींस बैटन रिले की शुरुआत के दौरान छिटपुट विज्ञापन मीडिया में आए। लेकिन उसके बाद यह विज्ञापन

अभियान रोक दिया गया। मीडिया में कॉमनवेल्थ खेलों को लेकर नकारात्मक खबरों को आप एक हद तक आयोजन समिति के मीडिया कुप्रबन्धन या मिसमैनेजमेंट का नतीजा मान सकते हैं। यह बात पूरी तरह से सही न हो, लेकिन इसमें एक सीमा तक सच्चाई है कि अगर आयोजन समिति ने मीडिया प्रबन्धन को गम्भीरता से लिया होता और अरबों की लूट का एक हिस्सा मीडिया पर भी लुटाया होता तो कॉमनवेल्थ खेलों की इतनी बुरी छवि न बनती। कल्पना कीजिए कि पाँच अधबने स्टेडियम की जगह पाँच तैयार स्टेडियम या अधबने स्टेडियम के तैयार हिस्सों की चमचमाती तस्वीर हर दिन अखबारों में छपती, तो कॉमनवेल्थ गेम्स को लेकर लोगों के मन में क्या छवि बनती! कॉमनवेल्थ आयोजन समिति मीडिया को इसके लिए तैयार न कर सकी, यह आयोजन समिति के मीडिया प्रबन्धन विभाग की बड़ी नाकामी है।

इस देश में किसी भी बड़े विज्ञापनदाता के खिलाफ मीडिया में आमतौर पर कुछ नहीं छपता। मिसाल के तौर पर हिन्दुस्तान लीवर, मारुति-सुजूकी, प्रोक्टर एंड गैंबल, टाटा, रिलायंस इंडस्ट्रीज, हीरो होंडा, एयरटेल, बिगबाजार, पेंटालून आदि के खिलाफ शायद ही आपने कभी कोई खबर देखी होगी। कोला कम्पनियाँ इस देश के बच्चों और नौजवानों की सेहत बिगाड़ रही हैं और उन्हें मोटा बना रही हैं, लेकिन सेहत के किसी टीवी कार्यक्रम या किसी अखबारी पन्ने पर कोला ड्रिंक्स के खिलाफ पढ़ने को शायद ही मिलेगा। पिज्जा-बर्गर बेचने वाली कम्पनियों के खिलाफ भी शायद ही कुछ छपता है क्योंकि वे बड़ी विज्ञापनदाता कम्पनियाँ हैं। कुछ साल पहले जब सेंटर फॉर साइंस एंड एनवायरनमेंट ने यह बताया कि कोला ड्रिंक्स में पेस्टिसाइड हैं तो कोला कम्पनियों ने अपने बचाव में लगभग 40 करोड़ रुपए का विज्ञापन अभियान शुरू कर दिया और मीडिया में कोला ड्रिंक्स के खिलाफ खबरें बन्द हो गईं। हाल ही में जब छत्तीसगढ़ में आदिवासी बहुल इलाके में खनन को लेकर विवाद तेज हुआ तो दुनिया की सबसे बड़ी माइनिंग कम्पनियों में से एक वेदांता ने अखबारों में पूरे पन्ने के कई विज्ञापन दिए। अब अखबारों में आपको खनन को लेकर विरोध की खबरें पढ़ने को शायद ही मिलेंगी।

पिछले लोकसभा चुनाव से पहले 2008-2009 में केन्द्र सरकार ने अपना विज्ञापन बजट दो गुना बढ़ा दिया था। मीडिया प्रबन्धन का यह सरकारी तरीका था। भारत सरकार के दृश्य और श्रव्य प्रचार निदेशालय (डीएवीपी) से जारी होनेवाले विज्ञापन के लिए किया गया भुगतान 2007-8 में 246.5 करोड़ रु. था जो 2008-9 में 472.1 करोड़ हो गया।[1] इसी तरह रेल मंत्रालय का प्रिंट माध्यमों को दिए गए विज्ञापनों पर खर्च 2007-8 में 159.1 करोड़ रु. था जो 2008-9 में बढ़कर 208 करोड़ रु. हो गया।[2] बाकी सरकारी विभागों और सरकारी कम्पनियों का विज्ञापन खर्च भी चुनावी साल में अचानक काफी तेजी से बढ़ गया। डीएवीपी से विज्ञापनों

के लिए ज्यादा भुगतान किए जाने के बारे में पूछे गए सवाल के जवाब में सरकार ने संसद को जानकारी दी कि ऐसा विज्ञापनों की दर बढ़ाए जाने और मंत्रालयों और विभागों द्वारा ज्यादा विज्ञापन जारी किए जाने की वजह से हुआ। सरकार चुनाव से ठीक पहले मीडिया संस्थानों पर विज्ञापन की शक्ल में पैसों की बारिश करके क्या हासिल करना चाहती है, इसे समझना कठिन नहीं है।

कॉमनवेल्थ खेलों की आयोजन समिति से गलती यह हुई है कि उसने समय पर अपना विज्ञापन अभियान शुरू नहीं किया। अगर वह 400 से 500 करोड़ का विज्ञापन अभियान चला रही होती तो मीडिया को नियंत्रित करना उसके लिए मुश्किल नहीं होता। इस समय जबकि अखबार जिन्दा रहने से लेकर मुनाफे के लिए विज्ञापनों पर पूरी तरह निर्भर हैं, विज्ञापन बन्द करने की धमकी से बड़ा सेंसरशिप कुछ भी नहीं है। इससे न बचा जा सका है न ही इसके विरोध की कोई परम्परा बन पाई है।

बाजार के दबावों की वजह से मीडिया का निष्पक्ष और निरपेक्ष रह पाना अब मुमकिन नहीं है। मीडिया का कारोबार लगभग पूरी तरह विज्ञापनों पर निर्भर है। मीडिया विश्लेषक परंजय गुहा ठाकुरता की राय में खास मीडिया संगठनों के कुल राजस्व का 90 फीसदी तक विज्ञापनों से आ रहा है।[3] इस वजह से कंटेंट तैयार करने की उसकी स्वायत्तता पर पाबन्दियाँ लग जाती हैं। कई बार विज्ञापनदाता मामूली-सी आलोचना से नाराज होकर तमाम विज्ञापन रोक लेते हैं। जरूरी नहीं है कि ऐसा सिर्फ आलोचनात्मक खबरें छापने या दिखाने के लिए किया गया हो। कई बार किसी कम्पनी के वित्तीय नतीजे और बाजार में कम्पनी के कामकाज को कमजोर माने जाने की खबर पर भी ऐसी कार्रवाई की जाती है।[4]

कई विश्लेषक ये कहने लगे हैं कि खबरों में की जा रही इस तरह की मिलावट मीडिया इंडस्ट्री के लिए ठीक है और लम्बी अवधि में ये विज्ञापनदाताओं के लिए भी फायदेमन्द नहीं रहेगा। ये सोने के अंडे के लालच में मुर्गी को मारने वाली हरकत है। कोई भी उद्योग थोड़े समय के फायदे के लिए अपने उत्पाद को खराब नहीं करता। खासकर अपने किसी ऐसे उत्पाद के साथ कोई कम्पनी छेड़छाड़ नहीं करती, या क्वालिटी के साथ समझौता नहीं करती, जो ग्राहक की आदत में शामिल हो। अखबार, पत्रिकाएँ, चैनल ये सब लोग आदत के मुताबिक देखते हैं। पत्रकारिता के लिए समाचार और विज्ञापन का घालमेल किस हद तक खतरनाक हो सकता है इस बारे में पत्रकार सुरेन्द्र किशोर की टिप्पणी गौरतलब है। हालाँकि ये टिप्पणी लोकसभा चुनाव 2009 के दौरान कुछ अखबारों द्वारा समाचार के स्पेस को विज्ञापनों से भरने यानी पेड न्यूज के सन्दर्भ में है :

"यदि मीडिया की ताकत ही नहीं रहेगी तो कोई अखबार मालिक किसी सरकार

को किसी तरह प्रभावित नहीं कर सकेगा। फिर उसे अखबार निकालने का क्या फायदा मिलेगा। यदि साख नष्ट हो गई तो कौन-सा सत्ताधारी नेता, अफसर या फिर व्यापारी मीडिया की परवाह करेगा। इसलिए व्यवहारिक दृष्टि से देखा जाए तो यह अखबार के संचालकों के हक में है कि छोटे-मोटे आर्थिक लाभ के लिए पैकेज पत्रकारिता को बढ़ावा न दें।"[5]

सुरेन्द्र किशोर दरअसल भारतीय पत्रकारिता को एक नई बीमारी पैकेज पत्रकारिता या पेड न्यूज से बचने की नसीहत देते हुए अखबार निकालने के पीछे भारतीय मीडिया उद्योग के व्यवसाय के अलावा बाकी हितों और स्वार्थों की चर्चा भी वे यहाँ कर रहे हैं। वे यह नहीं चाहते कि मीडिया अपनी साख इस हद तक गँवा दे कि उसकी हैसियत ही खत्म हो जाए क्योंकि अगर मीडिया की साख ही नहीं बचेगी, तो मीडिया के जरिये वे स्वार्थ पूरे नहीं हो पाएँगे, जिसके लिए कोई व्यवसायी मीडिया कारोबार शुरू करता है। अखबार मालिकों द्वारा सरकार को प्रभावित करनेवाली उनकी बात के मायने गम्भीर हैं। सुरेन्द्र किशोर पेड न्यूज का विरोध इस आधार पर नहीं कर रहे हैं कि ये अनैतिक है या पत्रकारिता और लोकतंत्र को इससे कोई नुकसान होगा, वे एक व्यावहारिक पक्ष लेते हैं और बताते हैं कि ऐसा करना मीडिया मालिकों के हित में भी नहीं होगा।

विज्ञापन में बसी है मीडिया की जान

भारत में मीडिया और मनोरंजन व्यवसाय के विकास के पीछे मुख्य ताकत विज्ञापनों से मिले पैसे की ही है। 2006-2008 के बीच का समय भारतीय विज्ञापन बाजार में तेज विकास का दौर रहा। इस दौरान विज्ञापनों से होनेवाली आमदनी में हर साल औसतन 17.1 फीसदी की दर से बढ़ोतरी हुई।[6] 2009 में भारतीय विज्ञापन कारोबार 22,000 करोड़ रुपए का हो गया। वैश्विक मन्दी और भारत पर उसके असर की वजह से 2008 के मुकाबले 2009 में विज्ञापन कारोबार में मामूली (0.4) की गिरावट आई। लेकिन 2009-2014 के दौरान विज्ञापन कारोबार की औसत सालाना विकास दर 14 फीसदी से ज्यादा होने का अनुमान है। आर्थिक माहौल के बदलने से विज्ञापनों से होनेवाली आमदनी पर असर जरूर पड़ा है लेकिन विज्ञापन कारोबार के बढ़ने की दर जीडीपी विकास दर के किसी भी अनुमान से ज्यादा है।

मीडिया के अलग-अलग माध्यमों की बात करें तो प्रिंट माध्यम के विज्ञापन का बाजार 2009 में 10,300 करोड़ रुपए का था जिसके 2014 में बढ़कर 17,640 करोड़ रुपए हो जाने का अनुमान है। यानी अगले कुछ वर्षों में प्रिंट के विज्ञापनों का कारोबार सालाना 11.4 फीसदी की औसत रफ्तार से बढ़ेगा। वहीं, टीवी विज्ञापनों

का बाजार 2009 में 8,800 करोड़ रुपए था जिसके 2014 में बढ़कर 18,150 करोड़ रुपए तक पहुँचने का अनुमान है। प्रतिशत के हिसाब से सालाना बढ़ोतरी का आँकड़ा 15.6 फीसदी का रहेगा।[7] बढ़ोतरी का ये सिलसिला वैश्विक आर्थिक मन्दी के कारण विज्ञापन बाजार में आई शिथिलता के बावजूद है।

ऐडेक्स इंडिया की रिपोर्ट के एक्सचेंज फॉर मीडिया में छपे विश्लेषण के मुताबिक 2009 में प्रिंट को सबसे ज्यादा विज्ञापन शिक्षा क्षेत्र से मिले। इसके बाद सेवा क्षेत्र और बैंकिंग फाइनेंस सेक्टर का नम्बर है। वैसे किसी एक कम्पनी की बात करें तो सबसे ज्यादा विज्ञापन 'टाटा मोटर्स' ने दिए। इसके बाद एलजी, मारुति-सुजूकी, प्लानमैन कंसल्टेंट, स्टेट बैंक, सैमसंग, बीएसएनएल, स्वास्थ्य और परिवार कल्याण मंत्रालय और जनरल मोटर्स ने दिए। इसी दौरान ऑटो कम्पनियों का विज्ञापन 7 परसेंट बढ़ गया। कुल विज्ञापनों में 95 फीसदी अखबारों के हिस्से आए, जबकि 5 फीसदी विज्ञापन पत्रिकाओं को मिले।[8]

विज्ञापन है असली किंग

अखबारों में विज्ञापनों के बढ़ते महत्त्व और कंटेंट पर उसके असर के बारे में प्रेस परिषद के चेयरमैन जस्टिस जी. एन. रे ने भी चिन्ता जताई है। उन्होंने कहा है कि प्रेस के लिए विज्ञापन आमदनी का मुख्य स्रोत बन गए हैं। महानगरों में तो प्रेस की कुल आमदनी का 70 से 80 फीसदी विज्ञापनों से आ रहा है। इस वजह से अखबारों में विज्ञापन ज्यादा ही जगह घेरने लगे हैं। समाचार और विज्ञापन का अनुपात लगातार विज्ञापनों के पक्ष में झुक रहा है। समाचार-पत्रों की नीति और विचारों पर विज्ञापनों का दखल, जितना लगता है, उससे ज्यादा हो चुका है। कॉरपोरेट कम्यूनिकेशंस और ग्राहकों को लुभाने के लिए दिए जा रहे विज्ञापनों में तेजी से बढ़ोतरी के साथ अखबारों की आमदनी जोरदार होती है। इस वजह से अखबारों में पन्ने बढ़े हैं, दूसरी ओर अखबारों की कीमत घटी है।[9]

ऐसे समय में जब अखबारों और चैनलों की जान विज्ञापन नाम के तोते में बसी हो तब, कॉमनवेल्थ आयोजन समिति ने इस तोते को दाना खिलाने में देर करने की गलती की। इस गलती का सुधार करते ही कॉमनवेल्थ गेम्स की इमेज बदल सकती है। कॉमनवेल्थ खेलों की खबर को इस नजरिये से भी देखने-पढ़ने की जरूरत है।

सन्दर्भ

1. लोकसभा, अतारांकित प्रश्न संख्या-4014, जवाब की तारीख-15 दिसम्बर, 2009
2. लोकसभा में तारांकित प्रश्न संख्या-472, जवाब की तारीख-6 अगस्त, 2009

3. मीडिया एथिक्स : ट्रूथ, फेयरनेस एंड ऑब्जेक्टिविटी, ऑक्सफोर्ड, 2009
4. इंडियन मीडिया बिजनेस, विनीता कोहली, 2003, पेज-33
5. पत्रकार प्रमोद रंजन का पैकेज पत्रकारिता पर आलेख, www.janatantra.com
6. पीडब्ल्यूसी इंडियन एंटरटेनमेंट एंड मीडिया आउटलुक 2009, पेज-16
7. फिक्की-केपीएमजी इंडियन मीडिया एंड एंटरटेनमेंट इंडस्ट्री रिपोर्ट, 2010, पेज-150
8. http://www.exchange4media.com/e4m/others/analysis22012010.asp
9. 16 नवम्बर, 2009 को नेशनल प्रेस डे पर प्रेस परिषद के चेयरमैन जस्टिस 'जी. एन. रे' का हैदराबाद में भाषण।

मीडिया का कॉमनवेल्थ और अयोध्या में कार सेवा

कॉमनवेल्थ गेम्स शुरू होने के एक महीना पहले तक जो मीडिया खेलों के आयोजन में भ्रष्टाचार और आयोजन समिति की अक्षमता और पैसों की बर्बादी तथा भ्रष्टाचार की खबरें छाप और दिखा रहा था, उसने अचानक ही सुर बदल लिया और खेल शुरू होने के बाद तो मीडिया खेलों के रंग में ऐसे रँग गया, मानो मीडिया स्मृतिलोप का शिकार हो गया हो। इसके पीछे प्रधानमंत्री तथा केन्द्रीय सूचना और प्रसारण मंत्री की फटकार का कितना हाथ है और करोड़ों रुपए के विज्ञापनों का कितना, यह पता लगा पाना आसान नहीं है। हो सकता है मीडिया अचानक राष्ट्र की प्रतिष्ठा को लेकर चिन्तित और भावुक हो गया हो। खेलों के आयोजन के दौरान ही भूख के मामले में भारत का स्थान श्रीलंका, नेपाल और पाकिस्तान से पीछे होने की खबर आई थी, जो मीडिया के बड़े हिस्से में कॉमनवेल्थ के चकाचौंध के बीच भुला दी गई। जेंडर गैप इंडेक्स में भारत के बुरे हाल की खबर का भी यहीं अंजाम हुआ।

जिस दिन कॉमनवेल्थ खेल समाप्त हुए उसके बाद वाले दिन यानी 15 अक्टूबर को दिल्ली से प्रकाशित अखबारों के पहले पेज की हेडलाइंस को देखें तो पूरा दृश्य सामने आता है :

1. समापन में दिखी सौ पदकों की शान/दिल्ली ने बढ़ाया देश का मान/ निवेश के नए द्वार खुले–(दैनिक जागरण-राष्ट्रीय संस्करण)
2. अलविदा दोस्तो, ग्लासगो में मिलेंगे/शानदार आगाज का शानदार अन्त/ वाह इंडिया, दुनिया सचमुच याद रखेगी/दिल्ली में शगुन, देश में फख्र–(दैनिक जागरण-दिल्ली संस्करण)
3. दिल्ली ने दिखा दिया दम/विवादों के बीच शुरू हुए कॉमनवेल्थ गेम्स का अंजाम रहा शानदार–(दैनिक भास्कर)
4. कॉमनवेल्थ 2010 का शानदार समापन/अलविदा दिल्ली/खेलों का सफल आयोजन/दुनिया ने माना भारत का लोहा–(अमर उजाला)
5. नई ओपनिंग/गेम्स की क्लोजिंग सेरेमनी में लगा बॉलीवुड की धुनों का

तड़का/भारत की शक्ति और सुन्दरता को पूरी दुनिया ने मुग्ध होकर देखा –(नवभारत टाइम्स)

6. कामयाबी के जश्न के साथ समापन–(जनसत्ता)
7. भारत को 101 का शगुन, एशियाड और ओलम्पिक में भी दिखाएँगे दमखम/पूरी फिजा में गूँज उठा, 'सारे जहाँ से अच्छा हिन्दोस्ताँ हमारा'–(नई दुनिया)
8. हम कामयाब/सर्वाधिक स्वर्ण/सबसे अधिक पदक/सफल आयोजन–(आज समाज)
9. सलाम इंडिया/दुनिया को दिखाया दम–(राष्ट्रीय सहारा)

कुछ हफ्ते पहले तक कॉमनवेल्थ खेलों के आयोजन में भ्रष्टाचार और अक्षमता की खबरें बढ़-चढ़कर देनेवाले अखबार 'टाइम्स ऑफ इंडिया' ने भी शीर्षक लगाया–MISSION ACCOMPLISHED 101% जबकि 'इंडियन एक्सप्रेस' का शीर्षक है–Delhightful/ A very happy ending to the 19th Commonwealth Games. 'द हिन्दू' का शीर्षक है–India vaults to No.-2 as Games end in a riot of colour.

यह जानना रोचक होगा कि इसी दिन दिल्ली के सभी हिन्दी और इंग्लिश अखबारों में कॉमनवेल्थ गेम्स आयोजन समिति का पूरे पेज का रंगीन विज्ञापन छपा है। कॉमनवेल्थ गेम्स शुरू होने से ठीक पहले 1 अक्टूबर को आयोजन से जुड़े 880 कॉलम सेंटीमीटर के रंगीन विज्ञापन जारी किए गए।[1] इनमें से सिर्फ एक विज्ञापन दिल्ली सरकार के सरकारी रेट पर जारी किया गया है। बाकी सभी विज्ञापन व्यावसायिक आधार पर दिए गए।

हालाँकि यह जानने की कोशिश की जा सकती है कि आयोजन समिति और दिल्ली तथा केन्द्र सरकार ने कॉमनवेल्थ खेलों के नाम पर मीडिया को घोषित तौर पर कितने सौ करोड़ रुपए दिए। इसके लिए सूचना के अधिकार कानून का इस्तेमाल किया जा सकता है। आपने देखा होगा कि इस दौरान खेलों से जुड़े विज्ञापन सिर्फ कॉमनवेल्थ आयोजन समिति की ओर से नहीं दिए जा रहे थे। ये विज्ञापन दिल्ली पुलिस, पर्यटन विभाग, स्वास्थ्य विभाग, पर्यटन विभाग और कई सार्वजनिक उपक्रमों की ओर से दिए गए। प्रिंट मीडिया को दिए गए सभी विज्ञापन 4-कलर यानी रंगीन थे। टेलीविजन माध्यम को भी जमकर विज्ञापन दिए गए।

क्या कॉमनवेल्थ गेम्स के कवरेज को सरकार और आयोजन समिति ने खरीद लिया था? क्या यह पेड न्यूज का मामला है? सैकड़ों करोड़ रुपए के विज्ञापन से मीडिया कवरेज को प्रभावित करना बिल्कुल सम्भव है। भारत में मीडिया अपनी आमदनी के लिए विज्ञापनों पर 80 से 90 फीसदी तक निर्भर है। ऐसे में सिद्धान्त रूप में देखें तो विज्ञापन के लिए मीडिया 'कुछ भी' कर सकता है। यह बात भी याद

रखनी चाहिए कि न्यूज का मोल हमेशा पैसे की शक्ल में चुकाया जाए, जरूरी नहीं है। सच तो यह है कि पेड न्यूज में भुगतान का तरीका कुछ भी हो सकता है। यह कोई नई बात भी नहीं है।

खबर बेचने की कीमत राज्यसभा की सदस्यता की शक्ल में हो सकती है। कीमत किसी बड़े पुरस्कार या सम्मान की शक्ल में हो सकती है, किसी सरकारी कमेटी में सदस्यता के रूप में भी कीमत दी जा सकती है। न्यूज के बदले में कीमत प्लॉट या फ्लैट की शक्ल में चुकाई जा सकती है। अगर अखबार समूह टीवी या एफएम चैनल चलाना चाहता है तो मुमकिन है कि कीमत चैनल के लाइसेंस की शक्ल में दी जाए। कोई सरकार लम्बे समय तक विज्ञापनों के बँटवारे में किसी अखबार को प्राथमिकता देकर खबरों की कीमत अदा कर सकती है। कोई सरकार अपने पीएसयू यानी पब्लिक सेक्टर अंडरटेकिंग के जरिये विज्ञापनों की शक्ल में किसी मीडिया हाउस को कीमत अदा कर सकती है। इसकी इतनी शक्लें हो सकती हैं कि दरअसल पेड न्यूज के ज्यादातर भुगतान कभी पड़ताल के दायरे में भी नहीं आ सकते, उन पर से पर्दा उठने की बात तो बहुत दूर है।[2]

यहाँ दिल्ली में हुए कंचना स्मृति व्याख्यान के दौरान एक पत्रकार द्वारा पूछा गया सवाल भी मौजूँ है। उन्होंने मुझसे यह जानना चाहा कि पैसे लेकर जो छापा या दिखाया गया, वह तो पेड न्यूज हुआ। लेकिन जब कोई बात न छापने या दिखाने यानी छुपाने के लिए पैसे दिए जाएँ तो वह पेड न्यूज हुआ या नहीं? यह सवाल महत्त्वपूर्ण है क्योंकि प्रेस परिषद ने पेड न्यूज की परिभाषा बनाते समय इस पहलू का ध्यान नहीं रखा है। कॉमनवेल्थ खेलों के कवरेज में सरकार और आयोजन समिति का मीडिया प्रबन्धन छापने से ज्यादा छिपाने के लिए था।

अयोध्या में मीडिया की कार सेवा

मीडिया कई बार खबरों का खेल करने के लिए पैसे या किसी तरह के उपकार का इंतजार नहीं करता। मीडिया को नियंत्रित करने और आम सहमति का निर्माण करनेवाले पहलुओं 'सरकारी दबाव और प्रलोभन तथा बाजार और विज्ञापन के असर' की विस्तार से चर्चा देसी और उससे कई गुणा ज्यादा विदेशी विश्लेषकों ने की है। भारतीय परम्परा से एक जुमले को उधार लेकर कह सकते हैं कि मीडिया की कई विकृतियों और विचलनों की व्याख्या साम-दाम-दंड-भेद के जरिये की जा सकती है। मीडिया बिक जाता है, मीडिया पट जाता है, मीडिया डर जाता है—मीडिया घपले इसलिए करता है कि उनमें एक दूसरे से आगे निकलने की रेस लगी है। लेकिन एक और पहलू है जो मीडिया के विचलन का कारण बनता है। इसे 'सहमति का षड्यंत्र'

कह सकते हैं। अयोध्या मामले में इलाहाबाद उच्च न्यायालय की इलाहाबाद पीठ के फैसले को लेकर मीडिया के एक हिस्से ने फिर से कार सेवा कर डाली।

एक अक्टूबर 2010 को अयोध्या मामले में हाईकोर्ट के फैसले की रिपोर्ट मीडिया में छपी। इस दिन के कुछ प्रमुख हिन्दी समाचार-पत्रों के दिल्ली संस्करण में प्रथम पृष्ठ के मुख्य शीर्षक इस तरह थे–

1. दैनिक जागरण – विराजमान रहेंगे रामलला
2. दैनिक भास्कर – भगवान को मिली भूमि
3. अमर उजाला – रामलला विराजमान रहेंगे
4. नई दुनिया – वहीं रहेंगे राम लला

इन अखबारों और दूसरे अखबारों के अयोध्या कवरेज का विश्लेषण करने से पहले यह बता देना आवश्यक है कि जिन अखबारों के शीर्षक का यहाँ जिक्र किया गया है वे देश के सबसे बड़े अखबारों में से हैं। दैनिक जागरण देश का सबसे ज्यादा पढ़ा जानेवाला अखबार है और इसकी कुल पाठक संख्या 5.42 करोड़ है। दैनिक भास्कर की पाठक संख्या 3.34 करोड़ और अमर उजाला की पाठक संख्या 2.87 करोड़ है।[3] हिन्दी अखबारों के पाठकों की एक और विशेषता यह है कि ये पाठक आमतौर पर एक ही अखबार पढ़ते हैं। ऐसे में किसी घटना के कवरेज में गड़बड़ी से लोगों की राय बनने की पूरी प्रक्रिया ही दूषित हो जाती है।

अयोध्या पर फैसले के कवरेज में मीडिया उल्लास मनाता दिखा और ऐसा करने के क्रम में न सिर्फ निष्पक्षता और वस्तुनिष्ठता की बलि चढ़ा दी गई, बल्कि तथ्यों को भी तोड़-मरोड़कर पेश किया गया। नई दुनिया ने इस खबर को चटक रंगों में क्यों पेश किया, इस पर विचार किया जाना चाहिए। दैनिक जागरण ने तीन जजों की बेंच के एक जज धर्मवीर शर्मा के ऑब्जर्वेशन (फैसला नहीं) को अदालत के फैसले के तौर पर पेश किया। दैनिक जागरण के दिल्ली संस्करण के पहले पेज पर यह लिखा गया कि–"विवादित ढाँचा इस्लामी मूल्यों के खिलाफ, लिहाजा मस्जिद नहीं माना।" इसके अलावा उद्धरण चिह्न के अन्दर लिखा गया कि–'ये प्रभु राम के बाल रूप की पूजा का स्थल है। परमात्मा हर समय हर जगह मौजूद है और हर कोई अपनी श्रद्धानुसार उनके किसी भी रूप का आह्वान कर सकता है' और 'विवादित जमीन भगवान राम की जन्मभूमि है।' ये सारी बातें धर्मवीर शर्मा ने कही हैं और ये फैसले का अंश नहीं हैं। लेकिन अखबार पढ़कर हर किसी को लगेगा कि अदालत का यही फैसला है जबकि न्यायाधीशों के बहुमत की भी यह राय नहीं है। दैनिक जागरण ने पहले पन्ने पर आरएसएस के प्रमुख मोहन भागवत के मन्दिर निर्माण सम्बन्धी बयान को तस्वीर के साथ छापा है, जबकि मुस्लिम पक्ष नदारद है।

दैनिक जागरण के सम्पादकीय पेज पर तीन आलेख और एक सम्पादकीय है।

सम्पादकीय में कहा गया है कि 'हाँ, जिस बात पर वे (तीनों न्यायाधीश) एकमत हैं वह विशेष रूप से उल्लेखनीय है कि जहाँ रामलला की मूर्तियाँ स्थापित हैं, वह राम जन्म-स्थान है।' दैनिक जागरण का यह सम्पादकीय तथ्यों के अनुरूप नहीं है। तीनों जजों ने इस पर अलग-अलग राय दी है। जस्टिस शर्मा ने लिखा है कि 'विवादित स्थान भगवान राम का जन्म-स्थान है।' जस्टिस अग्रवाल ने लिखा है कि–'हिन्दुओं की आस्था और विश्वास के मुताबिक मुख्य गुम्बद के नीचे स्थान ही भगवान राम का जन्म-स्थान है'। जस्टिस खान ने लिखा है कि–'मस्जिद बनने के बाद हिन्दुओं ने यह कहना शुरू कर दिया कि ठीक विवादित जगह पर ही राम का जन्म हुआ था।'[4]

दैनिक जागरण के सम्पादकीय पेज पर तीन आलेख हैं और इन्हें लिखने वालों में रविशंकर प्रसाद और सुभाष कश्यप संघ की विचारधारा से जुड़े हैं और उनके लेख उनकी विचारधारा के अनुरूप ही हैं। तीसरा आलेख कांग्रेसी नेता राशिद अल्वी का है और वे भी यही कहते हैं कि–'मस्जिद की जिद छोड़ें।'

दैनिक भास्कर ने भी 'सवाल और कोर्ट का जबाव' शीर्षक से बनाए गए बॉक्स में जस्टिस शर्मा के धार्मिक उद्‌गारों (ऑब्जर्वेशन) को 'अदालत का जवाब' बताया है। मिसाल के तौर पर, इसमें कहा गया है कि 'विवादित स्थल ही राम का जन्म-स्थान है।...विवादित भवन को बाबर द्वारा बनवाया गया था। इसे इस्लाम मत के अनुसार नहीं बनाया गया था, इसलिए इसे मस्जिद नहीं माना जा सकता।...विवादित ढाँचे का निर्माण पुराने ढाँचे को तोड़कर बनाया गया था।' ये सारी बातें बहुमत के फैसले का हिस्सा नहीं हैं। लेकिन अखबार ने यह स्पष्ट नहीं किया कि यह अल्पमत के जज की टिप्पणियाँ हैं। इसी अखबार के अन्दर के पन्ने (पेज-7) में तीन जजों की बातों को अलग-अलग रखा गया है जिससे साफ होता है कि अखबार ने पहले पन्ने पर खबर छापते समय तथ्यों की अनदेखी की। जस्टिस खान के मुताबिक, यह तय नहीं है कि मस्जिद किसने बनवाई। उन्होंने यह भी लिखा कि यह तय नहीं है कि ठीक किस स्थान को जन्मभूमि माना जाता है। इस तरह ये अखबार न सिर्फ सन्तुलन बनाए रखने में असफल रहे बल्कि उनका कवरेज तथ्यपरक भी नहीं था।

अमर उजाला और जनसत्ता का कवरेज अपेक्षाकृत सन्तुलित है। लेकिन अमर उजाला ने भी अपने सम्पादकीय में फैसला मानने की बात कही है। विहिप और आरएसएस भी फैसले का आदर करने की बात कर रहे हैं। जबकि इसी अखबार ने पेज-11 में मुस्लिम संगठनों के हवाले से कहा है कि हाईकोर्ट के फैसले को वे सुप्रीमकोर्ट में चुनौती देंगे। सम्पादकीय पेज में अमर उजाला ने चार टिप्पणियाँ छापी हैं जिनका साझा शीर्षक है–अमन की अयोध्या/अदालत के फैसले से साम्प्रदायिक सद्‌भाव की परम्परा मजबूत हुई है। सम्पादकीय पेज पर छपी चार टिप्पणियों में से

मौलाना वहीदुद्दीन खान, आरिफ मुहम्मद खान और राजकिशोर ने मुसलमानों से कहा है कि वे इस फैसले को मान लें। स्वामी अग्निवेश ने यह कहा है कि विवादित स्थल पर भारतमाता का मन्दिर बने। नई दुनिया ने भी पहले पन्ने पर लिखा है कि जहाँ रामलला विराजमान हैं वह राम-जन्मभूमि है, जबकि यह बात सिर्फ जस्टिस शर्मा ने कही थी।

अखबार चाहें हिन्दी के हों या अंग्रेजी के, उनका मूल स्वर अदालती फैसले का स्वागत करने का रहा। फैसला मुसलमानों के खिलाफ गया। इसलिए 'फैसले के स्वागत' और 'संयम बनाए रखने की अपील' जैसी भाषा के पीछे का हिन्दूवादी तर्क समझा जा सकता है। मीडिया विश्लेषक भूपेन सिंह का कहना है कि "कई जगहों पर अखबार किसी कट्टरपंथी हिन्दू नेता की जुबान में बात कर रहे हैं। अमर उजाला, दैनिक जागरण, नई दुनिया और दैनिक भास्कर के शीर्षक इस सिलसिले में काफी खतरनाक हैं जिसमें फैसले को सनसनीखेज बनाकर पेश करने की कोशिश की गई। अंग्रेजी अखबारों का रुख तुलनात्मक रूप से ज्यादा तार्किक था। लेकिन वे भी फैसले को ऐतिहासिक बताने में नहीं चूके। सिर्फ द हिन्दू और मेल टुडे जैसे इक्का-दुक्का अखबारों ने न्याय के सिद्धान्तों के आलोक में फैसले का विश्लेषण करने की कोशिश की।"[5]

ताज्जुब की बात यह है कि राम जन्म-भूमि आन्दोलन के दौरान साम्प्रदायिक कवरेज के लिए इन अखबारों की लगभग दो दशक पहले कड़ी निन्दा हुई थी। भारतीय प्रेस परिषद ने इस बारे में अपनी विस्तृत रिपोर्ट भी दी थी।[6] प्रथम प्रेस आयोग ने साम्प्रदायिक मामले में तथ्यों या घटनाओं को तोड़-मरोड़कर पेश करने या बढ़ा-चढ़ाकर पेश करने को पत्रकारिता की मर्यादा और नैतिकता की अवमानना माना है। वहाँ प्रेस इंस्टीट्यूट ऑफ इंडिया ने कहा है कि पत्रकारों को हमेशा, खासकर हेडलाइन में मर्यादित और संयमित भाषा लिखनी चाहिए। किसी किस्म की उत्तेजना या अलंकार नहीं होना चाहिए।[7]

1990 के राम-जन्मभूमि आन्दोलन के दौर के बाद भारतीय पत्रकारिता में बहुत कुछ बदल गया है लेकिन कुछ चीजें नहीं बदली हैं। 2010 में भी भारतीय मीडिया का मूल स्वभाव वर्चस्ववादी बना हुआ है। इस बारे में पुराने तथ्यों को जानने के लिए मनीष श्रीवास्तव की किताब' हिन्दी पत्रकारिता में अयोध्या विवाद'[8] और सन्नी अशेष की सम्पादित किताब 'मन्दिर-मस्जिद विवाद और भारतीय मानस'[9] को दोबारा पढ़ने की जरूरत है। प्रेस कौंसिल की इस बारे में 1993 में प्रकाशित रिपोर्ट का भी अध्ययन किया जाना चाहिए।

सन्दर्भ

1. द हिन्दू, 1 अक्टूबर, 2010, दिल्ली संस्करण।
2. लेखक की पुस्तक 'मीडिया का अंडरवर्ल्ड' पेड न्यूज, कॉरपोरेट और लोकतंत्र, राधाकृष्ण, 2010
3. इंडियन रीडरशिप सर्वे, 2010 (Q1)।
4. इंडियन एक्सप्रेस, दिल्ली संस्करण, 1 अक्टूबर, 2010
5. अयोध्या और मीडिया कवरेज पर भूपेन सिंह का आलेख, 2010
6. अयोध्या रिपोर्ट, प्रेस कौंसिल ऑफ इंडिया, 1993
7. समाचार-पत्र और साम्प्रदायिकता, लेखक–चारु और मुकुल, उद्‌भावना, 1990
8. नमन प्रकाशन, दिल्ली, 2000
9. मनमुक्ता प्रकाशन, पावंटा साहब, हिमाचल प्रदेश।

अंग्रेजी मीडिया के कुएँ में भाँग पड़ी है!

5 जुलाई, 2010

छत्रपति शाहूजी महाराज कोल्हापुर के राजा थे। उनका कार्यकाल 1884 से 1922 तक रहा। वे भोंसले वंश के महाराजा थे। उनकी जाति मराठा-कुनबी थी। इतिहास में अपेक्षाकृत ज्यादा चर्चित शिवाजी महाराज भी भोंसले वंश के ही थे। मराठों का यह वंश खुद को क्षत्रिय मानता है लेकिन महाराष्ट्र की जाति संरचना में यह एक मंझौली जाति है। इसीलिए शिवाजी का राज्याभिषेक महाराष्ट्र के ब्राह्मणों ने नहीं किया था।

शाहूजी महाराज समाज-सुधार के कार्यों के लिए इतिहास में प्रसिद्ध हुए। उनके समय में कोल्हापुर देश का पहला इलाका बना, जहाँ अवर्ण जातियों के लिए सरकारी नौकरियों में आरक्षण (50 फीसदी) लागू हुआ। कोल्हापुर में अब्राह्मणों को पुरोहित बनाने का काम शाहूजी महाराज के समय में हुआ और बाल गंगाधर तिलक इसके सबसे मुखर विरोधी रहे। उनके कार्यकाल में कोल्हापुर में बालिका विवाह पर पाबन्दी लगा दी गई और विधवा विवाह को मान्यता दी गई। तिलक इन सामाजिक सुधारों के भी विरोधी थे। शाहूजी महाराज ने अपने कार्यकाल में अब्राह्मण जातियों के छात्रों के लिए होस्टल खोले। भारत सरकार ने शाहूजी महाराज के नाम पर डाक टिकट भी जारी किया है।

शाहूजी महाराज के कार्यों और उपलब्धियों के बारे में स्कूल में पढ़ाई जानेवाली किताबों में कितना कुछ लिखा है, यह शोध का विषय है। अगर स्कूलों में शाहूजी महाराज के बारे में पढ़ाया जाता है, तो इंग्लिश के अखबारों और वेबसाइट के पत्रकारों ने जो किया है, वह अक्षम्य है। और यदि स्कूल की किताबों में शाहूजी महाराज के बारे में कुछ भी नहीं लिखा है या नाममात्र का लिखा है, तो इतिहास की किताबों के पुनर्लेखन की जरूरत है।

द हिन्दू, टाइम्स ऑफ इंडिया, हिन्दुस्तान टाइम्स, इंडिया टुडे, इंडियन एक्सप्रेस, आईबीएन लाइव, डेक्कन हेराल्ड, फाइनेंशियल एक्सप्रेस, आउटलुक, टेलीग्राफ जैसे देश के सबसे प्रतिष्ठित और नामी अखबार और उनकी साइट अगर शिवाजी के

वंशज को दलित नेता या दलित प्रतीक (dalit icon) कहें तो इसे मामूली भूल कैसे कहा जा सकता है? बीएसपी किसी इतिहास पुरुष को स्थापित करने की कोशिश कर रही है, सिर्फ इसलिए उन्हें दलित मान लेना तो बेहद सरलीकरण है। शाहूजी, फुले, पेरियार, नारायण गुरु जैसे समाज-सुधारकों को बीएसपी महापुरुष मानती है और ये दलित नहीं हैं।

बहरहाल आप देखिए कि खासकर अंग्रेजी के अखबारों ने नए जिले छत्रपति शाहूजी महाराज जिले में अमेठी को शामिल किए जाने की खबर लिखते समय शाहूजी महाराज की जाति के बारे में क्या जानकारियाँ दीं। नीचे जिन अखबारों और साइट के नाम हैं, सबने शाहूजी महाराज को दलित नेता या दलित प्रतीक बताया है और कुछ अखबारों ने तो उन्हें शिवाजी का वंशज बताने के साथ ही दलित भी बता दिया है।

1. इंडियन एक्सप्रेस : Amethi now a district, named after Dalit leader.
2. टाइम्स ऑफ इंडिया : Maya makes Amethi part of dist named after Dalit.
3. डेक्कन हेराल्ड : Maya renames Amethi after Dalit leader.
4. हिन्दुस्तान टाइम्स : Uttar Pradesh chief minister Mayawati took her battle with the Congress to a new level: renaming Amethi – the Gandhis' pet constituency – after a Dalit icon.
5. द हिन्दू : Earlier this week, in an administrative act, replete with symbolism, Ms. Mayawati carved a new district out of Sultanpur and Rae Bareli, and named it after a Dalit icon, Chhatrapati Shahuji Maharaj.
6. इंडिया टुडे : Now, Rahul's Amethi has become the ninth district to be renamed after a Dalit icon. Given her electoral success after renaming districts, Mayawati must be hoping to endear herself to the Dalits in his constituency.
7. फाइनेंशियल एक्सप्रेस : Now, Amethi falls in district named after Dalit leader.
8. जी न्यूज डॉट कॉम : Opening a new front against the Congress, UP Chief Minister Mayawati today created a new district carved out of Amethi– Rahul Gandhi's Lok Sabha constituency–and named it after dalit icon Chhatrapati Shahuji Maharaj.
9. टेलीग्राफ : Her government today created a new district around Rahul Gandhi's Lok Sabha constituency of Amethi and named it

after Dalit icon Chhatrapati Shahuji, grandson of the legendary Shivaji.

10. आउटलुक : Opening a new front against the Congress, UP Chief Minister Mayawati today created a new district carved out of Amethi- Rahul Gandhi's Lok Sabha constituency and named it after dalit icon Chhatrapati Shahuji Maharaj.

11. आईबीएन लाइव : UP CM renames Amethi after Dalit leader

12. पीटीआई : Lucknow, Jul 2 (PTI) Opposition parties today accused UP Chief Minister Mayawati of trying to push her political agenda by naming after dalit icon Shahuji Maharaj the new district carved out of Rahul Gandhi's Lok Sabha constituency Amethi.

हिन्दी के एक अखबार में भी यह गलती नजर आई है :

13. राजस्थान पत्रिका : माया सरकार ने आज राज्य के सुल्तानपुर और अमेठी के हिस्सों को मिलाकर नया जिला बनाने को मंजूरी दे दी।...छत्रपति शाहूजी महाराज महाराष्ट्र के जाने-माने दलित नेता थे।

मीरा कुमार ने कहा कुछ, एनडीटीवी ने दिखाया कुछ!

4 जून, 2010

दलित नेता के बयान से सवर्ण मीडिया के खेल का एक नमूना–

नीचे लिखी खबर को पढ़िए। यह खबर एनडीटीवी डॉट कॉम पर है। गुरुवार को एनडीटीवी के इंग्लिश चैनल पर भी चली है। क्या इसमें आपको हेडलाइंस और खबर के बीच कोई तारतम्य दिखता है?

Meira Kumar says she doesn't favour caste census

NDTV Correspondent, Thursday June 3, 2010, New Delhi

In an exclusive interview to NDTV, Lok Sabha Speaker Meira Kumar has indicated that she is not in favour of a caste census–"I have always worked towards a casteless society. I don't know when that time will arrive but we should be able to do away with this discrimination based on this caste system. So anything which leads to that I would endorse… I would not like to go into detail and comment because I don't think as a Speaker I should be doing that. But as somebody who is committed to casteless society, I would like to support any measure towards that."

http://www.ndtv.com/news/india/meira-kumar-says-she-doesnt-favour-caste-census-29667.php

हेडलाइन पढ़ने से साफ लगता है कि मीरा कुमार ने 'कहा है' कि वे जाति आधारित जनगणना के पक्ष में नहीं हैं। जब खबर शुरू होती है तो 'कहा है' की जगह 'संकेत दिया है' हो जाता है और जब खबर आगे बढ़ती है तो पता चलता है कि जाति आधारित जनगणना का तो मीरा कुमार ने नाम भी नहीं लिया है। उनका सिर्फ यह कहना है और यही बयान टीवी पर दिखा और साइट पर छपा है कि वे हमेशा जाति मुक्त समाज के लिए काम करती रही हैं। ...और वे ऐसे हर उपाय का समर्थन करेंगी जो जाति मुक्त समाज बनाने की दिशा में हो। बाकी बयान आप खुद ही पढ़ लीजिए। इस बयान को जाति आधारित जनगणना के विरोध में दिया गया बयान कैसे माना जाए। सवर्ण नजरिये से न देखें तो आप इसे जाति आधारित जनगणना

के पक्ष में दिया गया बयान भी मान सकते/सकती हैं।

प्रेस कौंसिल ने साम्प्रदायिक विवादों की खबरों के सिलसिले में दिशा-निर्देश दिये हैं कि हेडलाइन और समाचार की सामग्री के बीच मेल होना चाहिए। देखें पेज नम्बर 23। यह दिशा-निर्देश अन्य मामलों में भी लागू हो सकता है। पत्रकारीय नैतिकता की दृष्टि से भी तोड़-मरोड़कर हेडलाइन देना गलत है। वैसे इस चैनल की प्रमुख बरखा दत्त का जाति जनगणना पर विचार स्पष्ट है। 'हिन्दुस्तान टाइम्स' में अपने कॉलम में वे लिखती हैं कि सरकारी कर्मचारी घर-घर जाकर लोगों से उनकी जाति पूछें, इससे लोगों के बीच जाति के आधार पर भेदभाव बढ़ेगा... (http://www.hindustantimes.com/)

ऐसे अनुभव लगातार बताते हैं कि मीडिया को सर्वसमावेशी और पूरे देश के हित में सोचने वाले माध्यम के रूप में देखना बचपना होगा। मीडिया सत्ता संरचना का हिस्सा है और इसी रूप में काम करता है। कुछ लोग इसमें अपवाद के रूप में कुछ अलग करने की कोशिश करते हैं लेकिन वे माइक्रो माइनोरिटी हैं।

सवाल उठता है कि क्या मीरा कुमार इस खबर पर एतराज जताएँगी? क्या वे अपने कार्यालय से एक पत्र जारी कर यह निर्देश देंगी कि इस खबर को सुधार कर दिखाया जाए और चैनल और साइट इसके लिए माफी माँगे? आप सब लोग मीरा कुमार को जानते हैं। आप बताइए कि मीरा कुमार क्या करेंगी?

इसी खबर को एनडीटीवी की हिन्दी साइट ने इस तरह लिखा है–

'बतौर लोकसभा अध्यक्ष अपना एक वर्ष पूरा कर चुकीं मीरा कुमार ने संकेत दिए कि वह जाति आधारित जनगणना के पक्ष में नहीं हैं और कहा कि उन्होंने हमेशा जातिरहित समाज बनाने की दिशा में काम किया है।'

अफसोस की बात है कि यह गलत खबर एनडीटीवी ने समाचार एजेंसी पीटीआई को जारी कर दी और इस तरह देश भर के अखबारों में यह इसी रूप में छपी। देखिए 'द हिन्दू' में छपी पीटीआई की खबर–

http://beta.thehindu.com/news/national/article446061.ece

विकीलीक्स और राडिया के जमाने में

यह खालिस पत्रकारिता है। बिल्कुल रॉ। कोई लाग-लपेट नहीं। बिल्कुल सीधी। खरी-खरी, सपाट, नंगी। यह विकीलीक्स की पत्रकारिता है। यह उस व्यक्ति की पत्रकारिता है जिसने कॉरपोरेट दलाल नीरा राडिया और नेताओं, अफसरों और पत्रकारों की बातचीत के टेप यू-ट्यूब और फेसबुक पर डाल दिए। जिसे डाउनलोड करके कई लाख लोगों ने राडिया टेप के बारे में जाना, जबकि पाँच महीने तक मुख्यधारा के प्रेस और चैनल इन टेप पर बैठे थे और इनके बारे में एक शब्द भी बोलने बताने को तैयार नहीं थे।

विकीलीक्स ने जो पत्रकारिता की है, वह परम्परागत पत्रकारिता के दायरे में नहीं आती। परम्परागत पत्रकारिता से ऐसी उम्मीदें भी नहीं हैं। राजा जब नंगा हो तो उसे नंगा कहने के लिए बच्चे-सा निश्छल साहस चाहिए। भारत में 58,700 करोड़ रुपए का मीडिया-एंटरनेटमेंट बिजनेस चला रहे लोगों से बच्चों जैसे साहस की उम्मीद करना भोलापन होगा। निश्छल तो वे कतई नहीं हो सकते।

यह परम्परागत, कॉरपोरेट पत्रकारिता से मोहभंग का समय है। लेकिन यह उम्मीद का भी दौर है।

भारतीय मीडिया को पारखी, आलोचनात्मक और समझदार नजर से देखने वालों के लिए इतना रोचक समय शायद पहले कभी नहीं था। 21वीं सदी के पहले दशक के अन्त में हम निर्णायक तौर पर यह कहने और समझने की स्थिति में हैं कि मीडिया का खेल खुल गया है। आप अब यह कह सकते हैं कि एक और बन्द मुट्ठी खुल चुकी है।

पेड न्यूज 2009 के लोकसभा चुनाव में अपने नंगे रूप में सामने आया और 2010 में राडिया कांड ने एक बार फिर बताया कि मीडिया नंगा है। मीडिया को लोकतंत्र का चौथा स्तम्भ, सच का पहरेदार, जनहित का प्रहरी आदि बोलने का साहस आज या तो कोई पागल कर सकता है या अज्ञानी। इस मायने में इन दो वर्षों और इन दो घटनाओं का मीडिया विमर्श में निर्णायक महत्त्व है। इक्कीसवीं सदी का पहला दशक भारतीय मास मीडिया के लिए विश्वसनीयता खोने और इलीट के पक्ष में झुकते

चले जाने का दशक साबित हुआ। इस दशक में मीडिया पर कारोबार की छाया न सिर्फ गहरी हुई, बल्कि मीडिया पूरी तरह कारोबार बन गया।

भारतीय मीडिया मीमांसा और विमर्श के तौर-तरीके अब पुराने ढर्रे के नहीं हो सकते। भारतीय मीडिया की अब तक की किताबें अभी के मीडिया को समझने में मदद नहीं करेंगी। समाचार मूल्य या न्यूज वैल्यू को अब परम्परागत तरीके से नहीं पढ़ा जा सकता। पत्रकारीय नैतिकता और आचार संहिताओं की किताबें एक झटके में कचरे में तब्दील हो गई हैं। पत्रकारिता के पाठ्यक्रम अब अप्रासंगिक हैं। पत्रकारिता को अब राडिया के टेप से समझना और पढ़ना होगा क्योंकि भारतीय मीडिया को जितनी गहराई से राडिया और दूसरे लॉबिस्ट समझते हैं, उसका एक अंश भी मीडिया विमर्शकार और विश्लेषक नहीं जानते। भारतीय मीडिया की किताबें मीडिया के बारे में बताती कम और छिपाती ज्यादा हैं।

सवाल उठता है कि क्या यह सब अचानक हो गया? क्या खबरें छापने के लिए पैसे पहली बार लोकसभा के चुनाव में दिए गए? क्या पैसे देकर खबरें सिर्फ नेता छपवाते हैं? कम्पनियाँ दशकों से यह करती हैं। फिल्म निर्माता जाने कब से पैसे देकर पत्रकारों से अच्छी समीक्षाएँ लिखवाते हैं। सरकार पैसे और तमाम अन्य प्रलोभन (और दंड) देकर मीडिया को काबू में रखती है। 2009 में नया कुछ नहीं हुआ सिवा इसके कि अखबार और चैनल चुनावी कवरेज का रेट कार्ड लेकर नेताओं और पार्टियों के पास चले गए और धमकाने लगे कि कवरेज का पैकेज नहीं खरीदा तो एक भी खबर नहीं छपेगी। यह मीडिया के लालची होने की नहीं, बेलगाम और उद्दंड होने की कहानी है।

राडिया कांड ने भी सिर्फ उन लोगों को चौंकाया होगा, जो खेल में नहीं हैं या खेल के सचेत दर्शक नहीं हैं। मीडियाकर्मियों का दलाल के रूप में पतन राडिया टेप के साथ नहीं हुआ है। पत्रकारों की सत्ता के गलियारों तक पहुँच होने के कारण हमेशा से पब्लिक रिलेशन और कॉरपोरेट कम्युनिकेशन का सम्बन्ध पत्रकारिता से रहा है। पब्लिक रिलेशन का इतिहास लिखने वाले कई विद्वान आईवी ली को पब्लिक रिलेशन का जनक मानते हैं। कुछ इतिहास लेखक यह श्रेय एडवर्ड एल. बर्नेस को देते हैं। यह महज संयोग नहीं है कि ये दोनों लोग पहले पत्रकारिता करते थे।

भारत में भी पत्रकारिता और पब्लिक रिलेशन का गर्भनाल का सम्बन्ध है। देश के कई बड़े लॉबिस्ट पहले पत्रकार थे। यूनिवर्सिटी ग्रांट कमीशन के मास मीडिया के सिलेबस में पत्रकारिता और पब्लिक रिलेशन—दोनों शामिल हैं। मास मीडिया के ज्यादातर संस्थान इन दोनों विधाओं की पढ़ाई साथ-साथ कराते हैं। भारत में ऐसे सैकड़ों पत्रकार हैं जो आईवी ली की तरह पत्रकारिता छोड़कर पब्लिक रिलेशन का काम करने लगते हैं। पब्लिक रिलेशन कम्पनियाँ अपने कर्मचारियों को नियुक्त करते

समय कई बार पत्रकारों की तलाश करती हैं।

इसलिए किसी बरखा दत्त, प्रभु चावला, राजदीप सरदेसाई, वीर सांघवी, एम. के. वेणु, आदि के राडिया टेप में होने को लेकर अलग से चिन्तित होने का कोई कारण नहीं है। यही स्वाभाविक है। मीडिया में यह अपवाद नहीं है। यह कुछ लोगों के बिगड़ जाने सरल मामला नहीं है। मीडिया अपनी संरचना की वजह से ऐसा ही है। मीडिया कॉरपोरेट है और कॉरपोरेट का एकमात्र लक्ष्य पैसा कमाना है। जब तक ऐसा है तब तक नैतिकता विश्राम कर सकती है।

लेकिन मीडिया छवि निर्माण का सबसे मजबूत औजार भी है। यह भारतीय मीडिया की कामयाबी है कि पेड न्यूज और राडिया कांड के बावजूद, कुछ भोले-भाले लोग मीडिया की सकारात्मक भूमिका की कल्पना और कामना करते हैं। इसका सिर्फ एक ही मतलब है कि छवि निर्माण के अपने लक्ष्य में मीडिया एक हद तक कामयाब है। वरना लाभ-नुकसान, आमदनी, बैलेंस शीट, विदेशी निवेश, अधिग्रहण, आदि कॉरपोरेट मैट्रिक्स के तहत चलने वाला कोई भी और कारोबार न तो यह दावा कर पाता है कि वह लोकतंत्र का रक्षक है और न ही यह भरोसा दिला पाता है कि उसके कारोबारी हित में ही देश और जनता का हित है।

यह अफसोस की बात है कि भारतीय मीडिया को समझने में आज भारत की मीडिया की पुस्तकें मददगार साबित नहीं हो रही हैं। ऐसे समय में पश्चिम के मीडिया आलोचक हमारी कुछ मदद कर सकते हैं। ये आलोचक लगभग एक सदी से मीडिया की आलोचनात्मक मीमांसा कर रहे थे। हैबरमास, लिपमैन, मैकॉम्ब, शॉ, करेन, चोमस्की, मैकचेस्नी, हरमन, शिलर—ये सब नाम ज्यादातर भारतीयों के लिए अनजाने हैं। इन्हें जानना हर किसी के लिए जरूरी नहीं है। लेकिन मीडिया विश्लेषकों को इनके काम के बारे में जानकारी होनी चाहिए। ये वे लोग हैं जो लगातार यह कहते रहे हैं कि मीडिया का असली खेल क्या है। इन लोगों ने मीडिया को समझने और उसके रुझानों की पड़ताल करने के कई उपकरण दिए। इन विचारों, सिद्धान्तों और शोध विधियों को भारतीय परिस्थितियों में मीडिया पर कसने की जरूरत है। हो सकता है कि ये उपकरण भारतीय मीडिया को समझने में पूरी तरह से असरदार नहीं हों, लेकिन ऐसी स्थिति में नए उपकरणों की तलाश के सूत्र जरूर मिलेंगे।

लेकिन भारतीय मीडिया की कुछ विशिष्टताओं को भारतीय तरीके से ही समझना होगा। मीडिया का जातिवादी और साम्प्रदायिक चरित्र ऐसा ही पहलू है। भारतीय मीडिया में दलितों, आदिवासियों, पिछड़ों और पसमांदा अल्पसंख्यकों की लगभग अनुपस्थिति है। इनकी आवाज और इनके मुद्दे भी मीडिया में नहीं आते। अमेरिका में 1960 से पहले ऐसी ही स्थिति थी। वहाँ के मीडिया में ब्लैक अनुपस्थित थे। लेकिन भारत और अमेरिका की स्थितियों में फर्क है। अमेरिका की कुल आबादी

में ब्लैक अल्पसंख्यक हैं, जबकि भारतीय मीडिया से जो तबके और जिनके सवाल अनुपस्थित हैं, वे देश की आबादी के 85 से 90 फीसदी हैं। इसलिए मीडिया डायवर्सिटी अगले कुछ दशक तक पत्रकारीय विमर्श के प्रमुख सवाल के रूप में मौजूद रहेगा।

21वीं सदी के मौजूदा दौर में परम्परागत मीडिया जब उम्मीद की कोई रोशनी नहीं दिखा रहा है, तब वैकल्पिक मीडिया के कुछ नए रूप सामने आए हैं। इनमें इंटरनेट पर खासतौर पर नजर रखने की जरूरत है। मिस्र और दूसरे अरब देशों में विद्रोह के कारण तो कई हैं, लेकिन इंटरनेट ने विद्रोहियों को संगठित होने में मदद की। दुनिया ने देखा कि फेसबुक जैसे सोशल नेटवर्किंग साइट ने खासकर मिस्र में किस तरह संगठनकर्ता की भूमिका निभाई। विकीलीक्स के माध्यम से दुनिया ने जो सच देखा देखा है, उन्हें सामने लाने का साहस वैकल्पिक पत्रकारिता ही कर सकती थी। इसी तरह भारत में भी राडिया कांड को सामने लाने में वेब मीडिया की महत्त्वपूर्ण भूमिका रही। वरना मुख्यधारा के अखबार और चैनल आठ महीने से इन टेप को दबाए बैठे थे। राडिया के टेप के बारे में छपने से काफी पहले लाखों लोग इंटरनेट के जरिये इनके बारे में जान चुके थे। यानी मुख्यधारा के मीडिया ने राडिया कांड को रिपोर्ट किया, उससे पहले इस कांड पर पत्रकारिता हो चुकी थी।

इंटरनेट ने अब हर उस आदमी को पत्रकारिता के उपकरण थमा दिए हैं, जो पत्रकारिता करना चाहता है। अगर आप पत्रकारिता करना चाहते हैं तो आप पत्रकार हैं और आप बेहद मामूली खर्च पर (साइबर कैफे में एक घंटे की सर्विस 20 रुपए से कम में मिल जाती है) पत्रकारिता कर सकते हैं। हालाँकि सरकार अब तेजी से इस माध्यम पर पहरा कड़ा कर रही है। आनेवाले दिनों में हमें इस क्षेत्र में सरकार और वेब पर पत्रकारिता करनेवालों के बीच लुकाछिपी का खेल होता दिख सकता है। अखबारों और चैनलों को लेकर सरकार चिन्तित नहीं है। अपनी कॉरपोरेट संरचना और कारोबारी हितों के कारण कॉरपोरेट मीडिया इलीट के हितों के खिलाफ नहीं जा सकता। यह आश्वस्ति, 20 रुपए खर्च करके इंटरनेट पर पत्रकारिता करनेवालों को लेकर नहीं हो सकती। वह किसी भी वक्त सच कह सकता है कि राजा के बदन पर कपड़े नहीं हैं।

नागरिक पत्रकारिता का नया दौर और गोपनीयता

कुछ साल पहले तक अमेरिका के राष्ट्रपति चुनावों के बारे में यह कहा जाता था कि ये चुनाव दरअसल टेलीविजन स्टूडियो में लड़े और जीते जाते हैं। इस बात में बेशक अतिश्योक्ति हो, लेकिन इससे इनकार नहीं किया जा सकता कि अमेरिकी चुनावों में टेलीविजन माध्यम की महत्त्वपूर्ण भूमिका रही है। लेकिन 2009 के राष्ट्रपति चुनाव के दौरान यह जुमला बदले रूप में सामने आया और कहा गया कि बराक ओबामा ने यह चुनाव फेसबुक और ट्विटर जैसी इंटरनेट साइट पर जीता। फेसबुक पर ओबामा के सिर्फ एक एकाउंट से 1.70 करोड़ से ज्यादा लोग जुड़े हैं, जबकि उनके नाम के फेसबुक में कई खाते हैं। माइक्रोब्लॉगिंग साइट ट्विटर पर ओबामा से 60 लाख से ज्यादा लोग जुड़े हैं। जिस माध्यम के सहारे एक साथ इतने लोगों तक पहुँचा जा सकता हो उसकी ताकत का अन्दाजा लगाया जा सकता है। इस माध्यम की ताकत इसलिए भी ज्यादा है कि यहाँ सिर्फ ओबामा आपसे संवाद नहीं करते, आप भी ओबामा से संवाद करते हैं।

विडम्बना यह है कि जिस अमेरिकी राष्ट्रपति के बारे में कहा गया कि उसने इंटरनेट पर चुनाव लड़ा और जीता है, वह राष्ट्रपति और उसका देश आज इंटरनेट की एक साइट पर लगातार आ रही सामग्री से तबाह है। विकीलीक्स पर हो रहे खुलासे से न सिर्फ अमेरिकी रक्षा और विदेश मंत्रालय परेशान हैं, बल्कि एक लोकतांत्रिक मुल्क के रूप में अमेरिका की साख का भी क्षरण हुआ है। अमेरिकी डिप्लोमेसी इस समय विश्वसनीयता का गम्भीर संकट झेल रही है। और यह सब इंटरनेट पर मौजूद एक साइट की वजह से है।

वैसे देखें तो एक साइट के तौर पर विकीलीक्स में ऐसी कोई खास बात नहीं है। इस साइट में कोई तामझाम नहीं है, इसका राजस्व का कोई ठोस मॉडल नहीं है, इसके पीछे किसी कॉरपोरेट या देश की ताकत नहीं है। इसकी जो भी ताकत है, वह यूजर यानी इसे इस्तेमाल करनेवालों की ताकत है। वे इस साइट पर ऐसी सामग्री डाल रहे हैं, जिससे न सिर्फ देशों के बीच रिश्ते बदल रहे हैं बल्कि इस बात की प्रबल सम्भावना है कि डिप्लोमेसी यानी राजनय के तौर-तरीके अब निर्णायक रूप से बदल जाएँगे।

यहाँ यह बात नोट की जानी चाहिए कि संचार माध्यमों के जरिये ऐसा जबर्दस्त असर पैदा करनेवाली साइट विकीलीक्स परम्परागत अर्थों में कोई मीडिया हाउस नहीं है। न ही इसमें सामग्री डालने के लिए किसी को पत्रकार बनना होगा। पत्रकारिता का हुनर और प्रशिक्षण यहाँ आवश्यक नहीं है। आपके पास अगर लीक करने लायक कुछ महत्त्वपूर्ण खुलासा या रहस्य या भेद या दस्तावेज है, तो यह साइट आपकी है।

इस मायने में विकीलीक्स, माध्यम की तुलना में सन्देश के बलशाली होने की घोषणा है। महत्त्वपूर्ण यह नहीं है कि कौन, किस और कितने बड़े मंच से बोल रहा है। महत्त्वपूर्ण यह है कि क्या कहा जा रहा है। यह नया मीडिया है। यह लोगों का मीडिया है। यह खबरों के उपभोक्ता को निष्क्रिय नहीं रहने देता। अब तक जो व्यक्ति खबरों का निष्क्रिय उपभोक्ता था, वह अब अपनी बात कह सकता है, किसी की बात पर टिप्पणी कर सकता है, कोई दस्तावेज, तस्वीर, वीडियो या किसी की आवाज अपलोड कर सकता है। इसके लिए उसे कोई तामझाम या तंत्र नहीं चाहिए। यह नए जमाने की नागरिक पत्रकारिता है। 21वीं सदी के पहले दशक के अन्त में इसकी ताकत को अब दुनिया देख रही है और भारत इसके असर से अछूता नहीं है।

नागरिक पत्रकारिता की परम्परागत परिभाषा के अनुसार अगर कोई व्यक्ति पेशेवर पत्रकार नहीं है और किसी मीडिया संस्थान से जुड़ा नहीं है, इसके बावजूद अगर वह समाचार सामग्री का सृजन कर रहा है तो वह नागरिक पत्रकार या सिटिजन जर्नलिस्ट है। सिटिजन जर्नलिस्ट के दायरे में उन पत्रकारों को भी गिना जाता है जो सांस्थानिक ढाँचे के बाहर या संस्था के अन्दर ही अपेक्षाकृत स्वतंत्र माध्यम जैसे ब्लॉग के जरिये अपनी बात रखता हो। साथ ही, अगर कोई दर्शक या पाठक किसी समाचार माध्यम से मिली सूचना की पुष्टि के लिए सूचना और समाचार के दूसरे माध्यमों का इस्तेमाल करता है और इस तरह अपनी राय बनाता है तो वह भी नागरिक पत्रकारिता कर रहा होता है।

विकीलीक्स के सन्दर्भ में यह स्पष्ट है कि जो बातें परम्परागत समाचार माध्यमों में नहीं आ रही थीं, वह विकीलीक्स के जरिये व्यापक जनसमुदाय तक पहुँच गईं। परम्परागत माध्यमों में जो खाली स्थान छोड़ दिया है, उसे ही विकीलीक्स ने भरा है। ये खुलासे किसी समाचार-पत्र या चैनल पर भी किए जा सकते थे। लेकिन सरकारी नियमन, कारोबारी हितों और आत्म नियंत्रण (सेल्फ सेंसर) से बँधे होने के कारण इस तरह के खुलासे किसी अखबार या चैनल पर नहीं हुए। इस नाते इसे वैकल्पिक पत्रकारिता भी कह सकते हैं। इंटरनेट पर निगरानी की जटिलताओं के बीच जगह बनाते हुए विकीलीक्स ने ये खुलासे किए। नागरिक पत्रकारिता का यह श्रेष्ठ उदाहरण है।

नागरिक पत्रकारिता ने दरअसल पत्रकारिता की विधा को लोकतांत्रिक बनाया है। इसमें पढ़ने या देखना वाला यानी संचार सामग्री का उपभोक्ता सक्रिय भूमिका निभाने लगता है। पत्रकारिता के तिलिस्म को तोड़ने में इसकी बड़ी भूमिका है। आज एक व्यक्ति बिना किसी पत्रकारीय प्रशिक्षण के, 10 रुपए खर्च करके साइबर कैफे में बैठकर या अपने घर से एक ब्लॉग लिख सकता है और दुनिया-भर में पहुँच सकता है। या फिर वह फेसबुक पर अपनी बात कह सकता है और हजारों लोग उसे पढ़ सकते हैं। ट्विटर और दूसरे सोशल नेटवर्किंग साइट के जरिये आज अपनी बात पहुँचाना पहले की तुलना में काफी आसान हो गया है। जो बात मुख्यधारा में नहीं कही जा सकती, वह इन माध्यमों के जरिये कही जा सकती है। परम्परागत पत्रकारिता के भारी तामझाम और खर्च से अलग यह नई पत्रकारिता है।

पश्चिमी देशों में नई मीडिया की ताकत टेक्नोलॉजी के विस्तार की वजह से बहुत अधिक है। लेकिन भारत में भी इसकी ताकत बढ़ रही है। भारत में इस समय इंटरनेट के 8 करोड़ से ज्यादा उपभोक्ता हैं। अमेरिका के 22 करोड़ और चीन के 21 ग्राहकों की तुलना में यह संख्या छोटी जरूर है, लेकिन भारत इस समय इंटरनेट के सबसे तेजी से बढ़ते बाजारों में से एक है। टेलीकॉम रेगुलेटरी अथॉरिटी (ट्राई) के दिसम्बर 2010 में जारी किए गए आँकड़ों (ये आँकड़े सितम्बर, 2010 तक के हैं) के मुताबिक, तेज रफ्तार इंटरनेट यानी ब्रॉडबैंड के ग्राहकों की संख्या एक करोड़ को पार कर गई है। अगस्त से सितम्बर, 2011 के बीच एक महीने में देश में 2 लाख, 10 हजार नए ब्रॉडबैंड कनेक्शन लिए गए। (ट्राई की प्रेस रिलीज) इंटरनेट पर आने जानेवालों का लेखा-जोखा रखने वाली दुनिया की प्रमुख संस्था 'कॉमस्कोर' ने 2009 में किए गए अध्ययन के आधार पर बताया कि भारत में इंटरनेट इस्तेमाल करनेवालों में 44 फीसदी लोग समाचार साइट पर भी जाते हैं। 15 साल से ज्यादा उम्र के डेढ़ करोड़ से ज्यादा लोग अक्टूबर महीने में समाचारों की वेबसाइट पर गए। एक साल में यह संख्या 37 फीसदी बढ़ी है। (कॉमस्कोर प्रेस रिलीज, 14 दिसम्बर, 2009) सोशल नेटवर्किंग साइट की लोकप्रियता भी भारत में बढ़ी है। फेसबुक के यूजर की संख्या दो करोड़ को पार कर गई है। (देखें बॉक्स)

इन आँकड़ों के आधार पर यह कहा जा सकता है कि इंटरनेट के फैलाव के मामले में भारत तेजी से दुनिया के विकसित देशों की ओर बढ़ रहा है। इसके आधार पर अन्दाजा लगाया जा सकता है कि नागरिक पत्रकारिता का असर यहाँ भी बढ़ेगा। मुख्यधारा में जगह न मिलनेवाले समाचारों को इन वैकल्पिक माध्यमों में जगह मिलेगी। मुख्यधारा के मीडिया से अलग रह गए समुदायों के लिए भी यह वैकल्पिक मंच बनेगा। यह सही है कि ऐसा पहले शहरी क्षेत्रों में होगा और कम आय वर्ग वाले शुरुआती दौर में इस पूरी प्रक्रिया से बाहर रहेंगे। इसके बावजूद संचार माध्यमों में

लोकतंत्र मजबूत होगा। इस तरह के वैकल्पिक माध्यमों को लेकर कुछ चिन्ताएँ भी हैं। विकीलीक्स के खुलासे के साथ राष्ट्रीय हित और निजता जैसे सवाल भी मजबूत होकर उभरे हैं। लेकिन समग्रता में देखें तो अभी के संकेत कुल मिलाकर शुभ हैं।

भारत में सोशल नेटवर्किंग का बढ़ता नेटवर्क

यूनीक विजिटर (000) में	जुलाई 2009	जुलाई 2010	बदलाव %
सोशल नेटवर्किंग	23,255	33,158	43
फेसबुक	7,472	20,873	179
ऑर्कुट	17,069	19,871	16
भारत स्टूडेंट डॉट कॉम	4,292	4,432	3
याहू पल्स	–	3,507	–
ट्विटर	984	3,341	239
लिंक्ड इन	–	3,267	–

स्रोत : कॉमस्कोर प्रेस रिलीज 25 अगस्त, 2010

मीडिया का धन्धा और मजीठिया का चौथा खम्भा

मीडिया धन्धा है या चौथा खम्भा? जस्टिस मजीठिया की अध्यक्षता में बने समाचार-पत्र कर्मचारियों के वेतन बोर्ड की रिपोर्ट को लेकर यह विवाद एक बार फिर छिड़ गया है। समाचार-पत्रों के मालिक कह रहे हैं कि समाचार-पत्र धन्धा है और जब सरकार किसी और धन्धे में कर्मचारियों का वेतन तय नहीं करती तो समाचार-पत्र के कर्मचारियों का वेतन सरकार क्यों तय कर रही है। यह विवाद एकतरफा है। इसलिए कि यह विवाद समाचार-पत्र के पन्नों पर चलाया जा रहा है और वहाँ वही छप रहा है जो समाचार-पत्रों के मालिक तय कर रहे हैं। इस विवाद में कर्मचारियों का पक्ष शायद ही कहीं आ रहा है। मीडिया कम-से-कम इस विवाद में निष्पक्ष होने का जोखिम नहीं उठा सकता क्योंकि यह समाचार-पत्रों के मालिकों के लिए धन्धे का मामला है और यहाँ उनके तटस्थ होने का सवाल ही नहीं उठता।

समाचार-पत्र मालिकों का स्पष्ट मानना है कि समाचार-पत्रों में काम करनेवालों के लिए सरकार द्वारा नियुक्त वेतन बोर्ड की कोई जरूरत नहीं है और कर्मचारियों को कितना वेतन मिले और क्या सुविधाएँ मिलें, यह सब मालिकों पर छोड़ देना चाहिए। भारत के सबसे बड़े मीडिया समूह और अंग्रेजी भाषा में देश के सबसे बड़े अखबार 'टाइम्स ऑफ इंडिया' में 2011 के जून महीने के पहले पखवाड़े में सम्पादकीय पेज पर इस सम्बन्ध में दो आलेख छापे गए। 2 जून, 2011 को टाइम्स ऑफ इंडिया की प्रकाशन कम्पनी बीसीसीएल के सीईओ रवींद्र धारीवाल ने *मजलिंग मीडिया* नाम से आलेख छपा। 4 जून को इसी अखबार ने समाचार-पत्र मालिकों की संस्था इंडियन न्यूजपेपर सोसाइटी का एक लम्बा-चौड़ा बयान छापा कि अगर वेतन बोर्ड की सिफारिशें लागू कर दी गईं तो कई अखबार बन्द हो जाएँगे। 6 जून को यह खबर छापी गई कि 'आनन्द बाजार पत्रिका' समूह ने वेतन बोर्ड के खिलाफ सुप्रीमकोर्ट में रिट याचिका दायर की है। इसके एक दिन बाद 7 जून को इंडियन न्यूजपेपर सोसाइटी के अध्यक्ष और जन्मभूमि प्रकाशन समूह के प्रबन्ध सम्पादक कुंदन आर. व्यास ने फ्यूचर ऑफ प्रेस एट स्टेक नाम से सम्पादकीय पेज पर लेख लिखा।

इस तरह समाचार-पत्र में वेतन बोर्ड के खिलाफ अभियान छेड़ दिया है। इस विवाद में दूसरा पक्ष समाचार-पत्र कर्मियों का है, जिनका वेतन वेज बोर्ड से निर्धारित होना है। लेकिन कर्मचारियों का क्या पक्ष है, यह बात मीडिया में बिल्कुल नहीं सुनी जा रही है। इसलिए वे क्या सोचते हैं, यह बात लोगों तक नहीं पहुँच पाएगी। यह एकतरफा संवाद है। मालिक के हाथ में अखबार हैं, वे अपनी बात बोल रहे हैं। समाचार-पत्र मालिकों के तर्क इस प्रकार हैं :

1. समाचार-पत्र कर्मचारियों के लिए वेतन बोर्ड बनाने से प्रेस की स्वतंत्रता बाधित होती है। कोई पत्रकार उस सरकार के खिलाफ कैसे लिखेगा, जो उसका वेतन तय करता है। और समाचार-पत्र अगर अपने कर्मचारियों का वेतन तय नहीं कर सकते, तो वे अपना कारोबार कैसे चलाएँगे। समाचार-पत्र स्वतंत्र होकर अपना कारोबार चलाएँ, यह संविधान के मौलिक अधिकारों के दायरे में आता है।
2. सरकार प्रेस को नियंत्रित करने के लिए बेहद ऊँचे वेतन तय कर देती है। इन्हें लागू करने से कई अखबार बन्द हो जाएँगे।
3. किसी भी और उद्योग में वेतन तय करने के लिए सरकार वेतन बोर्ड नहीं बनाता है, सिर्फ प्रेस ही क्यों? वह भी बाजारवाद के युग में जब लाइसेंस, कोटा, परमिट राज खत्म हो रहा है। यह सरकार के हित में है कि वह समाचार-पत्र उद्योग को बिना किसी रेगुलेशन के अपना कारोबार चलाने दे।
4. जिन उद्योगों में वेतन बोर्ड नहीं हैं वहाँ यूनियन और प्रबन्धन आपस में मिलकर वेतन तय करते हैं। किसी को इससे ऐतराज नहीं होता।
5. देश के ज्यादातर पत्रकार अपनी मर्जी से वेतन बोर्ड के दायरे से बाहर आ चुके हैं। पूरा मामला गैर-पत्रकारों का है।
6. जस्टिस मजीठिया ने कर्मचारियों के समयबद्ध और अनिवार्य प्रमोशन और पेंशन की बात की है, जो उनके दायरे में ही नहीं था। यह बाजारवाद के नियमों के खिलाफ है। उन्होंने छठे वेतन आयोग की सिफारिशों को लागू किया है। ऐसा करते हुए उन्होंने इस बात का ध्यान नहीं रखा है कि समाचार-पत्र सरकारी उपक्रम नहीं हैं और उन्हें सरकारी सब्सिडी और बजटीय सहायता नहीं मिलती। समाचार-पत्र के कर्मियों की तुलना सरकारी कर्मचारियों के साथ नहीं हो सकती।
7. समाचार-पत्र उद्योग में कड़ी प्रतियोगिता है। अखबारों की कीमत बढ़ाना मुश्किल है। भारत के समाचार-पत्रों में सबसे ज्यादा पन्ने होते हैं और कीमत सबसे कम होती है। विज्ञापनों की दरें भी नहीं बढ़ रही हैं। सरकारी संस्था डीएवीपी भी बाजार भाव पर विज्ञापन नहीं देती।

समाचार-पत्र मालिकों के तर्क की बुनियाद यह है कि किसी भी अन्य उद्योग की तरह वे भी एक उद्योग चला रहे हैं और सरकार जब किसी और उद्योग के कर्मियों के लिए वेतन तय नहीं करती तो समाचार-पत्र उद्योग के लिए अलग व्यवस्था क्यों? अगर इस तर्क को तथ्यों की कसौटी पर कसें तो यह बेहद खोखला नजर आएगा। मीडिया कोई सामान्य उद्योग नहीं है। मीडिया सरकार का बेहद दुलारा और प्रिय उद्योग है। इस उद्योग को वे तमाम सुविधाएँ प्राप्त हैं, जो किसी और उद्योग को नहीं मिलतीं। समाचार-पत्र उद्योग की ओर से अक्सर इन सुविधाओं को जारी रखने और उनका विस्तार करने के लिए सरकार को ज्ञापन दिए जाते हैं।

प्रमुख आर्थिक अखबार इकॉनोमिक टाइम्स ने 19 फरवरी को एक खबर छापी। इस खबर का सार यह है कि दुनिया-भर में अखबारी कागज की कीमत बढ़ रही है। अगस्त 2009 में जिस कागज की कीमत प्रति टन 464 डॉलर थी, उसकी कीमत जनवरी में बढ़कर 582 डॉलर प्रति टन हो चुकी है। खबर का एक हिस्सा यह बताता है कि कीमतों में यह उछाल किस तरह भारतीय अखबार उद्योग को प्रभावित कर रहा है। खबर का आखिरी पैरा मौजूदा चर्चा के लिए महत्त्वपूर्ण है। उसमें लिखा गया है कि–

'प्रकाशक इस बात पर जोर दे रहे हैं कि दूसरे उद्योगों के उलट समाचार-पत्रों का समाज के प्रति एक कर्तव्य है और उन्हें देश के विवेक का प्रहरी माना जाता है। लोगों के विचार व्यक्त करने की आजादी की रक्षा में अगुआ भूमिका में होने का उस पर दायित्व है और किसी भी जीवित लोकतंत्र का ये अमूल्य अंग है। यह कहना न होगा कि अगर इस उद्योग का विकास बाधित होता है तो भविष्य अंधकारमय हो जाएगा। अब ये देखना है कि क्या सरकार भी ऐसा ही मानती है और न्यूज प्रिंट के आयात पर शुल्क में दी गई छूट को जारी रखकर प्रकाशकों को समर्थन देती है या नहीं, ताकि वो न सिर्फ बचे रहें बल्कि आगे तरक्की भी करें।' (इकॉनोमिक टाइम्स, दिल्ली, 19 फरवरी, 2010, पेज-16)

इस खबर का भाष्य करें तो यह समझना मुश्किल नहीं होना चाहिए कि समाचार-पत्र मालिक बेशक अपने अखबारों को और समाचार चैनल मालिक अपने चैनलों को कारोबार की तरह चलाते हैं, लेकिन वो ये नहीं मानते कि समाचार का कारोबार किसी और कारोबार की तरह है। वे अपने कारोबार को चलाते समय किसी भी और कारोबार को मिलनेवाली छूट और सुविधाओं का तो इस्तेमाल करना चाहते हैं लेकिन साथ ही इस नाते वो सरकार से कुछ विशेष छूट चाहते हैं कि वे देश और जनता के प्रति एक जिम्मेदारी का निर्वहन कर रहे हैं। केन्द्रीय बजट 2010-2011 के पहले इकॉनोमिक टाइम्स सरकार को मीडिया की इसी भूमिका की याद दिला रहा है और इस जिम्मेदारी के निर्वहन के बदले विशेष छूट की माँग कर रहा है।

समाचार-पत्र समेत मीडिया उद्योग को सरकार समय-समय पर पैकेज भी देती है। मिसाल के तौर पर, गलोबल मन्दी के दौर में भारत सरकार द्वारा फरवरी 2009 में प्रिंट मीडिया के लिए राहत पैकेज की घोषणा की गई। इसके तहत डीएवीपी विज्ञापनों पर 15 फीसदी एजेंसी कमीशन हटा लिया गया और विज्ञापन और दृश्य प्रचार निदेशालय (डीएवीपी) की ओर से दिए जानेवाले विज्ञापनों की दरों में 10 फीसदी की बढ़ोतरी की गई। इसके अलावा न्यूजप्रिंट के आयात पर शुल्क में भी छूट दी गई।

सरकार मीडिया संस्थानों को अक्सर सस्ती दर पर जमीन भी देती है, जिसका इस्तेमाल अक्सर मीडिया हाउस गैर-मीडिया उद्देश्यों के लिए करते हैं। 17 अगस्त, 2010 को लोकसभा में अतारांकित प्रश्न 3744 के जबाव में सरकार ने बताया कि किस तरह दिल्ली के बहादुरशाह जफर मार्ग (आईटीओ) और संसद मार्ग पर 10 अलग-अलग मीडिया समूहों को जमीन दी गई थी और उस जमीन का किस तरह से गलत इस्तेमाल किया जा रहा है। राज्यों की राजधानियों में तो यह चलन बेहद आम है।

मीडिया खास-खास मौके पर उद्योग बन जाता है और सुविधा देखकर लोकतंत्र का चौथा खम्भा। मान्यताप्राप्त पत्रकारों को मिलनेवाली सुविधाओं—जैसे सस्ता सरकारी मकान, मुफ्त चिकित्सा, रेल यात्रा में छूट आदि का मीडिया उद्योग यह कहकर विरोध नहीं करता कि हमारे कर्मचारियों के साथ विशेष व्यवहार क्यों।

समाचार-पत्र कर्मियों के वेतन बोर्ड का औचित्य : इस बारे में सरकार (http://labour.nic.in/KNWageBoard/aboutus.htm) बताती है कि 1950 और 1960 के दशक में संगठित श्रम क्षेत्र शुरुआती दौर में था और यूनियनें या तो नहीं बनी थीं या शुरुआती दौर में थीं। प्रबन्धन के सामने उनकी हैसियत नहीं थी। सरकार को लगा कि ऐसी हालत में मजदूरों और कर्मचारियों का वेतन निर्धारण सही तरीके से नहीं हो पाएगा। इस वजह से कई उद्योगों के लिए वेतन बोर्ड बनाए गए। इन वेतन बोर्ड में तीन पक्ष होते थे/हैं—कर्मचारियों के प्रतिनिधि, नियोक्ता और स्वतंत्र सदस्य। समाचार-पत्रों और समाचार एजेंसियों के पत्रकारों और गैर-पत्रकारीय कर्मचारियों के वेतन बोर्ड को कानूनी दर्जा प्राप्त है। 1955 के अधिनियम के तहत सरकार को समाचार-पत्रों के पत्रकारों और कर्मचारियों के लिए प्रावधान करने का अधिकार है। देश के बाकी सभी उद्योगों के वेतन बोर्ड एक-एक कर बन्द हो गए। चीनी मिलों का वेतन बोर्ड सबसे बाद में बन्द हुआ। लेकिन समाचार-पत्रों में वेतन बोर्ड अभी भी जारी है।

सरकार वेतन बोर्ड के लिए अगर कर्मचारियों और मजदूरों के श्रम संगठनों के कमजोर होने को कारण मानती है तो 1950 के दशक और 2010 के दशक में

समाचार-पत्र उद्योग में यूनियनों की हालत बिगड़ी ही है। ज्यादातर पत्रकार प्रलोभन या जबरन स्थायी नौकरियाँ छोड़कर ठेके पर आ चुके हैं और इस वजह से वे यूनियन के दायरे में नहीं हैं। चन्द समाचार-पत्र समूहों में ही पत्रकारों की बड़ी संख्या यूनियन की सदस्य है। समाचार एजेंसियों को इसका अपवाद माना जा सकता है। इस आधार पर तो समाचार-पत्र उद्योग में वेतन बोर्ड का औचित्य बना हुआ है।

समाचार-पत्र उद्योग में पत्रकारों का ठेके पर होना अपने आप में एक बुरी स्थिति है। अगर कोई पत्रकार अपनी नौकरी को लेकर आश्वस्त नहीं होगा, तो वह पत्रकारीय मूल्यों की रक्षा करने के लिए खड़ा नहीं हो पाएगा। मालिक और प्रबन्धन का दबाव उस पर हमेशा इतना भारी होता है कि वह स्वतंत्र होकर काम नहीं कर सकता। मजीठिया वेतन बोर्ड शायद इस बात की गारंटी नहीं कर पाएगा कि समाचार-पत्र संगठनों में स्थायी पदों पर पत्रकार ठेके पर न रखे जाएँ। यह एक महत्त्वपूर्ण बिन्दु है, जिस पर विचार किया जाना चाहिए।

कुछ बड़े समाचार-पत्रों ने वेतन बोर्ड को लेकर जिस तरह की प्रतिक्रिया जताई है, वह उनके दोहरे व्यवहार को दिखाती है। ये समाचार-पत्र मीडिया होने के नाते मिलनेवाली तमाम सुविधाओं और छूट का इस्तेमाल करते हुए चाहते हैं कि सरकार उसे पूरी तरह से बेलगाम चलने दे। वह किसी भी सामाजिक जिम्मेदारी को निभाने के लिए तैयार नहीं हैं। यह चलन पूरे समाचार मीडिया में है। वह किसी भी तरह का नियमन नहीं चाहता। नियमन से बचने के लिए वह आत्मनियमन की बात करता है।

ऐसे में सरकार को अब मीडिया, और खासकर समाचार-पत्रों को कह देना चाहिए कि अगर वे पूरी तरह से उद्योग हैं तो फिर उद्योग की तरह चलें। तमाम छूट और सुविधाओं का विसर्जन करें और फिर छुट्टा होकर चलें। सरकार को बाकी उद्योगों की तरह मीडिया के लिए भी रेगुलेटर नियुक्त करना चाहिए ताकि फिर धन्धा, धन्धे के नियम से चले।

●●●